分極化するアメリカとその起源

共和党中道路線の盛衰

西川賢
NISHIKAWA Masaru

Republicans Fall Apart,
the Center Cannot Hold:
Dwight D. Eisenhower and the Republican Party,
1952-1964.

千倉書房

分極化するアメリカとその起源――共和党中道路線の盛衰　目次

序章　共和党保守化の原因とその起源

最富裕層により多くの税金を払うよう要求するべきだ。これは私が妥協することのないプリンシプルの一つである。

――バラク・オバマ大統領(民主党)〔1〕

明らかなことは、私は自分のプリンシプルについて妥協はしないし、国民の総意についても妥協することはないということだ。

――ジョン・ベイナー下院議長(共和党)〔2〕

1　分極化が生み出すアメリカ民主主義の病理

民主主義は統治において「妥協」を必要とし、選挙において「差異」を生み出していく。それはエイミー・ガットマンやデニス・トンプソンらが指摘するように、選挙において候補者たちは他者との間に差異を生み出さねば優位に立てず、統治においては対立する勢力との間にも妥協点を探さねば、立法活動や行政活動の遂行に欠かせない合意形成が円滑に進まないからである(Gutmann and Thompson, 2010, 1130-1137)。

統治に必要とされる妥協とは、膠着状態を打開する策を実現するために、関係するアクター全てが合意の上でそれぞれ何かを犠牲にすることで達成される(Gutmann and Thompson, 2012, 10)。だが、政治家が自らの信奉する原理原則（Principle）に頑迷に執着し、犠牲を払うことを嫌って互いに譲らず、加えて対立する個人・集団を信用せず、彼らと交渉・説得する努力を放棄すれば妥協は成立しなくなる（Gutmann and Thompson, 2012, 64）。こうした「非妥協的精神（Uncompromising Mindset）」が蔓延すれば、統治に必要な合意形成は著しく困難となり、政治は袋小路に入り込んでしまう（Gutmann and Thompson, 2012, 2）。

無論、妥協することがいつも善であるとは限らない。アビシャイ・マルガリートは、政治において物質的次元で物事を捉えればほとんどのことは妥協可能になるが、宗教的・原理的次元で捉えてしまうと、いかなる時と場合においても妥協を厭《いと》う精神が生まれ、これが弊害を生じさせると述べた（Margalit, 2013, 24-38）。ただし、すべてを物質的利益に変換し、何もかも駆け引きの対象にしてしまうことは「悪しき妥協（Rotten Compromise）」に繋がる。

要は、どこまでが妥協に値し、どこからが妥協してはならない領域なのかを見極める政治的感性あるいは叡知が、統治を行うにあたって不可欠だということである。

それを踏まえた上で、ガットマンらは、いまやアメリカ民主主義から円滑な統治に必要な妥協を導く政治的礼節（Civility）や中道的徳性が著しく損なわれ、アメリカ民主主義はかつてない危機に瀕していると指摘する（Troy, 2008, 5）。

ガットマンらは、現代のアメリカ政治から妥協のための精神を失わせた原因の一つとして、イデオロギー的分極化をあげる（Gutmann and Thompson, 2012, 2）[3]。

イデオロギー的分極化とは、二大政党内部でのイデオロギー的凝集性の拡大と、それに伴って生じる二大政党間のイデオロギー距離の拡大と定義される（McCarty, Poole, and Rosenthal, 2006, 13; 松本、二〇〇九、一八八－一九六; 松本、二〇一四、一二六－一二七）。これまでも、分極化が生じているレベル、観察方法・操作化、その原因と帰結などについて膨大な知見が蓄積されてきた。
アメリカでは、議会での点呼投票をもとに政党のイデオロギー位置を計測するDW-NOMINATEという指標が考案され、広く活用されている[4](蒲島・竹中、二〇一二、一〇七)。ノーラン・マッカーティ、キース・プール、ハワード・ローゼンサル、クリストファー・ヘアーなどは、このDW-NOMINATEをもとに連邦議会の議員のイデオロギー平均値を時系列で検証し、分極化は連邦議会レベルで確実に生じていることを明らかにしている(McCarty, Poole, and Rosenthal, 2006, 13; Poole and Rosenthal, 2007; 蒲島・竹中、二〇一二、一〇八; Hare and Poole, 2014, 411-429)。イデオロギー平均値を時系列で見てみると、共和党が八〇年代初頭以降、急速に保守化し始めているのに対して、民主党は六〇年代の終わりごろから緩やかにリベラル化し続けていることが見て取れる。

これらの研究の進展に伴って、分極化がアメリカ民主主義に望ましくない帰結を導いているとする見解も広く受け入れられるようになった(松本、二〇〇九、一八八―一九〇)[5]。一九三五年社会保障法や一九五七年公民権法など、かつて重要立法の七〇%は超党派の合意と妥協を得て可決されたが、分極化の進んだ現在のアメリカ政治において超党派的合意のもとに立法活動が行われることは滅多にない(McCarty, 2007, 223)。なぜなら、分極化した状況の下ではイデオロギー的に近い者が結託して凝集性を強め、イデオロギーの異なる勢力の懸け橋となる中道勢力は後退・消失し、相手との差異を強調しようとする党派的傾向が顕著なものとなるからである(Lee, 2009)。こうしてイデオロギーが異なる相手との妥協を放棄する戦略的インセンティブが生み出される(Gilmour, 1995)。

かつて、アメリカ政治には硬直化したイデオロギー対立が不在であるとされ、二大政党は総じて中道的で幅広いコンセンサスとプラグマティックな志向性をその特徴としていた(Task Force on Negotiating Agreement on Politics, 2013, vi; 岡山、二〇一四)。だが、いまや分極化はアメリカ政治における激しいイデオロギー対立と果てしない党派抗争を生み出す元凶となり、中道の喪失と合意形成の困難を招いている。分極化は政治課題の先送りや政策革新の停滞、ひいては国民の政治制度に対する信頼低下の原因にすらなっているのである(Stonecash, Bremer, and Mariani, 2002, 7; Hacker and Pierson, 2005, 2-7; McCarty, 2007, 223-234; 待鳥、二〇〇八、七六)。

多くの論者が指摘するように、いまや分極化によって「アメリカの政治システムは崩壊しつつある」といえよう(Fiorina, 2013, 852)。

では、分極化はいつ、そしてどのようにして起きたのだろうか。このリサーチ・クエスチョンを解くにあたって、本書が注目するのは「共和党の保守化」が「民主党のリベラル化」を遥かに上回る水準で急速に進行し、分極化を牽引したという事実である(Hacker and Pierson, 2005; McCarty, Poole, and Rosenthal, 2006; Mann and Ornstein, 2012, 51-58; 蒲島・竹中、二〇一二、一〇九)。すなわち、ノーラン・マッカーティらの言葉を借りていえば、分極化とは「共和党(の保守化)が中心となって生じた現象」に他ならない[6]。

共和党保守化の起源とその原因を明らかにする作業こそ、分極化の起源と原因というリサーチ・クエスチョンを解くために最重要の作業なのである。そこで、次節では共和党の保守化の歴史的起源と原因に関する代表的な先行研究を検討する。

2 先行研究の検討と残された課題

共和党保守化の歴史的起源と原因について、先行研究は以下の四つの説明を提示してきた。

◆オピニオン誌の創刊と融合主義——先行研究1

第一に、一九五〇年代の知的潮流の変化を重視する研究が存在する。この説はジョージ・ナッシュやドナルド・クリッチローのようなアメリカの保守思想研究家が中心となって唱えている。

ナッシュは一九七六年に出版した『一九四五年以降の保守の知的伝統(*The Conservative Intellectual Movement in America Since 1945*)』と題する著作において、コンセンサス史学によるアメリカの保守主義には真摯な知的営為と呼びうるものが存在していないとする見解に反論し、アメリカの保守主義の中にもリバタリアニズムや伝統主義(Tradirionalism)、反共主義といった系譜の異なる知的営為が存在してきたと主張した(Nash, 2006)。

このうち、リバタリアニズムが個人の自由や所有権の不可侵、あるいは自由放任主義を絶対視しているのに対して、伝統主義者は社会における伝統的秩序や規範、ないし習慣の尊重を至上のものとした。しかし、これらの異なる保守思想は互いに論争を繰り返し、これら保守勢力とそれらの人々が提唱する理念が一九五〇年代前半までの共和党内部に深く浸透するということはなかった(Critchlow, 2007, 13-21)。転換点となったのは保守のオピニオン誌である『ナショナル・レビュー』の創刊(一九五五年)であり、これは断片的で対立的であった保守主義を融合し包摂的なものにするフォーラムの効果を持ち、多様な思考を有する保守の最大公約数として「反リベラリズム」を掲げた。

この説を支持するものたちは、「融合主義(Fusionism)」と呼ばれる動きが保守主義を共和党内部で力のある政治運動体へとまとめあげようとする新たな思想的契機になり、それが共和党内部に浸透することで共和党を保守化させたのだとする(Critchlow, 2007, 22-40)。

◆レーガン革命——先行研究2

第二に、一九八〇年代、いわゆる「レーガン革命」の時期を重視する研究者もいる。アラン・アブラモウィッツ、マイケル・メファート、トマス・エドソールなどがこれにあたる(Davidson, 1990; Edsall and Edsall, 1991)。

メファートは一九八〇年と一九八四年の選挙を境界として、ニューディール期以降では最大となる二大政党間での政党支持バランスの変化が起きたことを実証している(Meffert, Norpoth, and Ruhl, 2001, 953-954)。

アブラモウィッツたちは大幅減税や福祉支出削減、国防費の増額といった非常に保守的なイデオロギーを掲げたロナルド・レーガンが大統領に当選したことが大きなインパクトを与え、共和党の保守的凝集性が高まったとする。レーガン政権期の共和党は保守的な有権者、政治家、運動家を引きつけて保守的挙党態勢を築き上げるとともに、共和党内部に存在した中道的穏健派集団は民主党に鞍替えするか、引退を余儀なくされていった。

一九八〇年以降、共和党はこうして保守的純化を進め、これがアメリカの二大政党におけるイデオロギー的分極化の傾向を顕著にする分岐点になったとアブラモウィッツたちは結論づける(Abramowitz and Saunders, 1998, 636-637)。

◆イシュー・エボリューション——先行研究3

第三に、一九六四年の大統領選挙が分岐点だったのではないかとする見方がある。この説はジェイムズ・スティムソンとエドワード・カーマインスによって主唱され、彼らはこの変化を説明するメカニズムとして「イシュー・エボリューション」という説明枠組みを提示した(Hare and Poole, 2014, 415-417)。

イシュー・エボリューションとは、政治的エリートが新規の論争的イシューにどのように対応するかを「手掛かり」に、一般有権者がそれに追従することで新たなマス・オピニオンを形成し、既存の政党支持パターンに大きな変化が生じる現象である(Carmines and Stimson, 1989, 160-161; Adams, 1997, 718-737; Layman, 2001, 23-40; Stimson, 2004, 64-68; Levendusky, 2009, 7)。カーマインスたちがイシュー・エボリューションの典型的実証例として取り上げたのは、黒人公民権の問題である(Carmines and Stimson, 1989; Stimson, 2004)。

南北戦争後、公民権問題に関しては南部に支持基盤を持つ民主党よりも共和党の方がより積極的に擁護的な姿勢をとり、民主党は再建期の共和党による南部再建策および黒人に対する反発から共和党を排除して強力な民主党一党支配体制を南部に築き上げ、人種分離政策を推進した。

だが、ニューディール期以降は徐々に北部を中心に民主党支持に転じる黒人が出始め、一九四八年の民主党全国党大会で南部が主張する州権条項が党綱領に盛り込まれず、逆に公民権支持の条項が規定されると、南部代議団が党大会を退場。彼らは民主党を離脱して州権民主党を結成し、徐々に民主党は公民権の問題に関しては従来までの保守的な姿勢を変化させつつあった。

これに対して、一九五〇年代まで共和党は公民権に対して積極的に支持する姿勢を維持していたが、画期的転機となったのは共和党が一九六四年の大統領選挙で公民権法に反対票を投じた六人の共和党上院議員の一人であるバリー・ゴールドウォーターを大統領候補に指名したことであった。

これを機に人種に関するそれまでの共和党のイシュー・ポジションは一変し、共和党が人種的イシューに関して保守的スタンスに立ち、民主党がリベラルなスタンスに立つ党に分極化するという転換が生じた。

大統領選挙でゴールドウォーターは惨敗したものの、これ以降、共和党内部における政治的エリートに引き続き、政治的活動家レベルでも人種的保守派が多数派を形成することとなり、一般有権者が新たなマス・

オピニオンを形成する手掛かりを提供した。かくして、南北戦争以来民主党の強固な支持基盤であった南部(とその保守的な白人票)は共和党支持に転じ、入れ替わりに黒人が民主党の強固な支持基盤となる変化が生じたという訳である。

かくして、一九六四年を「転機」として穏健な共和党は消滅し、「保守の党」としての共和党が確立するに至ったというのがイシュー・エボリューションによる説明である(Brennan, 1995; Aldrich, 1995, 260-264; Aldrich, 1999, 9-31; Perlstein, 2001; Campbell, 2007; Levendusky, 2009; Task Force on Negotiating Agreement on Politics, 2013, 26-27; Thurber, 2013a, 32; Thurber, 2013b)

◆政治的アクティビスト――先行研究4

第四に、グラスルーツ・レベルで活動する政治的アクティビスト(Political Activists)の影響力に注目する研究者がいる。ジェイムズ・Q・ウィルソン、アーロン・ウィルダフスキー、ネルソン・ポルスビーなどがその代表である(Wildavsky, 1965; Wilson, 1962; Polsby and Wildavsky, 1968)。

政治的アクティビストとは、選挙運動員や大統領選挙などで候補者指名を行う際に代議員として活動する人々、あるいはシンクタンクや財団、メディア、大学・研究機関、政治家訓練組織など、選挙運動に関わることで政党活動や選挙結果に影響を及ぼすようなアクターを指す(Stone, 2010, 286)。

ウィルダフスキーは「純正主義者(Purist)」と呼ぶイデオロギー的に極端で非妥協的姿勢を取ることが多い新たな政治的活動家の一群が台頭し、これが共和党内に浸透した結果、一九六四年の選挙でゴールドウォーターが保守に偏向した立場を取ったとする(Wildavsky, 1965, 386-411)。また、一九六四年以降の共和党が保守化の一途を辿ったのも、これらの政治的活動家が同年の選挙を分岐点として共和党内で大きな影響力を発揮するようになったからであるとする(Wildavsky, 1965, 411)。ウィルダフスキーの議論を嚆矢《こうし》として、共和党の保守化に政治的アクティビストが果たした役割を強調する研究は少なくない(Diamond, 1995; Andrew, iii., 1997; Schoenwald, 2001; Bjerre-Poulsen, 2002)。

◆先行研究の限界と課題

先行研究1　原因(融合主義)→結果(共和党の保守化・一九六四年)
先行研究2　原因(レーガン革命)→結果(共和党の保守化・一九八〇年)
先行研究3　原因(イシュー・エボリューション)→結果(共和党の保守化・一九六四年)
先行研究4　原因(政治的アクティビスト)→結果(共和党の保守化・一九六四年)

これらの先行研究の理論には、それぞれ以下に示すような問題が存在する。

先行研究1は一九五〇年代の融合主義の台頭が共和党の保守化を促した原因であると主張するが、原因と結果を結ぶメカニズムの提示と実証による裏付けを欠く。そのため、どのような経路によって結果が現れたのか判然とせず印象論の域を出ない。

他方、レーガン革命が共和党保守化の決定的転機であるとする先行研究2にも限界がある。本書が明らかにしていくように、共和党の保守化はドワイト・アイゼンハワーが大統領になる一九五二年から六四年までの一二年にわたって党内で進行した出来事の連鎖によって生じたものであり、ロナルド・レーガンが当選する一九八〇年には共和党の保守化は既に相当程度進行していたと考えられる。彼の登場によって既に進行していた共和党の保守化に拍車がかかったことは事実であろうが、レーガン政権による政策革新は共和党保守化の原因そのものではないのではないか。この説はレーガン革命に目を奪われるあまり、一九八〇年代以前に生じた変化が共和党の保守化に与えたインパクトを見落としている。

次に、イシュー・エボリューションによる説明も先行条件の重要性を見逃していると言える。共和党が一九六四年にゴールドウォーターを擁立して歴史的転換を果たしたことは事実である。だが、それは従来のイシュー・エボリューションの説明のように民主党との対抗関係によってもたらされたものではなかった。それは先にも触れた、共和党内部に生じたアイゼンハワーによる与党の大統領化とその失敗という先行的変化がもたらした結果だったのである。

最後に、共和党が一九六四年にゴールドウォーターを擁立して歴史的転換を果たしたのは、政治的アクティビストに共和党が操縦された結果ではない。これも詳細は本書の実証部分に譲るが、政治的アクティビストが共和党に与えた影響は、実際のところ極めて限定的であった。

このように、先行研究が提示してきた理論枠組みはいずれも共和党の保守化を明確かつ説得的な形で説明できない。一方、本書は共和党が保守的な凝集性を高める分岐点となったのが、一九五二年から六四年にかけての時期であったことを主張する。これは概ねドワイト・アイゼンハワー政権（二期）とジョン・F・ケネディ政権の期間に相当するが、この時期の共和党内部では後述する「アイゼンハワー政権による与党の大統領化とその失敗」が生じており、これが共和党の保守化という帰結を導いた決定的な原因であったと考えられる。

◆アイゼンハワー政権と「与党の大統領化」の失敗

本書の理論と仮説を提示すると次のようになる。

理論

ある政党が長期間政権を離れた危機感から「勝てる候補者」を擁立しようと試み、選挙勝利後に大統領が「与党を大統領化」しようとする傾向が生じる。そして、大統領が「与党の大統領化」に失敗すると、分極化の促進を招く。

仮説

本書の理論が正しければ、一九五二年から六四年にかけての共和党内部で長期間政権を離れた危機感から「勝てる候補者」を擁立しようと試み、選挙勝利後に「与党の大統領化」が試みられて失敗し、それが共和党内部において保守的イデオロギーの凝集性を高めた証拠や有意な事実の断片が観察されるはずである。

原因（与党の大統領化の失敗）→結果（共和党の保守化）

「与党の大統領化」については補足が必要であろう。アメリカに限らず、大統領制が与党の組織的特徴・行動的特徴にどのような影響を与え、いかなる政治的帰結を導くのかというテーマについては、これまで比較政治学の分野でも研究が手薄であった（Samuels and Shugart, 2010, 6-11; 粕谷、二〇一四、二〇九-二一四）。

サミュエルズとシュガートによれば、大統領制は候補者指名、選挙戦略、立法行動など、与党の組織的特徴・行動的特徴に影響を与える傾向がある（Samuels and Shugart, 2010, 6, 15）。すなわち、選挙での度重なる敗北は政党のモチベーションとなり、野党時代が長かった政党ほど大統領候補に「選挙に勝てそうな人物」を抜擢し、得票最大化戦術をとって何としても選挙を勝ち抜こうとする強いインセンティブを持つようになる(Klinkner, 1994, 1; Finegold and Swift, 2001; Galvin, 2010, 246; Samuels and Shugart, 2010, 47-51)。当然、この過程で政党は「選挙に勝てそうな大統領候補」に多くの権限を白紙委任せざるを得なくなる。だが、それは所属政党に縛られる程度の低い候補者が大統領に当選後、政党に対する説明責任を反故にして与党の戦略や組織のあり方に独断で影響を及ぼそうとするリスクと危険性を伴う(Samuels and Shugart, 2010, 37)。

そのような候補者は大統領に当選すると今度は与党の戦略や組織のあり方を自らの望む方向へと変革しようとする傾向をあらわにする。すなわち、与党に依存せず選挙を勝ち抜いた大統領は選挙後には与党の戦略や組織のあり方を自分に有利なように改変し、与党を自らの支配下におさめようと試みるのである(建林・曽我・待鳥、二〇〇八、八七; 粕谷、二〇一四、二〇九)。ここに「与党の大統領化(Presidentialization of Political Parties)」が生じる(粕谷、二〇一四、二〇九)。

以下では本書の仮説について、実証部分での知見を先取りする形で補足しておこう。

ニューディール期以降、二〇年の長きにわたり野党の地位に甘んじてきた共和党は、なんとしても一九五二年の大統領選挙に勝ち、政権を奪取する必要に駆られていた。アイゼンハワーという「選挙に最も勝てそうな人物」が穏健派によって擁立され、そのアイゼンハワーが「妥協可能な党派性」とでも呼ぶべき柔軟かつ中道的政治姿勢を打ち出して一九五二年の選挙に挑んだことは「与党の大統領化」の顕著な表れである。

アイゼンハワーは大統領に当選後、共和党に中道主義を定着させるための努力を続けた。アイゼンハワーは中道的な政策形成を目指し、中道的な政治理念を体系化しようと試み、共和党組織の改革にも着手した。

これらの取り組みもまた、「与党の大統領化（共和党のアイゼンハワー化）」を特徴づけるものである。このようにアイゼンハワー期の大統領－与党間には、顕著な大統領化の傾向が認められる。

しかし、アイゼンハワーによる「与党の大統領化」は結局失敗する。アイゼンハワーの中道主義に反発する共和党保守派が党内で急速に台頭したからである。一九六〇年の大統領選挙でアイゼンハワーの後継者として出馬したリチャード・ニクソンがジョン・F・ケネディに敗北し、アイゼンハワーが敷いてきた中道主義のレールを維持していく機会を逸したことは、この傾向に拍車をかけた。かくして、一九六〇年の選挙以降、共和党内部では穏健派と保守派が党内での覇権をめぐって「プリンシプルを巡る戦争」と形容できるほどの激しい死闘を繰り広げた。

一九六四年の共和党予備選挙は、いわば両者の対立のクライマックスに位置づけられるものであり、この過程で共和党穏健派の多くが保守派との抗争に敗れて凋落し、党内で影響力を失っていくことになる。

要約すると、アイゼンハワーが与党を大統領化するために中道主義を推進したものの失敗し、その反動として共和党内で保守イデオロギーの凝集性が高まるという逆説的な帰結が生じた結果、共和党が保守化したというのが本書の見解である。

◆方法論――因果メカニズム、事例過程分析、過程追跡

先に提示した理論枠組みが正しければ、当該期の共和党において「与党の大統領化」が試みられて失敗し、それが党内の保守的イデオロギーの凝集性を高めた証拠や有意な事実の断片（因果過程観察：Causal Process Observation＝CPO）が観察されるはずである（Goertz and Mahoney, 2012, 90）。本書は広範な一次史料を駆使して「与党の大統領化」の失敗が共和党の保守化を促したメカニズムに接近していく。

方法論的な課題は、それらの断片的事実を原因（与党の大統領化の失敗）と結果（共和党の保守化）として連鎖的に結びつける複雑な流れや順序、すなわち因果メカニズムとして描き出すことである（Brady and Collier, 2010, 317）[7]。

一般に定量的手法を用いて因果推論を行う比較事例分析（Cross-Case Analysis）は、母集団や標本の範囲内で独立変数の平均因果効果を統計的に推定することに比較優位を持つものの、個別的事例の複雑な因果メカニズムを描き出すことには不向きである。本書の課題に即していえば、実験はもとより不可能であし、「マッチング」、「操作変数法」（Instrumental Variable）、「差分の差」（Difference-in-Difference）、「不連続回帰」（Regression Discontinuity）のような手法で反事実の潜在的結果を補完しようにも、データ上の制約が大きいこと、共変量が多く複雑であること、一回性が強く特殊な例を扱っているなどの理由から難しいと考えられる（アングリスト・ピスケ、二〇一三、五；森田、二〇一四、五、一七七－一八八）。そのため本書では、この方法論的課題の追究に比較優位を持つ定性的な事例過程分析（Within-Case Analysis）を用いる。これは過程追跡（Process Tracing）なども呼ばれ（Goertz and Mahoney, 2012, 87-114）、事例内部の異なる時点で生じた複数の歴史的事象を一連の原因として連結し、如何にして特定の結果へと至ったのかという複雑な因果メカニズムに迫ることを可能にする利点がある（Faletti, 2006, 9-14; Bennett and Elman, 2006, 264）。当該期の共和党を、歴史的史料を用い時系列で詳細に分析することで、異なる時点の様々な観察を検討していく。

この手法によって、特定の事象の同定と記述、それらの出来事の因果的連結、そして付随して生じる出来事について詳細な情報を揃えることができれば、方法論的限界があるにせよ、共和党の保守化に関する包括的で豊かな説明の提示が期待できる（Goertz and Mahoney, 2012, 89）。

3　本書の構成

本書は、まず第一章と第二章でアイゼンハワーによる与党の大統領化の試みについて論ずる。

第一章では、長い野党経験（一九三二〜五二年）を経て、共和党が大統領選挙にドワイト・アイゼンハワーを擁立するまでの過程を扱う。一九三〇年代から五〇年代初頭までの共和党内部における保守派と穏健派の対立について概観した後、穏健派が「選挙に勝てる候補者」として一九五二年の予備選挙にアイゼンハワーを擁立するまでの経緯に注目する。選挙戦を戦う中、アイゼンハワーは統治において対立する勢力との間での合意形成が可能な位置を保ちつつ、選挙に勝利するために必要な差異を生み出すという中道的政治姿勢（妥協可能な党派性）を確立していく。大統領に当選後、アイゼンハワーはこの中道主義を共和党内に普及しようと心を砕いていくことになる。

第二章では、大統領に当選後のアイゼンハワーが与党を大統領化しようと企て、政策形成、政治理念、共和党の戦略や組織のあり方を自らの望む中道的な方向へと変革しようと試みる（与党のアイゼンハワー化）過程を詳述する。アイゼンハワーは中道的な政策形成を目指して、その政治理念の体系化を試み、共和党の組織・戦略改革にも着手した。だが、その試みは失敗し、共和党内部で保守派が勢力伸長するきっかけとなっていく。

第三章と第四章では共和党のアイゼンハワー化が失敗に終わった後、共和党に生じた帰結、すなわち共和党の保守化について論ずる。

第三章では、公民権の問題を主題として、一九六〇年の大統領選挙に出馬したリチャード・ニクソンが展開した選挙戦の分析を行う。現役の副大統領であり、アイゼンハワー路線の後継者として出馬したニクソンだったが、共和党内の保守派と穏健派の対立に足を取られ、この年の大統領選挙において民主党ケネディの前に敗れ去る。ニクソンの敗北はアイゼンハワー中道路線の完全な終焉と受け止められ、共和党内で保守派が攻勢を増すきっかけになった。

　第四章では、一九六四年の共和党予備選挙においてゴールドウォーターと穏健派候補との間に生じた政治的対立について分析を加える。同年をイシュー・エボリューションと捉え、ゴールドウォーターの大統領候補指名獲得が共和党に与えたインパクトを重視する論者は少なくない。だが、共和党の保守化という変化はゴールドウォーターのみで説明しうるものではない。一九六四年の共和党予備選挙はアイゼンハワー政権期以降、共和党の主流を形成してきた穏健派と新たに台頭してきた保守派との長い対立の終着点だったのであり、それ単独で何かの原因とみることには無理がある。

　このような視点から、第四章では共和党内部で力を伸ばしていた保守派がゴールドウォーターを大統領候補として擁立しようとし、党内に生き残っていたアイゼンハワー中道派がこれに抵抗するも、ゴールドウォーターが共和党の大統領候補に指名される過程を描いていく。かくして共和党内部でアイゼンハワー中道派は決定的に退潮し、共和党は保守化の一途を辿っていくことになるのである。

　終章では、実証部分で得た知見をもとに共和党の保守化に関する本書の説と対抗仮説の妥当性を比較検討し、残された課題、一般化の可能性、含意に言及する。

註

1 ——"Remarks of President Barack Obama," December 8, 2012. <http://www.whitehouse.gov/the-press-

office/2012/12/08/weekly-address-congress-must-extend-middle-class-tax-cuts> Accessed December 24, 2014.

2——“Tonight’s 60 Minutes Today: John Boehner, Man in the Arena,” December 12, 2010. <http://swampland.time.com/2010/12/12/tonights-60-minutes-today-john-boehner-man-in-the-arena/> Accessed December 24, 2014.

3——イデオロギー的分極化以外の要因としては政治におけるカネの問題、メディアの影響、選挙が統治を侵食していることなどがあげられている。

4——DW-NOMINATEの考案者であるキース・プールやハワード・ローゼンサルは議員の効用関数が単峰型の正規分布であると仮定し、個々の議員は最適点に最も近い成果を追及するとして、点呼投票での賛否の一致度から多次元尺度更生法を利用して議員を二次元空間上に位置づけ、政府の経済介入、すなわちリベラル－保守と解釈される第一次元を導き出す(蒲島・竹中、二〇一二、一〇七)。

5——ただし、二大政党の分極化が政党を責任政党化するという形でアメリカの民主政治を変容させつつあるのだとすると、必ずしも悪影響ばかりを与えているとは限らない。この点については、岡山、二〇一四を参照のこと。また、分極化は有権者の政治参加を促進する効果があるとの指摘も存在する(Abramowitz, 2010, 4-6)。

6——Christopher Hare, Nolan McCarty, Keith T. Poole, Howard Rosenthal, “Polarization is Real (and Asymmetric),” May 16, 2012. *Vote View Blog.* <http://voteview.com/blog/?p=494> Accessed February 22, 2015.

7——因果メカニズムに言及した社会科学や科学哲学の文献は膨大に存在し、そこで提示される因果メカニズムに関する概念や定義についての論争には踏み込まない。Goertz and Mahoney 2012にならって、さしあたって本書では因果メカニズムを「原因から結果に至るまでに介在する過程」と見なし、議論を進める。因果メカニズムをめぐる概念論争については、Hedström, 2008; Gerring, 2010を参照のこと。

第1章 中道主義の確立
──アイゼンハワーと一九五二年共和党予備選挙

「アイゼンハワーは争点を明確にせよ」、「アイゼンハワーは追従主義者（"me-too-ism"）」といった言われ方にいささかうんざりしている。同じく「保守主義」、あるいはその反対語とおぼしき「リベラル」などのレッテルを貼られることもうんざりだ。

──ドワイト・アイゼンハワー[1]

1 はじめに

◆議論の概要

長い野党経験の後、共和党は「選挙に勝てる候補者」として一九五二年の大統領選挙にドワイト・アイゼンハワーを擁立する。結果的にその過程でアイゼンハワーの確立した政治姿勢は、民主党にとっても受容可能でありながら決してニューディール・リベラルとは同一でなく、反面共和党の保守派にも受け入れられるほどには保守的であっても、そこからも意識的に距離を置くことで保守派にも自己を同一化しないという実に微妙な中道的均衡に拠って立つものであった。こうしたアイゼンハワーの政治姿勢は「妥協可能な党派性」とでも形容すべきものであり、選挙に勝利するために必要な差異を生み出しつつも、同時に統治において対立する勢力との間での合意形成が不可能となるほどイデオロギー的に分極化したものでもなかった。

◆アイゼンハワーの位置づけ

一九三二年から五二年にかけては民主党一党優位の時代であった。

この時期、民主党は五回連続で大統領選挙を制し、連邦議会でも両院でほぼ一貫して多数党の地位にあった。まさに民主党は支配政党としての優位を築いていたのである（Stanley and Niemi, 2008, 47-48）。

また、この時代には一九三〇年代に民主党のフランクリン・ローズヴェルトがニューディール政策を実施して以降、その背後に存在したリベラリズムが自明の公共哲学としてアメリカ国民に受け入れられており（リベラル・コンセンサス）、政党支持（Party Identification）の面でも民主党の優位は顕著であり、一九三〇年代から七〇年代後半に至るまで、民主党は五〇年近くにわたって共和党を大きく凌駕し続けてきた（Abramowitz and Saunders, 1998, 635; Baer, 2000, 12; 吉野、二〇〇九、四）。

このように圧倒的に民主党が優位であった時期にあって、一九五二年から六〇年までは例外的に共和党が政権を握った幕間とでもいうべき時期であった。一九五二年の大統領選挙でアイゼンハワーが大統領に当選し、共和党は二〇年ぶりに民主党からホワイト・ハウスを奪還することに成功した。しかし、ルイス・グールドも指摘するように、共和党の歴史のなかにアイゼンハワー政権の正当な評価や位置づけを見出すことは必ずしも容易ではない。

典型的なアイゼンハワー政権の位置づけとして、アイゼンハワー在職中から既に「アイゼンハワー政権は共和党におけるニューディール政策の弁護人（Apologist）」であったとの評価がなされてきた（Gould, 2003, 327）。

この点に関して同時代人による評言を幾つか挙げてみよう。アイゼンハワーが共和党の大統領候補に指名されたとき、反ニューディールで知られる共和党保守派の重鎮ジョン・ブリッカー上院議員は「アイゼンハワーが共和党の大統領候補に指名されたことは人生最大の屈辱」であると語った[2]。また同じく共和党保守派の知識人で、アメリカ保守主義の歴史を研究するリー・エドワーズも、アイゼンハワー政権は「ニューディールの単なる二番煎じ」にすぎなかったと批判した(Edwards, 2004, 36-45)。

民主党の側からは、アイゼンハワーはしばしば「リベラル」との評価を受けていた。トルーマン大統領がアイゼンハワーを自らの後継にしようと民主党から出馬を打診したというエピソードはよく知られており[3]、一九五〇年代のアメリカで最もリベラルな非政党系政治組織の一つであった「民主的行動を目指すアメリカ人(Americans for Democratic Action)」もアイゼンハワーが大統領に当選したときニューディール・リベラリズムを理解する人物として評価し、リベラル勢力にとってプラスであると歓迎の意を表明したこともある[4]。

このようなアイゼンハワーに対するイメージは後世の研究者による評価とも一致している。例えばスティーブ・アンブローズは「ニューディール政策一般に関して、アイゼンハワーはこれに完璧に同調していた」と指摘している(Ambrose, 1983b, 530)。スティーブ・ワグナーも、アイゼンハワーが教育や住宅などの政策領域でニューディール政策を継続、ないし場合によっては拡張する傾向すら持っていた事実を論じている(Wagner, 2006, 3-6)。

だが、デイビッド・スティベンはこうした評価に若干の留保をつけている。スティベンはその著作において、アイゼンハワーのスピーチ・ライターであり、一九五四年から五六年にかけてアイゼンハワー政権の労働次官も務めたアーサー・ラーソンの思想を分析することを通じて、アイゼンハワー政権における穏健主義の特質を描き出そうと試みている(Stebenne, 2006, ix-xi)。ラーソンは、しばしばアイゼンハワー政権の共和党穏健主義に思想的基礎を与えた人物として言及される。

スティベンはアイゼンハワー政権期の社会保障政策を例に取り、それが国家と市民社会の間、労使間、中央政府=地方政府の間に巧みな均衡を図り、急激な変化と停滞の双方を忌避し、漸進的変革を志向する性質のものであったことを指摘する。すなわち、アイゼンハワーを単純なニューディール政策の追従者と解するのは一面的であり、アイゼンハワーはニューディールの基本政策の多くを容認しつつも、そこに完全に同調することなく、ある程度の距離を保ち続けたと見る。この点でこそ、まさにアイゼンハワーは「穏健な」政治姿勢の持ち主であったと見るべきではないかというのがスティベンの見解である。

以上のスティベンの見解はアイゼンハワーの政治姿勢の実像に、より肉薄しているといえるのではないだろうか。というのも、アイゼンハワーの政治信条は実際のところ非常に微妙なバランスに拠って立つものであり、単なるニューディール政策の追従者とは割り切りがたい面があったからである。

もっとも、スティベンによるアイゼンハワーの穏健主義の特質解明については別の角度から更なる議論の余地がある。エイミー・ガットマンらが指摘するように、民主主義は統治においては合一性、選挙においては差異を生み出すからである(Gutmann and Thompson, 2010, 1130-1137)。スティベンは主に統治思想の面に注目することで、アイゼンハワー政権の穏健主義に関する一つの側面を描き出すことに成功しているが、選挙過程に注目していない。そこで、本章では一九五二年の大統領予備選挙に注目することで、スティベンとは異なる選挙過程の視点から、アイゼンハワーの穏健主義の特質を描き出すこととする。

2 共和党をとりまく環境と党内部の亀裂

◆共和党保守派、革新派、東部エスタブリッシュメント

民主党の一党優位の下、野党の地位に甘んじていた共和党内部には一九三〇年代半ばまで中西部を拠点とする保守派と西部を主な拠点とする革新派の二派が併存していた。前者が自由放任を重視し、ニューディールを否定的に見て徹底的に小さな政府に回帰することを主張したのに対して、後者は国内政策ではニューディールを容認し、ローズヴェルト政権をその初期には強く支持してきた。しかし、革新派は外交面においては孤立主義の考え方を強く持ち、三〇年代後半以降はローズヴェルト政権への批判を強めるに至った。

一九三六年の大統領選挙には共和党西部革新派を代表して、ウィリアム・ボラー上院議員が出馬した。ボラーは反リンチ法の早期制定や黒人の権利擁護など人種マイノリティの権利保障などの争点を掲げたものの、予備選挙で敗れ去った[5]。

他方、共和党中西部保守派が一九三六年選挙に押し立てたアルフ・ランドン知事は元々比較的穏健な政治姿勢の持ち主であったが、一九三六年の大統領選挙においては保守化戦略を打ち出して戦った(Gould, 2003, 272)。ランドンはローズヴェルト政権が財政赤字を生み出し自由企業体制を妨げていると主張したものの、本選挙で一般有権者票の三六・五%、わずかに八名の選挙人を獲得したのみで、歴史的な大敗を喫した。

かくして、一九三六年の選挙を境に西部共和党革新派は党内での影響力を失い、中西部を拠点とする共和党保守派もランドンの敗北によって存在感を低下させた。共和党内の勢力図は一変しつつあった。すなわち、それらの勢力にかわって、東部エスタブリッシュメントとも呼ばれる北東部を地盤とする穏健派の一団が共和党内で影響力を増していったのである。

共和党全国委員会の会合記録などをみると、この時期の共和党指導部は共和党には民主党に対抗しうる有効な戦略が欠けており、それを模索する必要があると考えていたことがわかる。また、彼らはそのような戦

略に沿って共和党を一つにまとめ上げる求心力を持った強力な指導者が必要であるとも考えていた[6]。

共和党の袋小路状態を打開すべく、一九四〇年の大統領選挙で共和党東部穏健派はウェンデル・ウィルキーを擁立した(Gould, 2003, 282-283)。ウィルキーは落選したものの、続く一九四四年と一九四八年の大統領選挙でも同じく東部穏健派のトマス・デューイが共和党の大統領候補に指名された。ウィルキーやデューイはともに国際主義者として知られ、内政においても社会保障や失業救済の拡充、あるいは労働立法や農産物価格に対する価格補助制度など、ニューディール政策の根幹部分を積極的に容認する姿勢をみせた。

共和党穏健派はケインズ型経済政策を容認し、社会保障をはじめ政府による社会経済領域への介入をかなりの程度まで認める傾向があった。労組やマイノリティ集団に対しても、必ずしも敵対的ではなく、極端な暴力行為などを政治目標として追求したりしない限りにおいて、労組が労働者にもたらす利益とその意義を認めていたのである(Rae, 1989, 3-6, 43)。

◆トマス・デューイ

共和党東部エスタブリッシュメントの領袖となるトマス・デューイは一九〇二年三月、地元で新聞社や郵便局長などを務めた父親の息子として、ミシガン州オワッソで生まれた。ミシガンを離れコロンビア大学で法律学を学んだデューイは、ニューヨーク州で共和党員としてのキャリアを築き始め、一九三一年にはニューヨーク州の合衆国地方検事に選出されている。その後、検事の職を辞したデューイは弁護士業に就いていたが、ニューヨーク市での政治腐敗が社会問題化すると特別検察官に任じられ、マフィアも絡んだ腐敗事件の摘発に辣腕を振った。その結果、デューイの名声は全国的なものとなり、一九三八年と四二年には共和党州知事候補に推され、三八年には落選するものの、四二年の選挙で勝利を収め、五四年までニューヨーク州知事を務めた(Jordan, 2011, 23-26)。

デューイは一九三八年に州知事に立候補した際、共和党州大会で行った演説で全米の注目を集めた。デューイは民主主義が今後も存続していくためには「政府が飢えているものに食料を供給し、ホームレスに住居を与え、職のないものに職をあてがう」ことが必要だという考えを提示し、ニューディール政策を時宜にかなったものとして、その妥当性を公然と認めたのである(Smith, 1982, 264)。

デューイは一九世紀までの共和党の政治理念では、ポスト・ニューディールのアメリカにおいて人民の広範な支持を得ることは困難であるとの見通しに立って、敢えて「リベラルな共和党員」、「ニューディール・リパブリカン」であるとさえ自称した(Bowen, 2011a, 4, 21)。当選後、デューイは州知事として州民に対する失業救済事業や、住宅・教育補助政策を軌道に乗せ、労働階層や人種的マイノリティの権利拡大にも積極的に着手していった(Bowen, 2011a, 56-57)。

ただしデューイは、決して民主党のニューディール政策を無批判に追従するのではなく、「同じ場所を目指していても、精神と身体を鎖で拘束された奴隷として目的地を目指すものと、頭を上げて自らの精神と魂を国家からの足枷《あしかせ》から解き放って進むものとは異なるのだ」と述べ、あくまで自らの政治的立場は民主党のそれとは似て非なる独自のものであることを強調した(Smith, 1982, 548)。

デューイは一九四八年に共和党の大統領候補に選出された際にも、党綱領において「共和党こそが真のリベラルで進歩的政党に他ならない」と述べ、農業価格補助、失業救済、社会保障、スラムの除去といった連邦政府主導の介入政策の妥当性を擁護し、その必要性を強調した。その際、デューイは共和党内部で連邦政府主導の介入政策を否定する保守派を「レッセ・フェール的社会の在り方を信じ、一九世紀の『古き良き時代』という幻想を諦めきれずに振り返る人々」とし、そのような「時計の針を元に戻すような行為」を追求すれば、「共和党はアメリカにおける死んだ鳩も同然に葬り去られるだろう」と保守派を非難している(Smith, 1982, 547-548)。

結局、一九四八年の大統領選挙においてデューイは、現職のハリー・トルーマンに対して一九四四年の選挙時よりは肉薄するものの、敗北を喫した。

デューイ陣営は、一九四八年の選挙で大都市や工業地域の票が期待ほど獲得できなかったのは、一九四七年労使関係法(いわゆるタフト＝ハートレー法)が制定されたことで労働票が思うように伸びなかったことや[7]、公民権問題に対する共和党保守派の政策的対応のまずさが影響したと主張し、敗北の原因は共和党保守派が足を引っ張ったことにあるとした(Bowen, 2011a, 76)。

共和党保守派はこれに応酬し、一九四八年選挙の敗因はデューイの人的魅力の乏しさに加え、デューイがあまりにもリベラルに近寄りすぎたため、民主党のトルーマンと区別がつかなくなったことによるものであって、タフト＝ハートレー法の制定や公民権問題に対する共和党保守派の対応とは無関係だと反撃した(Bowen, 2011a, 77)。

一九四八年以後も両派の間で激しい応酬が続き、デューイは一九五〇年二月にプリンストン大学で演説を行い、共和党につきまとう保守的イメージが近年の選挙における共和党の敗因になっているとして、保守派を「二〇世紀を一九世紀に戻そうと画策している」、「彼らは恐竜である」などと揶揄《やゆ》しつつ、穏健派は時代に即した労働者・人種マイノリティの権利拡大、政府による市場や企業の適当な規制、社会保障の充実といった進歩的政策を推進していると主張して、保守派の守旧性を再度批判した(Bowen, 2011a, 98-99)。かくして、一九四八年選挙の行きがかりから両派は互いを論難し合うようになった(Bowen, 2011a, 4)。

一方、この頃カリフォルニア州において、旧共和党革新派とは異なる新たな共和党の一派が台頭しつつあった。この新たに台頭した一派も、保守派とは一線を画する穏健な色彩の強い勢力として知られた。同派を率いるアール・ウォーレン知事は、一九四八年にはデューイの副大統領候補を務めたことでも知られており、ニューディール政策の根幹的理念を積極的に受容する、共和党穏健派を自認する政治家の一人であった[8]。ウォーレンはデューイ同様、社会保障の拡充や労働者の権利擁護を訴えており、テネシー川流域開発公社（Tennessee Valley Authority; 以下TVA）のような連邦主導の大型公共事業を支持し、公民権法の早期制定、あるいは公営住宅政策の大規模拡大や国民皆保険制度の導入さえも訴えており、「ウォーレンは自分では気が付いていないだけで、実は民主党員なのではないか」といわれるほどであった（Greene, 1985, 32）。

デューイの発言にもあったように、共和党穏健派はしばしば共和党保守派を「恐竜」などと呼び、保守派は「時計の針を元に戻す」ことにしか関心がないと批判した[9]。穏健派のある共和党議員は保守派の政治信条に「まったくもって同意しかねる」と述べていた[10]。その人物は以下のような記述を残している[11]。

> 国民は、共和党員とは旧ブルボン王朝のごとく、「何も忘れず、何も学ばず」の人々だと思っています。我々はあたかも国民に向かって、「現在の国民の意志がどうあろうと、我々共和党は今までどおりの政治を提供します。タフト・ハートレー法を守ることがわれわれの仕事です」と言っているようなものです。率直に言って、私はそのような（保守的）姿勢は誤りだと確信しています。また、そのような姿勢を共和党がとり続ける限り、勝機があっても共和党が選挙で勝つことはないだろうと思います。

引用からもわかるとおり、共和党穏健派は、共和党があまりにも保守に偏った戦略をとることは、無党派層や民主党浮動層からの政治的支持の調達を困難なものにすると考えた[12]。

デューイは一九四〇年代初頭からハーバート・フーバー元大統領など党の重鎮と共和党の再編について意見交換を重ねた末、一九五二年の大統領選挙において共和党は社会民主主義的な政治理念を取り入れ、「舵を左に切る」ことで民主党浮動層や無党派層をもその支持基盤に取り込み再編を遂げるべきであるという結論に達した[13]。

さらに一九五二年の大統領選挙に臨んで、デューイたちはギャラップをはじめとする世論調査の動向を熱心に分析していた。デューイは穏健派の共和党大統領候補ならば選挙で無党派層や民主党の浮動層を取り込んで民主党に勝利する可能性が残されているが、保守派の候補者では無党派層や民主党の浮動票獲得は絶望的であり、一九三六年のランドン同様惨敗を喫するに相違ないと考えた[14]。

そこでデューイが重視したのは、民主党の圧倒的優勢の前に苦戦を強いられる共和党の不利を覆すだけの全国的知名度を持つ穏健な候補者を探し出し、その人物を大統領選挙に擁立することであった。

デューイは極秘裏に全国の共和党員を対象に調査を進め[15]、戦勝将軍であるアイゼンハワーの人気が高いことを見てとり、彼こそ一九五二年における共和党大統領候補に最も相応しい人物に他ならないという結論に達した[16]。デューイは共和党・民主党、そして無党派層にまで及ぶアイゼンハワーの国民的人気や彼の人柄、指導力といった個人的魅力を重視し、アイゼンハワーをいわば「利用」することで大統領選挙を巧みに勝ち抜くことを考えるようになった[17]。

デューイの目論見からも明らかなように、穏健派はニューディール政策を柔軟に取り入れることで左に舵を切って無党派層や民主党浮動層からの支持獲得を目指すのが合理的戦略であり、そのためにアイゼンハワーという国民的人気を博する人物を「選挙に勝てる候補者」として担ぎ出す必要があると考えていた。

◆ロバート・タフト

前項で述べた穏健派による「左旋回路線」に対して、保守派は「ニューディールの二番煎じ（"me-tooism"）」にすぎないと強い批判を浴びせた。保守派の穏健派に対する拒絶反応は凄まじく、ウィルキーやデューイは民主党のニューディール政策に追従して大きな政府・介入主義を支持し、個人主義や企業の自由といった徳目をないがしろにしていると非難した（Rae, 1989, 35; 安藤、一九九〇、二〇二–二一八）。保守派は、共和党はあくまで民主党と異なる「共和党のプリンシプル」を真摯に追求するべきであると考えていたのである[18]。

保守派は、共和党は自由企業体制、個人主義、財政均衡・減税、州・地方政府の権限を尊重する政党であるべきで、連邦政府による社会経済領域への介入を過剰な政府権力の拡大と見て、これを「社会主義」と呼び忌避する傾向が強かった（Eisenhower, 1963, 130）。同時に、大きな政府による弊害を助長するとして労組やマイノリティ・グループを嫌悪する傾向も強く、頑強な反共姿勢をとっていた点も特徴的である。

七人もの大統領を輩出した中西部の名門州オハイオ選出のロバート・タフト上院議員は、第二七代大統領ウィリアム・タフトの息子であり、「ミスター・リパブリカン」との異名をとる、まさに保守派を代表する人物であった[19]。

タフトに関しては、ケネディを含めた同時代人の多くが、極めて知性的かつ威厳がありながらも、内気で素朴、実直な人柄の持ち主であったという評価を残している。タフトは一九四八年の大統領選挙で指名を争ったデューイが共和党の大統領候補に選ばれた後、私怨を忘れてデューイに献身的に協力するなど、常に党と公益への貢献を第一に考え、私事を公事に持ち込むこともなかったといわれる[20]。

ケネディが自著において幾つかの印象的なエピソードを紹介しているように、タフトは自己の信念を貫徹する強靭な意思の持ち主であり、政治的駆け引きのためにプリンシプルを曲げることを嫌った[21]。タフトが重んじたプリンシプルとは、大別すれば「機会の平等の重視」と「アメリカ社会における自由の伝統の擁護」ではなかっただろうか。

タフトは合衆国憲法を根拠に、アメリカ社会における至上の価値として、法の支配を尊び、個人の自由を最大限に尊重するという考えを持っていた。これはタフトのプリンシプルの中核をなす思想であった。タフトはこれをアメリカの伝統であるとみなし、(特にニューディール期以降の)憲法改正や議会による正規の立法手続きを経ずに行われた連邦政府の権利拡大は人々の自由を侵害し、アメリカ社会を脅かすものと位置づけて危険視し[22]、ニューディールを「余計な世話焼き」(Patterson, 1972, 212,235; Greene, 1985, 26)、「計画経済」と批判し、反ニューディールの旗手を公言してはばからなかった[23]。

こうして、タフトは、ニューディールを容認し「共和党ならば同じニューディール政策をよりうまくやれる」と主張する共和党穏健派の政治姿勢は共和党のプリンシプルと矛盾していると批判を繰り返すようになり[24]、共和党はニューディールにかわるオルタナティブを掲げるべきであると主張して穏健派と対立するようになっていった[25]。

タフトは第二次世界大戦期に武器貸与法や選抜徴兵制度に反対したことでも知られ、さらに戦後もブレトン・ウッズ協定や北大西洋条約などにことごとく反対するなど、孤立主義的な外交思考の持ち主としても知られた(Lodge, 1973, 75)。デューイ、ハロルド・スタッセン、あるいはウォーレンといった共和党穏健派の多くが国内政策の面ではニューディールを容認し、外交面では国際主義的側面を有していたのとは対照的である(Stassen and Houts, 1990, 7; Jordan, 2011, 38-40)[26]。保守派の狙いは「外交においては国際主義に反対し、内政においてはニューディールに反対することで独自色を出す」ことにあった[27]。

以上のようなタフトの政治姿勢は彼の立法業績にも反映されている。

タフトはニューディール政策の中心をなした政府機関の統廃合を積極的に推し進めた。彼は全国労働委員会（National Labor Relations Board）やＴＶＡへの予算削減を試み、全国復興局（National Recovery Administration）や農業調整局（Agricultural Adjustment Administration）による社会経済領域への介入を批判し、全国青年局（the National Youth Administration）や全国資源管理員会（National Resource Planning Board）の廃止に一役買った。さらに、失業救済事業を連邦ではなく州政府主導に切り替えることを推奨し、政府予算の均衡を重視した[28]。

タフトはローズヴェルト政権による戦時経済統制政策にも反対していた（Patterson, 1972, 260）。のみならず、タフト＝ハートレー法制定に中心的役割を果たし、二次的ボイコットやクローズド・ショップ制度を禁止し、支配的ストライキ（Jurisdictional Strikes）、あるいは州に労働権（Right-to-Work Law）を制定する権利を保障するなど、ワグナー法以来、拡大傾向にあった労働組合の権利を抑制しようとした。これは彼の労働勢力に対する政治姿勢が垣間見えるエピソードといえよう（Patterson, 1972, 357）。

以下、さらに詳しく個別の政策領域におけるタフトの姿勢を検証していく。

第一に、公民権をめぐる問題である。

一九四八年二月二日、トルーマン大統領は反リンチ法、人頭税の廃止、連邦軍内での差別廃止など、一〇項目からなる公民権法案に関する立法勧告を議会に送付している。

トルーマン同様、タフトも全てのアメリカ人に対する機会の平等の擁護と拡大を重視しており（Patterson, 1972, 191）、全国黒人地位向上協会（National Association for the Advancement of Colored People）のメンバーでもあった[29]。タフトは労働領域における黄犬契約や児童労働の廃止を主張したのと同様に（Patterson, 1972, 277）、公民権の領域では反リンチ法の制定や連邦の軍隊における人種差別撤去、および人頭税廃止を早くから主張していた（Patterson, 1972, 304）。

さらに、黒人が違法な手段で生命や財産に危害を加えられたり、税金で運営されているはずの連邦機関において公然と差別が行われたりしていることに対し、州政府や軍当局が妥当な措置を講じることができない場合、タフトは連邦政府が介入することは、人民を第三者による不当な権利の侵害から守るために理に適った行動であると考えていた(Kirk and McClellan, 1967, 73, 76)[30]。

実際のところ、公民権に関しては共和党内部でも意見が対立していた。黒人に対する人頭税徴収は憲法修正第一五条に反しており、廃止すべきであるとの意見が共和党内で支配的であった。しかし、反リンチ法については、タフトを含めた共和党議員の多くが基本的に賛成ではあったものの、リンチ防止の手段として(連邦)政府が介入することの是非をめぐっては意見が一致せず、一九四八年に議会に提案された政府による強力な強制手段を伴う反リンチ法案をタフトらが積極的に支持することはなかった(Bowen, 2011a, 48)。

公正雇用実行委員会(Fair Employment Practice Committee)をめぐる共和党内部の対立は一層深刻であった。一九四一年六月、フランクリン・ローズヴェルト大統領は大統領令八八〇二号を発令して政府機関・国防産業における人種、肌の色、信条、国籍などに基づく雇用差別を禁止し、同令の内容を遵守するための政府機関として公正雇用実行委員会を設立した。デューイはこれをニューヨーク州でも取り入れ、州版の公正雇用実行委員会を導入するなど、差別是正の手段として公正雇用実行委員会を高く評価していた。

これに対して、タフトは人種による雇用上の差別が存在することを認め、それを撤廃するために公正雇用実行委員会を設置すること自体には賛成した[31]。しかし、公正雇用実行委員会の権限はマイノリティに対する雇用差別の有無の調査や差別撤廃の勧告といった権限に限定されるべきであり、懲罰等の拘束力を伴う実体的権限を付与すべきではないと考えた[32]。

第八〇議会で、ニューヨーク州選出の穏健派共和党員であるアービング・アイブス上院議員が公正雇用実行委員会の権限を強化する法案を提出した際、タフトが委員長を務める上院労働福祉問題委員会は法案の本会議への上程を否決している。タフトが同法案に反対した理由は、調査権限以上の強制的権限を公正雇用実行委員会に付与すれば行政による民間領域への行き過ぎた介入を招き、それが企業の自由な活動を妨げることになるのではないかという懸念によるものであった（Bowen, 2011a, 49）。

このタフトの姿勢については、強制権を伴わない反リンチ法や公正雇用実行委員会などは「張り子の虎」に過ぎないとして、民主党、共和党穏健派、黒人活動家から批判が噴出し[33]、黒人からは公正雇用実行委員会の設置自体には賛成しておきながら、これに強制権を付与することを躊躇するのは二枚舌であると痛烈な批判が寄せられた[34]。

タフトは南部学校における人種統合に関しても連邦政府が強制力を伴った措置を講じるべきではないと主張しており[35]、反リンチ法、公正雇用実行委員会、学校統合といった政策では黒人の望む積極的な差別撤廃策に賛成であったとはいいがたい。このような事由により、タフトは全国黒人地位向上協会から会員権更新を拒絶された[36]。

ただし、タフトはこれらの政策について微温的姿勢を取ったものの、連邦による教育補助制度や公営住宅造営、貧困層への保険制度の導入を含めた社会保障の拡充等、幾つかの政策領域においては、政府があくまで法理に従って抑制的に行動するという条件付きで介入を認め、立法制定にも進んで協力した事実を見逃してはならない（Patterson, 1972, 191）[37]。

第二次大戦後のアメリカは深刻な住宅不足や住宅の老朽化等の問題を抱えており、多くのアメリカ人は標準以下の住宅での生活を余儀なくされていた。タフトは最初、公営住宅の造営に反対の姿勢を取っていたが（Bowen, 2011a, 52）、一九三八年から翌年にかけてオハイオ州内のスラムを視察した後、アメリカ人全てが必要最低限の住環境を与えられるべきであり、アメリカの家庭を守るために政府が住宅問題に対して何らかの手を打つ必要性を痛感するに至ったといわれる(Patterson, 1972, 315-316)。

タフトは民主党のロバート・ワグナーやアレン・エレンダーといった議員と超党派で協力し、一九四五年には政府主導による年間一二五万戸の新規住宅建造の一〇年間の継続、あるいはスラム除去や住宅融資制度などを盛り込んだ議会小委員会の報告書をまとめあげた。この内容を盛り込んだ新住宅法案(ワグナー=エレンダー=タフト住宅法案)は一九四六年一一月、議会に提案されている(Patterson, 1972, 315-317)。

これに対して、全米不動産業協会(National Association of Real Estate Board)は「公共住宅造営は、怠惰で道徳心のない人々に公的資金を供給し、政府資金を浪費させ、宅地建造者を政府と破滅的な形で競合させるもの」だとして、激しい反対活動を展開した。また、同協会は同法案提案に指導的役割を果たしたタフトを「左傾化した」と詰《なじ》り、「タフトは心の底では社会主義者だった」と批判した(Patterson, 1972, 319)。

連邦政府による公立学校への補助政策に関しても、タフトは一九四〇年代の初めまでは反対の立場であった。しかし、公立学校が第二次大戦期に顧みられることなく荒廃し、それが特定地域や人種(特に南部や黒人)の学力格差となって機会の平等を損なっていく現実を目の当たりにしたタフトは、一九四三年以降は意見を変え、公立学校への補助を積極的に推し進める立場に転じた(Kirk and McClellan, 1967, 139)。

タフトは民主党員であるエルバート・トマス議員とリスター・ヒル議員と超党派で、二五年間で八〇億ドルの連邦教育補助金を各州の公立学校に配分する法案(トマス=ヒル=タフト法案)を提出している(Bowen, 2011a, 52-53)。

タフトの伝記作家であったジェームズ・パターソンが指摘するように、大統領の子息であったタフト自身は、極貧の生活と生涯無縁であり、公共住宅や公立教育への連邦補助という政策の必要性を、自らの経験から主張したわけではない。タフトの黒人差別などに対する捉え方はともすれば「頭でっかち」で、現実経験に基づく差別理解から懸け離れているという指摘もあった[38]。

しかし、曲がりなりにも、タフトを公共住宅や公立教育への連邦補助という政策を支持するという姿勢に向かわせたのは、自分は現在のアメリカ社会に生じている問題を的確に把握しており、それをどのような政策で解決するのが最善かを誰よりも熟知しているという、政治家としての知性と理性に対する揺るぎない自信であった(Patterson, 1972, 325)。

このように、タフトは決して教条的な保守主義者ではなかったと思われるが、自らを敢えて「保守」であると公言して保守主義者としての顔を状況に応じて使い分けたこと(Bowen, 2011a, 4)、エリート然とした飾り気のない人柄、毛並みの良さなどから、実像よりも保守的な人物であると思い込まれていた節がある[39]。実際、タフトは以下のような発言を残しており、このような公の場での発言だけを踏まえれば、タフトを頑迷な保守主義者と見るものがいたとしても無理はないのかもしれない[40]。

> 一八九六年以来、共和党は保守を体現する政党である……死に行く政党とはその創設の理念を忘れた政党である。偉大な理念を有する政党のみが生き残るのだ……共和党の哲学は自由を守ることだ……政府権力の肥大は社会統制をもたらし、自由を脅かす。

タフトが実際には頑迷な保守主義者とはいい難かったにもかかわらず、彼を支持する者の多くが彼を極めて保守的と見なしていたのは、このような発言によって形成されたパブリック・イメージによるところが大きいのであろう。

だが、以上の検証からも明らかなように、実際のタフトはプラグマティックな面を併せ持ち、教条的・感情的に政府介入を全否定する議論や、盲目的な自由放任の絶対視には否定的であった(Kirk and McClellan, 1967, 13)。彼は時代状況や社会環境を理知的かつ冷静に分析し、連邦政府による社会経済領域への介入が必要であると判断されるような場合において、妥協を厭わなかった[41]。

タフトと親しかった友人の一人は、タフトはプリンシプルに拘る性格であったものの、決して頑迷ではなく、時と場合に応じて状況に適応して必要な妥協を選びとる明が備わっていたと証言している[42]。

タフトを支持していたのは地域でいえば孤立主義的な中西部諸州、社会階層でいえば自由企業体制を重視する銀行家や企業家などであり、また白人が支持者に占める割合も多く(Rae, 1989, 44)[43]、マイノリティや外国人に対する嫌悪感を抱くものが少なからず参加していた点も特徴的である[44]。

これらタフト支持者の多くは、ニューディール派は民主党のみならず共和党の内部にも存在するとし、「ワシントンのニューディーラーを隅から隅まで民主党・共和党の別なく殲滅する」ことが一九五二年選挙の課題であると考えていた[45]。

これらタフト支持派の大多数はデューイなど共和党穏健派による「左旋回」を誤った戦略と見ていた。あるタフトの支持者は、共和党が幾ら民主党の政策を模倣しても有権者は「模倣者」の共和党ではなく、「発案者」の民主党を選ぶはずだという持論を掲げ、一九四〇年から三回連続で共和党が東部穏健派の指導下で大統領選挙に臨んだことを戦略的失敗と結論づけた。

彼等は共和党が左に舵を切ることはかえって従来からの共和党支持者の票を失うリスクを負うものであって[46]、共和党穏健派の左旋回路線にはその点で限界があると考えていた[47]。これら保守派党員の多くは一九五二年の選挙において共和党は保守の大統領候補を擁立し、むしろかえって「舵を右に切る」ことで民主党との間に明確なイデオロギーの線引きを図るべきであると考えていた[48]。あるタフト支持者は以下のように述べる[49]。

もし共和党〔穏健派〕がアイゼンハワーを擁立して選挙に勝ったとしても、それはただ一回の選挙を勝っただけに過ぎない。それは共和党の分岐点で共和党が抱える精神的、道徳的、そして政治的諸問題を棚上げにするということ、すなわち敗北するということだ。もし共和党がタフトで選挙に勝ったとすれば、それは選挙に勝利するのみならず共和党の分岐点で正しい選択をするということだ。

以上からも窺われるように、一九五二年の大統領選挙を目前に、共和党は中西部を基盤とする保守派と北東部を基盤とする穏健派とがイデオロギー的・地域的に対立する状況を抱え込んでいた。共和党の進むべき方向性に関する戦略という面から見れば、保守派が優位政党である民主党に対抗するために共和党をより保守的な方向へと移動させ、民主党との差異を際立たせる必要があると考えたのに対し、穏健派はニューディールを積極的に容認し、より穏健で中道的な方向へと移動するのが合理的戦略であると考えていた。穏健派はこの年の大統領選挙に「選挙に勝てる候補者」アイゼンハワーを擁立することを目指していたが、アイゼンハワーに先んじて一九五一年一〇月、タフトが大統領選挙への出馬を表明した。

3　アイゼンハワーの政治姿勢と政治信条

穏健派が大統領候補に擁立しようとしていたアイゼンハワーは、このとき北大西洋条約機構（NATO）軍の最高司令官としてパリ郊外のロカンクールにあった。では、彼の政治信条はどのようなものであったのだろう。また、支持政党はどこであったのだろうか。確認していこう。

アイゼンハワーは一九〇九年、当時住んでいたカンザス州ディキンソン郡の青年民主党委員会に招かれて、「政治を学ぶもの（"The Student in Politics"）」と題する講演を行っている。この講演の中でアイゼンハワーは共和党に批判的な言及をしており、少なくともその時点では共和党支持ではなかったものと思われる。ただし二大政党のうちどちらを支持するかは自らの政治信条に関わる重要事項であり慎重に決めなければならないと述べ、民主党を支持していたわけでもない[50]。

一九五一年に至っても、アイゼンハワーの無党派性は変わらなかった。同年の日記に残る記述からは、アイゼンハワーが内心共和党寄りであった様子を窺い知ることができるが[51]、共和党支持であった実弟ミルトン・アイゼンハワーに対しても「私がお前と同じ党を支持しているなどと口にしようものなら、どうなることか」と述べるなど[52]、身内にさえも自らの政党支持について言及することをしなかった。

以上の事実からも窺われるように、アイゼンハワーは生涯を通じて自らを特定の党派の利害を代表する存在とは考えなかった。同時にアイゼンハワーは政治をビジネスと見る職業政治家を好まず、党派的駆け引きを嫌った（Ambrose, 1990, 594）。このようなアイゼンハワーの「政治嫌い」については数多くの側近が同様の証言をしているため信用性が高い（Larson, 1968, 34）[53]。

共和党内の保守派でアイゼンハワーを批判していたものは、アイゼンハワーの「政治嫌い」を彼の欠点の一つとみていた。例えば、ゴールドウォーターはアイゼンハワーの人柄や国民的な人気については評価しつつも、「アイゼンハワーはついぞ政治の何たるかを理解することはなかった。私が思うに、これは一つにはアイゼンハワーが政治に携わった経験が無いことと、彼自身が政治に興味を持たなかったことがその理由であった」と語っている[54]。

このように党派的駆け引きを忌み嫌う一方、アイゼンハワーの政治信条は首尾一貫したものとはいい難く、非常に曖昧な性質のものであった。

アイゼンハワーは『「社会福祉」の名のもとに我々は連邦政府により多くの権限を集中している」と政府の肥大化に対して警鐘を鳴らすなど、ニューディールに対しては否定的な見解も抱いており、一概にニューディール政策の根幹部分を全面的に容認する政治姿勢の持ち主とはいいがたい面もあった[55]。このような点からみれば、アイゼンハワーの政治姿勢はデューイよりもむしろタフトに近かったとみることもできる。

事実、アイゼンハワーは「私と〔ハーバート・〕フーバー氏の間には多くの領域で知的合意が存在するが、ニューディーラーと私の間にはそれほどの知的合意は存在しない」と述べており、自身の政治的信条はニューディール派リベラルよりも共和党保守派のそれにより近いという自己認識を持っていた[56]。

アイゼンハワーは性急な変化や進歩からアメリカの政治様式を「保守」しようという思考様式を抱いていた点においてタフトとあまり変わるところはなく、例えばアイゼンハワーもタフトもともに国民皆保険を「社会主義医療（Socialized Medicine）」であるとして、その導入に強く反対していた点などは共通している[57]。

アイゼンハワーはタフトと会談した際には、「国内政策の分野では忍び寄る社会主義と自由との戦い」が選挙の根本的係争点であるというタフトの意見に同意しているし、更には政府支出を一九五四年・一九五五年度には現行の七四〇億ドルから六〇〇億ドルにまで削減する、税総額を六〇〇億ドルまで削減する、タフト＝ハートレー法を維持する、農業へのこれ以上の連邦補助は行わないなど、タフトが主張する保守的な政策項目をほぼ全て受け入れようとしている（Patterson, 1972, 575-577）。

また、アイゼンハワーの連邦政府や労組への過度の権限集中を忌避する傾向は一貫して強く（Ambrose, 1990, 247）、自由企業体制や個人の自由を尊重する点などにおいて、保守的信条の持ち主であったと見るべきであろう（Eisenhower, 1963, 8-104）。

ただし、同時にアイゼンハワーが社会における個人の自由の確保と個人の能力の発揮を妨げない範囲において、政府が民間団体の手に余る老人年金、疾病保険、失業救済、貧困者救済、あるいは人種や宗教上の平等性の担保、労働者の権利保護、農業安定化などを目指して社会経済領域に適正に介入することを不可避かつ必要不可欠のものとみていた事実にも留意するべきであろう（Eisenhower, 1963, 51-52）[58]。

アイゼンハワーは高度に専門化され産業化の進んだ二〇世紀においては、アメリカの進歩と福祉を達成するためにはニューディール政治の有効性はもはや完全に否定しがたく、国民の大多数が信任を与えたものとして自明視せざるを得ないことを率直に認めてもいたのである（Eisenhower, 1963, 193-194）。

このような考えをアイゼンハワーが抱くようになった一つの契機は、恐らく彼が大恐慌直後のアメリカにおける未曾有の社会的危機を目の当たりにしたことであろう。アイゼンハワーは大恐慌直後のアメリカを覆いつくしていた悲観主義、あるいは絶望を目の当たりにして、これを克服するためには、指導力のある政治家の手に権限を集中することしか術はないと判断したのである[59]。

一九三二年の大統領選挙でフランクリン・ローズヴェルトが勝利したとき、アイゼンハワーが「自分はどの政党も特に支持していないが、民主党が勝利したのは素晴らしい」と述べ[60]、ローズヴェルトの大統領就任に接して「もっと彼に権限を集中せよ！」と日記に記したこと[61]、あるいは緊急時に必要不可欠と判断したニューディールの政策プログラムに支持を与えたこと、これらはいずれもそうした判断に基づくものと考えられる[62]。

以上からも分かるように、タフトがそうであったように、アイゼンハワーもまた教条的な保守主義者ではなく、基本的には保守でありつつも現実的で柔軟な政治姿勢の持ち主であったといえよう(Cotter, 1983, 259-260)。このようなアイゼンハワーの政治姿勢は見方によってはリベラル寄りに解することも可能であり、実際のところ民主党にとっても比較的受け入れやすいものであった。すでに紹介したように、アイゼンハワーは一九五一年一一月にはトルーマン大統領から民主党の大統領候補として出馬することを要請されたが(Ambrose, 1990, 259)、それはトルーマンがアイゼンハワーの政治姿勢を好ましく思った結果であることはいうまでもない(Eisenhower, 1963, 4-5)。

アイゼンハワーは後に、このような自らの政治的立場を「現代的共和党主義(Modern Republicanism)」、もしくは「中道(Middle Way)」と形容するようになる(Reichard, 1975, 12-13)。

4　アイゼンハワー擁立運動

穏健派にとって最大の障害であったのは、アイゼンハワー本人が政界進出を躊躇し続け、大統領選挙への出馬に気乗りがしない様子であることであった(Guylay, 1987, 22-23)。アイゼンハワーが一向に自らの政党支持や出馬の可否を明確にしようとしなかったため、擁立を企てていたデューイなど共和党の一団は頭を悩ませていた[63]。

アイゼンハワーは一九四八年の時点では大統領選挙に出る野心がないことを明言していた(Eisenhower,

1963, 6-7)。これに対してデューイは、一九四九年、アイゼンハワーに出馬を持ちかけ、出馬するなら全面的協力を惜しまないと申し出ている[64]。だが、アイゼンハワーは大統領選挙出馬に対して「政党政治に巻き込まれるのは御免だ。まるで五〇歳までカトリックだった男が急にプロテスタントになれといわれたようなものだ」と述べるなど、慎重な姿勢を崩そうとしなかった(Lodge, 1973, 77)[65]。

アイゼンハワーが出馬をためらった理由は、軍人として既に国民的名声を博していること、政治に興味を抱いていなかったこと、そして高齢であることであった[66]。

それでも穏健派はアイゼンハワーの擁立を諦めず、「タフトはミスター・リパブリカンと呼ばれているが、アイゼンハワーはミスター・アメリカンである……アイゼンハワーに出馬が自らの義務であることを自覚させれば、アイゼンハワーの擁立は可能」と判断していた[67]。

デューイは大統領選挙に二度出馬した際に築き上げた人脈を一九五二年に至っても保持し続けており、全米の共和党有力者と通じて共和党組織をまとめ上げる役割を果していた[68]。このコネクションを利用して、一九五一年の秋ごろ、デューイはルシアス・クレイやハーバート・ブラウネル、あるいはJ・ラッセル・スプラーグといった旧知の人々を集めて、アイゼンハワーを大統領に担ぎ上げるための組織を正式に発足させた[69]。

このデューイ・グループに平行して、中西部においてフランク・カールソン上院議員とハリー・ダービー知事が、そしてペンシルベニア州でジェームズ・ダフ議員とヒュー・スコット下院議員が、それぞれアイゼンハワーを擁立しようとする運動を別個に軌道に乗せつつあった[70]。これらグループはニューヨークで会合を持ち、一つのグループとして統合された[71]。

このグループに、ヘンリー・カボット・ロッジ・ジュニア上院議員、シャーマン・アダムス、フレッド・

シートン、ハワード・スミス議員、シンクレア・ウィークス、ポール・ホフマン、バラク・マッティングリー、トマス・スティーブンスといった共和党内部の他の穏健派が合流しつつあった。

上記の人々は、共和党内部の穏健派を団結させ、なおかつ当選に必要なだけの民主党員や無党派層を取り込める人物、すなわち「最も選挙に勝てる候補者」はアイゼンハワーをおいて他にないという見解で一致していた。当初、マッティングリーがグループをまとめる役割を果たすはずであったが、彼がダフ議員と折り合いが悪かったため、古くからのアイゼンハワーの友人であり[72]、個人的に彼と親しかったロッジがグループのまとめ役に推された[73]。

アイゼンハワー擁立グループは一九五一年に複数回にわたってアイゼンハワーに出馬を要請するため、パリを訪れている。同年五月にはニクソンが(Ambrose, 1990, 259)、続いて九月にはロッジ、一二月にはスタッセンもアイゼンハワーを説得するためパリへ向かった。

アイゼンハワーの説得に赴いたロッジは、共和党には敗北主義と日和見主義が蔓延しており、このままの状況が続けば、いずれ共和党は破綻するとまでアイゼンハワーに告げた。あわせて、党をそのような窮状から救い出せるのはアイゼンハワーをおいて他にはおらず、それはあなたにとっての義務であると述べて、出馬宣言を強く迫った。

アイゼンハワーはこの出馬要請に対し、言質こそ与えなかったが、代わりに共和党の穏健派と民主党の穏健派を一つの政党にまとめ上げることは可能だと思うか、という質問をロッジに投げかけた。質問に対してロッジは返答せず、以下のように切り返した[74]。

決断が非常に難しいことはよくわかります……これには政治的賭けが含まれています。しかし、あなたはこれまでの人生においても数多くの賭けをして、それに勝ってきたではありませんか。あなたの人生には数多くの困難がありましたが、それらを全て克服してきたでしょう。

この言葉にアイゼンハワーは心を動かされた様子ではあったが、それでも出馬に関する言質を与えることはなかった。ロッジは民主党による長期政権がこのまま続けば二大政党制は危機を迎えると諄々《じゅんじゅん》と説き、まるで「憂国の志士のような熱心さ」と「ブルドッグのようなしつこさ」でアイゼンハワーに大統領選挙に出馬するよう食い下がった(Eisenhower, 1963, 18)。

アイゼンハワーはこれらの要請に応じず、自分に大統領になる意思はなく、選挙キャンペーンも一切行うつもりはないと述べた。しかし、アイゼンハワーはロッジたちが自分を大統領にしようと自発的努力を続けるならば、それを邪魔する意思もないとも語った(Lodge, 1973, 91)。

このためアイゼンハワー本人が不在のまま、一一月一六日、ロッジたちはコモドア・ホテルの二部屋を借り切ってアイゼンハワーの選挙戦を「見切り発車」させた。ロッジたちがこのような強硬手段に出たのは一一月に入ってタフトの選挙活動が本格化し、デューイやロッジがこれに危機感を抱いたためである(Lodge, 1973, 82)。

ただし、これらグループの動向はルシアス・クレイ将軍を通じて逐一アイゼンハワーに報告がなされており、アイゼンハワーも擁立グループの動向について認知していたものと考えられる[75]。

ロッジ選対委員長はテレビでのスポット広告の活用などのメディア対策や、各州への遊説計画を立案し、「アイゼンハワー市民連合(Citizens for Eisenhower)」と呼ばれる草の根組織の設営や州ごとの情報収集と分析を請け負うなど、アイゼンハワー本人からの公式の出馬宣言がなされないまま、選挙運動を前進させていった。

5 穏健派の分裂とアイゼンハワーの出馬

一九五一年の暮れ、パリのアイゼンハワーのもとを訪れた穏健派グループの一人で前ミネソタ州知事のスタッセンによれば、アイゼンハワーはタフトが選挙委員会を準備して各州の共和党委員長やその他の有力者と連携を図りつつある状況を説明されても、自らの出馬について何の言質も与えなかったという[76]。

このパリ訪問の後、スタッセンはアイゼンハワー支持の姿勢を翻すようになり[77]、一九五二年一月二九日、タフトを阻止するためと称して自らニュー・ハンプシャー州の共和党予備選挙に出馬すると宣言した[78]。アイゼンハワー陣営はスタッセンの立候補はアイゼンハワー支持者を分断し、かえってタフトに漁夫の利を与えるとして出馬を再考するように促し[79]、スタッセンに近いウォルター・ジャッド下院議員を通じてスタッセンを翻意させようと手を尽くすなどしたものの[80]、彼はこれらの制止を全て無視した(Stassen and Houts, 1990, 31; Ambrose, 1990, 260)。

スタッセン自身はアイゼンハワーに宛てた書簡の中で、自らの立候補はあくまでタフトを阻止するためであると主張し[81]、また後年になってから「自分に勝機はなかった」とも述懐しているが[82]、おそらくスタッセンの本心は別のところにあった。そもそもスタッセンは一九五一年の一月には大統領選挙への出馬を検討していた事実が史料からも確認可能である(Kirby, Dalin, and Rothman, 2013, 124)[83]。

スタッセンは早くから大統領選挙に打って出る野心を持っていたものと思われる[84]。出馬の遅れるアイゼンハワーと、タフトの間で膠着状態が起きることを望むようになったスタッセンは[85]、以下のように状況を分析していた[86]。

二人のフロント・ランナーによってかなりの接戦が繰り広げられているようだ。これは膠着状態(deadlock)になるかもしれない。そうなればわからなくなってくるぞ。

スタッセンはまたニクソンに対してカリフォルニア代議団の支持を自分に振り向けてくれれば副大統領に指名する裏取引を持ちかけるなどしており(Nixon, 1962, 98-99)、スタッセンの行動はタフトを阻止するためではなく、明らかに個人的野心を満足させるためのものであった。アイゼンハワー擁立グループもスタッセンの野心に気付いており、クレイ将軍はアイゼンハワーに「スタッセンは謎です。彼と話す際にはどうか注意されますよう。彼は有能ですが、グループの誰一人、そう誰一人として彼を完全に信用していません」と忠告している[87]。

スタッセンの立候補に先駆けて、カリフォルニア派も独自にウォーレンを大統領候補に立てており、タフトからもアイゼンハワーからも距離を置く姿勢を見せていた。一九五二年の大統領選挙に関する限り、ウォーレンの思惑がどこにあったのか、あまり明瞭ではない。ウォーレンは同年の選挙に出馬こそしたものの、カリフォルニアのほかはオハイオとウィスコンシンで若干の選挙活動を行ったのみであった[88]。恐らく、ウォーレンもスタッセン同様アイゼンハワーとタフトが「相打ち」になった場合の「漁夫の利」を狙っていたものと思われる[89]。

このように、アイゼンハワーの意思がはっきりしなかったために、スタッセンが自ら立候補し、カリフォルニア派も独自の動きを見せるなど、穏健派は足並みを乱しつつあった(Warren, 1977, 379-404)。この穏健派分裂の危機を危惧したロッジはアダムスに以下のような手紙を書き送った[90]。

アイゼンハワー将軍と会談したところ、彼は政治の世界に飛び込むつもりはないが、共和党とアメリカ国民を挙げての合意が存在する場合には政界への立候補を考慮することもあり得るといっていました……こういう事情ですので、ニュー・ハンプシャーの共和党員が合衆国大統領として〔アイゼンハワーを〕熱望しているということにして、ドワイト・アイゼンハワーの名前を予備選挙に登録してしまいましょう。

こうして、とうとうアイゼンハワーが任国にあり、なおかつ本人からの出馬宣言もないまま、ロッジとアダムスによって一九五二年一月六日にニュー・ハンプシャー州の共和党予備選挙への出馬が宣言され(Ambrose, 1990, 264)、三月一一日、本人不在のままニュー・ハンプシャーの予備選挙で勝利した。一週間後の三月一八日に行われた地元ミネソタの共和党予備選挙でスタッセンが勝利し、続くウィスコンシンの予備選挙ではタフトが二四人の代議員、ウォーレンが六人を獲得した。その後はタフトとアイゼンハワーの間で一進一退の攻防が続き、タフトはネブラスカ、イリノイ、オハイオ、ウェスト・バージニアを獲得し、アイゼンハワーはオレゴンやニュージャージーで勝利を収めていった(Stassen and Houts, 1990, 23-26)。

予備選挙の情勢を見たアイゼンハワーは遂に出馬の決意を固め、六月一日付でNATO軍最高司令官の任を辞し、アメリカに帰国した。三月終わりには帰国して選挙に出馬する意思を固めつつあったアイゼンハワーは自らを馬になぞらえ、クレイ将軍に以下のように述べている[91]。

子供の頃、面白い娯楽があった。朝、家畜の柵のところまで行って、男がその日乗る馬の首に輪を取り付けようとするのを見るのだ。記憶の限りでは、私は馬を応援したものだが、馬は何時だって捕まってしまった。馬がいくら逃げようとも、身をかわそうとも、鼻を鳴らそうとも、足を踏み鳴らそうとも。そのときは、自分がまさか馬の身になろうとは夢想だにしなかった！

こうして出馬の問題はロッジたちの強行策によってクリアされたものの、課題は残されていた。それはアイゼンハワーの政治姿勢を穏健派の望む方向へと誘導するという問題である。タフトとアイゼンハワーの間で熾烈な争いが繰り広げられるようになると、タフト側からアイゼンハワーへの攻撃は一段と激しいものになっていた。例えば、熱烈なタフト支持者であったホマー・ケープハート上院議員などは、アイゼンハワーを「素人」と呼び、「アイゼンハワーが大統領候補に指名されれば共和党は滅亡する」とまで述べた[92]。

共和党員は誰でも、アイゼンハワーが争点に対してどのような姿勢で臨むのかを明らかにしない限り、どのような選挙をしようと支持も投票もしないと告げる権利があります……ニューディールの政策目標やトルーマン＝アチソン的な外交政策を認め、共和党の方がそれらの政策を上手にやってみせますと主張して国民を説得しようとしたところで、選挙に勝てるわけがありません。それこそデューイ氏がやろうとした選挙そのものであり、アイゼンハワー将軍も現在の取り巻き連中の助言に従えば同様の選挙をすると思います。アイゼンハワーは共和党の大統領候補指名を狙う民主党の候補者であると誠心誠意申し上げておきたい……どちらの党から当選を果たそうとアイゼンハワーはアメリカ国内でトルーマン＝アチソン的な外交政策、重税、巨額の政府支出、インフレ政策を継続するでしょう……アイゼンハワーが勇敢な将軍であることは認めざるを得ませんが、彼が小心者の候補者であることも確かです。タフトを指名できなければ勝利できないでしょう。タフトを指名できなければ共和党はニューディールに席巻されるでしょう。

デューイは早い時期から、ロッジにアイゼンハワーがどのような政治姿勢の持ち主かを国民に知らしめる必要があると助言していた[93]。しかし、アイゼンハワー自身が帰国後まもない六月四日に行ったスピーチは、政府の肥大化や政府内の汚職に対する批判、政府による重税やインフレへの反対などに力点を置いてニューディール政策を批判する内容のもので(Bowen, 2011a, 131)、タフトの演説と代わり映えせず(Ambrose, 1983b, 529)、穏健派を失望させた[94]。以下はその演説からの抜粋である[95]。

国家は国民からなるものであり、その存在理由は国民の人間的ニーズと立法上の要求に応じることである……インフレ……過重な税金……共同体や個人が持っていた統治機能を中央政府が徐々に侵食している。この過程から生まれる重苦しく金のかかる政府機構は、国民の福祉の名の下に、何の利益もなく常に国民の上に居座り、絶え間なく拡大し続けていく。

このスピーチに関して、ニューヨーク・タイムズの記者、デイビッド・ハルバースタムは、アイゼンハワーはあたかも「頼りない、年老いた中西部の共和党員のように見えた。まるでロバート・タフトその人を見るかのようだった」と感じた者が少なからずいたと指摘している(Halberstam, 1993, 211)。実際、このスピーチ後にアイゼンハワーの支持率は急速に低下した(Bowen, 2011a, 131)。

ロッジはアイゼンハワーが「外交面ではよいが……国内政治では共和党保守派の虜となっている」ように

見受けられることは「致命的」であると考え、民主党政権を社会主義とする批判のトーンを下げ、州権など保守派を想起させる用語の使用を控えるよう忠告を与えていた[96]。ロッジは、アイゼンハワーにタフトが共和党においてすら多数の支持を集めることに苦心しているのは、タフトが社会保障費の削減などを主張しているからであると説き、アイゼンハワーにはそのような保守的公約から距離を置くように勧めた[97]。

先述のように、タフトと会談したアイゼンハワーは保守的な政策項目を受け入れようとするなど、しばしば姿勢にぶれも生じた。ロッジはそのような際にも、以下のように述べてアイゼンハワーを押し止めていた[98]。

> タフト議員とニューヨークで会談されたことは選挙広報の点からみて、無難に対応できたとはいえません。「保守派」が「アイゼンハワーを取り込んだ」という誤った印象を与えます……あなたを早くから支持してきた人々の多くは〈民主党の大統領候補である〉スティーブンソン支持に傾きつつあります……選挙を上手に進める秘訣は上院議員だろうと知事だろうと個人を喜ばせることを考えるのではなくて、選挙に勝利することを考えることです。

ロッジはタフトとの間に溝が深まるほど、タフトに反感を持つ共和党穏健派や無党派層、民主党浮動層の票獲得に有利であると述べ、アイゼンハワーはこの助言に従ってタフトとは異なる穏健派寄りの政策を前面に打ち出すようになっていった[99]。

このように、アイゼンハワーが共和党からの出馬を宣言したこと、そして穏健かつ中立的な政治姿勢を打ち出すようになったのはロッジの貢献によるところが大きい。ロッジは「共和党は現代的世界観を持つべき」であるとする穏健な政治信条の持ち主であり[100]、アイゼンハワーを共和党の穏健路線を象徴する存在として位置づけようと努めた[101]。ロッジは政治的極端を廃し「中道」に向かうことが今後の共和党のとるべき選択肢であることをアイゼンハワーに繰り返しインプットした[102]。

タフトは、アイゼンハワーは本質的には自らに似た思想の持ち主であり、いずれ必ず保守化すると期待していたが、最終的に保守派と一体化することがなかったのは、選挙マネージャーを務めたロッジを中心とする穏健派の選挙助言団が「くさび」の役割を果たしたことが大きかったといえよう[103]。

ただし、アイゼンハワーは何ら自らの意思なく穏健派の助言に流されていたわけでもない。アイゼンハワーはロッジに送った書簡の中で「いつも君の助言に導かれているし、これからもそうする」としつつ、「自分の信じることを率直に口にしたいときもある。私の信念が右寄りだとか左寄りだとかいわれることをいちいち気にせねばならないとは思いもよらなかった」と述べ、選挙に勝利することを最優先にした穏健化戦術に抵抗することもあった[104]。

かくして、アイゼンハワーは穏健化路線を基調としつつも、タフト派による、アイゼンハワーはニューディーラーであるという非難を解毒出来る程度には保守的姿勢を自律的に保ち続け、アイゼンハワーの政治姿勢が保守派にとっても少なくとも危なげのないものであるとの印象を与えることにも成功したのである(Ambrose, 1983b, 533-535)。

本選挙に入ると、アイゼンハワーは以下のように、得票の最大化を見込める、極めて「無難な」選挙公約を掲げるようになっていく[105]。

まず、アイゼンハワーは、現行税率は高すぎるので減税するつもりであるが、それは政府赤字や無駄な政府プログラムをどの程度削減できるかどうかにかかっており、確約はできないと留保条件をつけた。

公民権に関しては、アイゼンハワーはアメリカには二級市民は存在しえず、平等な機会と権利を人種、国籍、信条等に関わらず享受するべきであると主張していた。マイノリティの権利増進を目指す立法の動きが各州でみられることは進歩を達成するうえで善いことであり、全州がこれにならうべきであるとしている。だが、アイゼンハワーは政府による強制的手段は進歩を損なうので原則的には賛成しかねるとも述べ、今後いっそうこの問題について学んでいく必要を感じているとした。

政府による価格と賃金統制については、政府による過剰な統制は自由経済を損なうため、インフレが問題でなくなれば原則廃止すべきであるが、あくまでケース・バイ・ケースで考えていくとしている。

政府による農業補助金制度は支持するが、教育補助制度は教育水準が低く自力では必要な教育を提供できない地域に限定されるべきであり、保険は民間主導が望ましく、国民皆保険制度導入には反対であるとした。

TVAのような政府主導の公共事業政策は民間企業が実施不能な電力供給等に資する場合は認めざるを得ないケースがあると述べつつも、民間企業が人々に効率的・安価に電力を供給できるのであれば、それと競合するため原則的には賛成しない方針をとった。

タフト＝ハートレー法に関しては、労使間で起きている問題は労使間の団体交渉で解決するべきであるとしつつも、政府は労使のどちらか一方、すなわち特定の階層に肩入れするべきではないとし、同法については今後研究を重ね、改善点を見出すとしている。

こうして、アイゼンハワーは民主党にとっても受容が可能でありつつ、決してニューディール・リベラルと同一ではない、それでいて共和党の保守派にも許容される程度には保守的であるが、そこから意識的に距離を置くことで保守派と自己同一化しないという、実に微妙な均衡に拠って立つ政治姿勢を確立したのである。

6 結論

本章では長い野党経験を経た共和党が「選挙に勝てる候補者」として一九五二年の大統領選挙にドワイト・アイゼンハワーを擁立するまでの過程を詳述した。本論文が明らかにした歴史的事象の因果連鎖は以下のようなものである。

① ニューディール以降の民主党一党優位制の下、一九五二年までに共和党は北東部の指導者層が主導する穏健派と中西部を拠点とする保守派の二つに内部分裂していた。

② 穏健派はニューディール政策の根幹部分を積極的に容認しており、選挙に勝利するためには共和党が「左に舵を切る」ことが合理的戦略であると考え、選挙に勝ちぬくためにアイゼンハワーの擁立を早くから考えていた。これに対してタフトを中心とする共和党保守派はあくまで民主党とのイデオロギー的差異化をはかることに固執し、「右に舵を切る」戦略を主張していた。

③ しかし、穏健派が擁立を企てていたアイゼンハワー自身は政治から距離をおきたいと考えており、またその政治信念は基本的には小さな政府を理想としつつも、そこにアメリカの進歩や福祉を達成するために柔軟にニューディール政策を取り入れていく修正主義的なニュアンスが強かった。すなわち、アイゼンハワーは教条的な保守主義者ではなく、どちらかといえば基本的なスタンスは保守的ながらも、現実的で柔軟な政治姿勢の持ち主であったといえる。

④ 本人からの明確な立候補への意思表示がないまま、穏健派はアイゼンハワーの選挙戦を開始し

た。しかし、アイゼンハワー本人の意思が不明確であったことも手伝って穏健派の足並みは揃わず、ウォーレンやスタッセンは穏健派を割って自ら立候補を表明した。これに危機感を強めた穏健派の指導者はアイゼンハワーに無断で彼をニュー・ハンプシャーの予備選挙に投入し、半ば強制的にアイゼンハワーを選挙の最前線に引き出した。

⑤ やむなく、アイゼンハワーは帰国して選挙に身を投じた。その過程において、結果的にアイゼンハワーの確立した政治姿勢は民主党にとっても比較的受容可能であるが、決してニューディール・リベラルと同一ではなく、反面共和党の保守派にも受け入れられるほどには保守的であっても、そこからも意識的に距離を置くことで保守派にも自己を同一化しないという微妙な均衡に拠って立つものとなった。

以上に見たアイゼンハワーの政治姿勢は「妥協可能な党派性」とでも形容すべきものであり、本人の言によれば「大抵の政策領域では保守的だが、人間の幸福に関する領域では断然リベラル」というものである[106]。

いずれにせよ、アイゼンハワーの政治姿勢は民主党とも共和党保守派とも一線を画すことで選挙に勝利するために必要な差異を生み出しつつも、同時に統治において対立する勢力との間での合意形成が不可能となるほどイデオロギー的に分極化したものでもなかった。統治において対立する勢力との間での合意形成が可能な位置を保ちつつ、選挙に勝利するために必要な差異を生み出す——この点こそ、アイゼンハワーのいう「中道」の精髄であった。

あるとき、アイゼンハワーに向かって、ハーバート・フーバー元大統領が「『中道』というのは、政治的リーダーにとって保つことが最も難しいポジション」であると告げた[107]。大統領就任後のアイゼンハワーに課せられた課題は、まさにその難題に取り組むことであった。

すなわち、大統領に当選したアイゼンハワーは、以上の中道路線を共和党内部に徹底し、それを維持すべく共和党の改革に乗りだし、新たな困難と直面することになるのである。

註

1——Eisenhower to Wesly G. Gish, June 29, 1964, *Dwight D. Eisenhower: Post-Presidential Papers, 1964 Principal File*, Box 37 Gi(2), Dwight D. Eisenhower Library, Abilene, Kansas.（以下*1964 Principal File*と略記）

2——Oral History Interview with Sherman Adams by Charles T. Mossisey, November 21, 1978, *Oral History Collection of the Association of Former Members of Congress*, Box 1, Manuscript Division of Library of Congress, Washington, D.C.（以下*Oral History Collection of the Association of Former Members of Congress*と略記）

3——Interview with United States Senator Hugh Doggett Scott. Jr., *United States Capitol Historical Society Oral History Program*, Manuscript Division of Library of Congress, Washington, D.C.

4——Americans for Democratic Action Newspaper Clippings, December 14, 1952, *Americans for Democratic Action, Southeastern Pennsylvania Chapter Papers*, the Urban Archives, Temple University, Pennsylvania.

5——Gifford Pinchot to Graham R. Hard, February 3, 1936, *Gifford Pinchot Papers*, Box 1328, Manuscript Division of Library of Congress, Washington, D.C.; William E. Borah to Pinchot, January 22, 1936, *William E. Borah Papers*, Box 878, Manuscript Division of Library of Congress, Washington, D.C.

6——"Eastern Regional Conference of the RNC and Republican State Chairman and Vice Chairman Meeting, October 1, 1951," *Papers of Republican Party Part 1: Meetings of the Republican National Committee 1911-1980*, Series A, Reel 10.

7——ニューディール期の一九三五年に制定された全国労働関係法（通称ワグナー法）では、企業による労働者に対する不当行為を取り締まるために全国労働関係委員会(National Labor Relations Board)が設置され、労働者の権利拡大と権利擁護が目指された。一九四七年労使関係法(通称タフト＝ハートレー法)はワグナー法の修正を企図しており、クローズド・ショップ禁止、スト決行前のクーリング・オフ期間の設定、労組による政治献金の取り締り、連邦公務員のスト禁止令、労組に対する損害賠償請求権など、労働者による企業に対する不当行為の取り締まりが詳細に規定された。

8——Governor Earl Warren Information Brochure, 1952, *Earl Warren Papers*, F3640: 655, California State Archives, Sacramento, California.(以下*Warren Papers*と略記)

9——Memorandum for the President, Undated, *Henry Cabot Lodge, Jr., Papers*, Paper 2, Reel 15, Massachusetts Historical Society, Boston, Massachusetts.(以下*Lodge Papers*と略記)

10——Lodge to Samuel Hoberman, September 14, 1942, *Lodge Papers*, Paper 2, Reel 15.

11——Lodge to Taft, December 20, 1948, *Lodge Papers*, Paper 2, Reel 15.

12——Alex J. Groesbeck to B. E. Hutchinson, August 7, 1951, *Arthur E. Summerfield Papers*, Box 8, Dwight D. Eisenhower Library, Abilene, Kansas.(以下*Summerfield Papers*と略記)

13——Herbert Hoover to Dewey, Undated, *Thomas E. Dewey Papers*, Box 20, Series 10, Folder 10, Rare Books Special Collections Preservation, Rush Rhees Library, University of Rochester, Rochester, New York.(以下*Dewey Papers*と略記)

14——Dewey to Lodge, November 23, 1951, *Dewey Papers*, Box 26, Series 10, Folder 6.

15——Dewey to Helen Adkins, May 16, 1952, *Dewey Papers*, Box 39, Series 6, Folder 6.

16——Oral History Interview with Thomas E. Dewey, *Eisenhower Administration Project*, Oral History Research Office, Columbia University, New York, pp.2-6.(以下*Eisenhower Administration Project*と略記)

17——Frank Carlson to John Steinke, December 28, 1951, *Frank Carlson Papers*, Box 6, Kansas State Historical Society, Topeka, Kansas.(以下*Carlson Papers*と略記)

18——Hal H. Clark to John S. Fine, May 23, 1952, *Robert A. Taft Papers*, Box 399, Manuscript Division of Library of Congress, Washington, D.C.(以下*Taft Papers*と略記)

19——"Statement of Senator Robert A. Taft, October 16, 1951," *Lodge Papers*, Paper 2, Reel 15.

20——Interview with Katharine K. Brown, June 26, 1968, *Robert A. Taft Project*, Oral History Research Office, Columbia University, New York. p.12, 15.（以下*Robert A. Taft Project*と略記）

21——The Reminiscences of Katharine K. Brown, June 26, 1968, *Robert A. Taft Project*, p.35.

22——The Reminiscences of L. Randolph Mason, July 30, 1970, *Robert A. Taft Project*, p.15.

23——"Debate between Senator Bulkley and Senator Taft, undated," *Taft Papers*, Box 1292.

24——"Address of Senator Robert A. Taft, April 16, 1952," *Taft Papers*, Box 1446.

25——"Address of Senator Robert A. Taft, April 27, 1948," *Taft Papers*, Box 1446.

26——スタッセンは一九〇七年、ミネソタ州のダコタ郡に生まれた。両親は貧しい農民であり、自家製の野菜をトラックで売り歩くことを生業にしていた。両親を助けるため、数多くの職業を掛け持ちしながら一五歳で高校を卒業し、ミネソタ大学を一九歳で卒業、二一歳で同校ロースクールを修了した。その後、彼は法律家としての道を歩みながら、一九三八年に三一歳でミネソタ州の知事に選出され、優れた治績を残した。一九四〇年代の早いうちから、スタッセンは共和党の未来を担う若手の人材の一人として、注目を集めていた。

27——Frank Flick to Robert A. Taft, June 1952, *Taft Papers*, Box 422.

28——テネシー川流域開発公社（Tennessee Valley Authority＝TVA）はニューディール期に設立され、ダム建設による発電事業、灌漑事業、土建事業など多彩で包括的な地域開発を目指した巨大な公営企業である。全国復興局（National Recovery Administration）も、やはりニューディール初期に設立された産業統制を実施した政府部局である。農業調整局（Agricultural Adjustment Administration）もニューディール期に設立された政府の部局で、農作物の生産過剰に対処し生産削減と価格補助制度の導入を司った。全国青年局（National Youth Administration）は青年層の職業安定や教育補助を目指した。全国資源管理委員会（National Resources Planning Board）は公共事業、自然保護、天然資源の利用などを計画立案するための部局であった。いずれもニューディール政策の一環として設置されたものであり、ニューディール・リベラリズムを体現するものとして知られている。

29——Robert A. Taft to Nathan Wright, May 5, 1943, *NAACP Papers II*: A 628 General Office File (Robert A. Taft), Manuscript Division of Library of Congress, Washington, D.C.（以下*NAACP Papers II*と略記）

30——南部で頻発していた黒人を主たる対象とするリンチ行為を禁止しようとする法案（反リンチ法）は一九一〇年

代以降、しばしば連邦議会に提案されたものの南部諸州が頑強に制定に抵抗し、同法の是非が議論の的となってきた。また、南北戦争以降も南部諸州では有権者登録に際して人頭税の納入を義務付ける規定が設けられ、これによって支払い能力の劣る黒人階層の有権者登録の伸長が妨害され、実質的な選挙権剥奪が横行してきた。全国黒人地位向上協会(National Association for the Advancement of Colored People)は一九〇九年に結成された公民権団体であり、人種差別の解消に向けて先駆的な役割を果たした。

31——“Statement of Senator Taft in Connection with the Introduction of a Bill to Establish a Fair Employment Practice Act,” March 7, 1945, *NAACP Papers II*: A 264 FEPC (Robert A. Taft, 1945-1950).

32——Roy Wilkins to Robert A. Taft, February 7, 1945, *NAACP Papers II*: A 264 FEPC (Robert A. Taft, 1945-1950).

33——Hubert T. Delany to Robert A. Taft, February 6, 1945, *NAACP Papers II*: A 264 FEPC (Robert A. Taft, 1945-1950).

34——Roy Wilkins to Herbert Brownell, February 8, 1945, *NAACP Papers II*: A 264 FEPC (Robert A. Taft, 1945-1950).

35——“Statement for use in Press Release,” November 29, 1951, *NAACP Papers II*: A 628 General Office File (Robert A. Taft).

36——Theodore M. Berry to Robert A. Taft, May 10, 1944, *NAACP Papers II*: A 628 General Office File (Robert A. Taft, 1940-1953).

37——Interview with Katharine K. Brown, June 26, 1968, *Robert A. Taft Project*, p.3.

38——James H. Sheldon to Walter White, November 30, 1951, *NAACP Papers II*: A 628 General Office File (Robert A. Taft).

39——The Reminiscences of Edwin A. Lahey, August 28, 1967, *Robert A. Taft Project*, p.13.

40——“The Future of the Republican Party,” January 28, 1949, *Taft Papers*, Box 1446.

41——The Reminiscences of L. Randolph Mason, July 30, 1970, *Robert A. Taft Project*, p.17; The Reminiscences of Edwin A. Lahey, August 28, 1967, *Robert A. Taft Project*, p.61.

42——The Reminiscences of Stanhope Bayne-Jones, August 28, 1967, *Robert A. Taft Project*, p.56.

43——Oral History Interview with Clifton L. Mears by Maclyn P. Burg, May 9, 1974, *Eisenhower Library Oral History Project*, Dwight D. Eisenhower Library, Abilene, Kansas, pp.46-47.

44——Mrs. David Rees to Robert Taft, June 12, 1952, *Taft Papers,* Box 1106; Edmund Buckley to John Fine, June 12, 1952, *Taft Papers,* Box 399.

45——Sam K. Dennis to James P. Kem, January 8, 1952, *Carlson Papers*, Box 6.

46——Harry V. Dougherty to Robert A. Taft, June 23, 1952, *Taft Papers,* Box 399.

47——Henry Pitcher to Frank Carlson, December 7, 1951, *Carlson Papers*, Box 6.

48——Frank Leach to Carlson, June 25, 1952, *Carlson Papers*, Box 6.

49——Harry V. Dougherty to John S. Fine, April 30, 1952, Political File-1952 Campaign Pennsylvania, *Taft Papers*, Box 399.

50——"The Student in Politics," Dickinson County News, Abilene, Kansas, November 18, 1909, Daniel D. Holt (ed.) *Eisenhower: The Prewar Diaries and Selected Papers, 1905-1941* (Baltimore: The Johns Hopkins University Press, 1998), p.77.

51——Diary of Dwight Eisenhower, September 25, 1951, Louis Galambos, et.al. (eds.) *The Papers of Dwight David Eisenhower: NATO and the Campaign of 1952*, Volume 12 (Baltimore: The Johns Hopkins University Press, 1989), p.565.

52——Dwight Eisenhower to Milton S. Eisenhower, May 30, 1951, Galambos, et.al. (eds.) *The Papers of Dwight David Eisenhower: NATO and the Campaign of 1952*, Volume 12, pp.304-305.

53——Oral History Interview with James Hagerty, *Eisenhower Administration Project*, n.pag.

54——Oral History Interview with Barry Goldwater, *Eisenhower Administration Project*, pp.22-23.

55——Eisenhower's Diary, January 14, 1949, Robert Ferrell (ed.) *The Eisenhower Diaries* (New York: W. W. Norton, 1981), p.153.

56——Eisenhower to William Edward Robinson, March 6, 1951, *The Papers of Dwight David Eisenhower: NATO and the Campaign of 1952*, Volume 12, pp.97-98.

57——Eisenhower to Julius Earl Schaffer, January 22, 1952, Galambos, et.al. (eds.) *The Papers of Dwight David Eisenhower: NATO and the Campaign of 1952*, Volume 13 (Baltimore: The Johns Hopkins University Press, 1989), pp.904-905; S. G. Ohlhausen, March 18, 1952, *Lucius D. Clay Papers*, Box 6, Folder 13, George C. Marshall Research Foundation.

Lexington, Virginia.（以下*Clay Papers*と略記）

58——Eisenhower to George A. Sloan, March 1, 1952, *Clay Papers*, Box 6, Folder 13.

59——Chief of Staff Diary, February 28, 1933, *Eisenhower: The Prewar Diaries and Selected Papers, 1905-1941*, p.77.

60——Chief of Staff Diary, November 30, 1932, *Eisenhower: The Prewar Diaries and Selected Papers, 1905-1941*, pp.6-7.

61——Chief of Staff Diary, March 6, 1933, *Eisenhower: The Prewar Diaries and Selected Papers, 1905-1941,* p.78.

62——Chief of Staff Diary, December 9, 1933, *Eisenhower: The Prewar Diaries and Selected Papers, 1905-1941,* p.78.

63——An Anonymous Author to Lodge, February 6, 1952, *Lodge Papers*, Paper 1, Carton 2.

64——Transcript of Recorded Interview with Thomas E. Dewey, January 22, 1965, *John Foster Dulles Oral History Project*, Seeley G. Mudd Manuscript Library, Princeton University, New Jersey.

65——Lodge to Eisenhower, August 4, 1955, *Lodge Papers*, Paper 2, Reel 28.

66——The Reminiscences of Thomas Dewey, 1966, *Eisenhower Administration Project*, p.26.

67——Undated Document, 1952, *Lodge Papers*, Paper 1, Carton 1.

68——Oral History Interview with Leonard W. Hall, *the Oral History Collection of the Association of Former Members of Congress,* Box 1.

69——Oral History Interview with Thomas E. Dewey, *Eisenhower Administration Project*, p.6

70——Interview with United States Senator Hugh Doggett Scott. Jr., *Oral History Collection of the Association of Former Members of Congress,* p.130.

71——Oral History Interview with Lucius D. Clay, *Eisenhower Administration Project*, n.pag.

72——Memorandum of Lodge, November 1963, *Lodge Papers*, Paper 2, Reel 28.

73——Undated Document, 1952, *Lodge Papers*, Paper 1, Carton 1.

74——Lodge to Carlson, 1951, *Lodge Papers*, Paper 2, Reel 28.

75——Lucius Clay to Eisenhower, November 15, 1951, *Clay Papers*, Box 6, Folder 11.

76——Stassen to William S. Linnell, January 21, 1952, *Harold Stassen Papers*, Box 89, Minnesota Historical Society, Saint Paul, Minnesota.（以下*Stassen Papers*と略記）

77——"Memorandum," December 14, 1951, *Clay Papers*, Box 6, Folder 25.
78——Stassen's Confidential Memo, December 22, 1951, *Stassen Papers*, Box 75.
79——Stassen to Dewey and Lodge, February 22, 1952, *Dewey Papers*, Box 120, Series 6, Folder 28.
80——Sherman Adams to Walter Judd, February 6, 1952, *Walter H. Judd Papers*, Box 210, Hoover Institution Archives, Stanford, California.（以下*Judd Papers*と略記）
81——Stassen to Eisenhower, April 14, 1952, *Stassen Papers*, Box 75.
82——Harold Edward Stassen interviewed by Alec Kirby, June 1991, *Oral History* 6, Minnesota Historical Society, Saint Paul, Minnesota.
83——一九五一年の六月末にはスタッセンは自らと近いものを集めて出馬を検討する会合を催し、選挙マネージャーに任命されたバーナード・シャンリーが選挙組織を展開し始めていた。
84——Stassen to John S. Fine, January 3, 1951, *Stassen Papers*, Box 75.
85——Jerry Ade to Stassen, June 25, 1952, *Stassen Papers*, Box 74.
86——Stassen to Ade, June 19, 1952, *Stassen Papers*, Box 74.
87——Lucius Clay to Eisenhower, December 7, 1951, *Clay Papers*, Box 6, Folder 11.
88——Expenses on Primary, 1952, *Warren Papers*, F3640: 652.
89——Radio Talk by Governor Warren, May 11, 1952, *Warren Papers*, F3640: 655.
90——Lodge to Sherman Adams, January 4, 1952, *Lodge Papers*, Paper 2, Reel 28.
91——Eisenhower to Lucius Clay, March 28, 1952, *Clay Papers*, Box 6, Folder 13.
92——Homer Capehart to Norris Cotton, May 28, 1952, *Norris Cotton Congressional Papers*, Box 16, Folder 13, Milne Special Collections, University of New Hampshire, Durham, New Hampshire.
93——An Anonymous Author to Lodge, November 17, 1951, *Lodge Papers*, Paper 2, Reel 4.
94——"Memorandum," June 7, 1952, *Taft Papers*, Box 425.
95——"Draft for Abeline," May 22, 1952, *Clay Papers*, Box 6, Folder 26.
96——Eisenhower to Lodge, May 20, 1952, Louis Galambos,et.al., (eds.) *The Papers of Dwight David Eisenhower: NATO and*

the Campaign of 1952, Volume 13, p.1234.

97——Lodge to Dwight Eisenhower, May 8, 1952, *Lodge Papers*, Paper 2, Reel 28.

98——Lodge to Eisenhower, October 3, 1952, *Lodge Papers*, Paper 2, Reel 28.

99——Lodge to Dwight Eisenhower, December 4, 1952, *Lodge Papers*, Paper 2, Reel 28. ロッジは同時に「アイゼンハワーはデューイの傀儡に過ぎない」という共和党保守派からの批判をかわす必要があることも感じており、過剰に左傾化することも好ましいものではないと考えていた。詳しくは、Memorandum, Undated, *Clay Papers*, Box 7, Folder 20.

100——Lodge to James H. Duff, May 17, 1950, *Lodge Papers*, Paper 2, Reel 4.

101——Lodge to Eisenhower, November 16, 1953, *Lodge Papers*, Paper 2, Reel 28.

102——Memorandum of Lodge, December 1, 1953; Lodge to Eisenhower, November 16, 1953, *Lodge Papers*, Paper 2, Reel 28.

103——An Anonymous Author's Correspondence, August 19, 1952, *Lodge Papers*, Paper 2, Reel 15.

104——Eisenhower to Lodge, May 20, 1952, Louis Galambos, et.al. (eds.) *The Papers of Dwight David Eisenhower: NATO and the Campaign of 1952*, Volume 13, pp.1232-1234.

105——Eisenhower's Positional Memorandum, Undated, *Clay Papers*, Box 6, Folder 26a.

106——Interview with Richard H. Rovere, *Eisenhower Administration Project,* pp.38-39.

107——Ann Whitman Diary, June 22, 1959, *Dwight D. Eisenhower: Papers as the President of the United States, Ann Whitman Diary Series,* Box 10, Dwight D. Eisenhower Library, Abilene, Kansas.

第2章 中道主義の試行と挫折
――アイゼンハワー政権の共和党運営(一九五三~六〇年)

『中道』というのは、政治的リーダーにとって、保つことが最も難しいポジションである。

――ハーバート・フーバー[1]

1 はじめに

◆議論の概要

大統領に当選後、アイゼンハワーは与党を大統領化しようと企て、政策形成、政治理念、共和党の戦略や組織のあり方を自らの望む中道的な方向へと変革・誘導しようと試みた(共和党のアイゼンハワー化)。だが、そのようなアイゼンハワーによる中道主義的な共和党の大統領化の試みは結局失敗し、共和党内部で保守派が勢力を伸長させるきっかけとなっていく。本章では、アイゼンハワーによる共和党改革の試みと挫折の過程を詳述する。

◆大統領と与党の関係

大統領は「政党を超えたところ（"Above Party"）」に最良の統治を見出す——このアメリカに古くからある慣用表現に見られるように、アメリカにおいて、大統領と与党は相互に独立していると考えられることが少なくなかった（McWilliams, 1989, 12-36）。確かに大統領は与党の党首ではないし、与党組織や与党の政治家も必ず大統領の意思に従って行動するとは限らない。

しかし、両者は必ずしも完全に独立した関係にある訳ではなく、両者に様々な形での相互作用が存在することは以前から指摘されてきた（Epstein, 1986, 79-122; Eldersveld and Walton Jr., 2000, 340-341）。特に選挙や統治面での変化を受けて二〇世紀には大統領と政党との相互作用は以前より大きくなったとの指摘もある（Milkis and Rhodes, 2010, 378）。

「アメリカ政治発展論（American Political Development; 以下ＡＰＤ）」の分野では大統領と与党との相互作用についての研究が進められてきたが、近年ダニエル・ガルビンの研究によって「政党構築（Party Building）」という新たなマクロ・パターンが提唱され、大統領・与党関係を見る視座は抜本的な見直しを迫られつつある。

ロウィ、シェフター、ミルキスといったＡＰＤの第一世代の学者によって大統領と与党との関係が研究されはじめた。これらの学者に共通する特徴は大統領と政党との緊張関係を重視する点である。すなわち、これらの研究者は、ニューディール期以降のアメリカで行政国家化が進行し、大統領への権限集中が進むと地方政党を中心とする分権的な制度秩序が侵食され始め、政党から統治能力が奪われて政府主導の統治が始まったとする見解を提示している。

そもそも、アメリカにおいては、①伝統的な連邦制・三権分立下での自律的・集権的執政府や官僚制の欠如、②白人青年男子に対する普選の早期確立（一八三〇年代）、③大衆政党化の進行という三点により、政党が選挙と利益誘導（パトロネージ）を通じて政府機関に一定の規律を設定し、政府を機能させる役割を果たさざるを得なかった（一八二〇〜四〇年代以降）。一九世紀までのアメリカ政府はパトロネージの遂行を主たる任務とし（Skocpol 1992, 42-50）、政党組織と議会を中心とする政体（Polity）をその特徴とする「パトロネージ型国家」の様相を呈していたといえる（Lowi, 1985, 22-43）。

つまり、一九世紀までのアメリカ国家は全体として官僚の役割が相対的に小さく、政党組織と議会とが統治体系の中心に位置する分権的政体をその特徴とする政体であり、政党組織もそのような政体の特徴を反映して選挙協力の見返りに当選後支持者に公職をばらまく政党マシーンの特徴を帯びざるを得なかったと考えられるのである（Lowi, 1985, 22-43; Skocpol, 1992, 67-75; Shefter, 1994, ; Amenta, 1998, 12-13; Amenta, 2003, 91-130）。

しかし、一九世紀末以降ニューディール期（一九三〇年代）までに連邦政府の役割が拡大し、規制政策や再配分政策の実施に伴って、連邦政府の社会領域への介入とその是認（介入型国家; Positive State）としての「統治革命（Governmental Revolution）」、大統領・行政機関への権限の集中・委任（President and Administration Centricity; Emergence of Modern Presidency）としての「制度革命（Institutional Revolution）」、政党の弱体化と利益集団政治・大衆政治の台頭としての「政治革命（Political Revolution）」という「新たな国家形成」が起こった（Lowi, 1990, 192-205）。

かくして、パトロネージ型国家は少なくとも全国レベルにおいては大きな変容を余儀なくされていったことが指摘されている。まず、１８６０年代以降、予備選挙制度の普及や公務員制度改革などを皮切りに、脱猟官化の傾向が顕著になり、執政府はかつてのように政党に「従属」する地位から脱し、徐々に自律化と集権化の度合いを強めていった。こうしたことを起点として、執政府が行政アリーナ、政党が選挙を中心とする政治アリーナを別個に支配するようになっていったのである（Milkis, 1993, 4-17, 21-29, 50-74; Shefter, 1994, 61-

62, 81-86)。

一九三〇年代、フランクリン・ローズヴェルト大統領が多選を重ねたことは彼がアメリカ人民から広範な信認を獲得したことを意味し、かつそれは彼が人民に対して政策理念を説明し、自らを中心とする政治主導の実現によってそれを実現する責任を負うべき存在となったことをも意味した(Milkis, 1999, 72-103)。ミルキスによれば、ニューディール期は国家がそれまでの自由放任的イデオロギーから解放され、市場経済がもたらす不確実性から人々を守るために社会領域に介入するのは必要であり善でもあるとする「新しい社会契約(Redefinition of Social Contract)」を中核とする「ニューディール・リベラリズム」という新しい公共哲学が構築された時期である(Milkis and Mileur, 2002, 3-6)。

しかし、現実にはニューディール期に与党であった民主党内には、大統領と距離を置く保守派(多くは南部出身)が多数存在しており、与党は内部に事実上の「野党」を抱え込んだ状況に置かれていた(Patterson, 1967)。こうした勢力はしばしば大統領が意図する政策の実現に協力するどころか、かえってそれを妨害した。一九三七年の連邦最高裁改革の挫折などは、それを象徴するエピソードといえる。

このような「抵抗勢力」を排除すべく、一九三八年の民主党予備選挙においてローズヴェルトが行った与党候補者に対する選挙介入や更なる執政府への権力集中の試みも結局は失敗に終わり(Skowronek, 1982, 1-36)、執政府と立法府の完全な連携化とそれに基づく一元的な政策形成、すなわち完全な形での「民主党の大統領化」は実現することなく終わった(Hopper, 1966; Milkis, 1993, 75-124; Leuchtenburg, 1995)。

だが、完全な形での「民主党の大統領化」は果たせなかったとはいえ、ニューディールのいわば遺産として、大統領・執政府が人民に政策理念を提示し、人民の支持を得て、理念の実現を主導する役割を強化したことに疑いはない(Milkis and Mileur, 2002, chapters 1-4)。

かくして、二〇世紀前半のアメリカにおいて執政府への権限集中は政党を弱体化させたと考えられるようになった。この視角は、一九三〇年代から四〇年代にかけてのアメリカにおいてケインズ型財政政策の重要性が増し、経済政策の立案・執行機能が執政府に集約され、それが議会政党の政策形成機能を低下させ、政党を衰退させた有力な要因になったとみる政党衰退論の知見などとも符合する（Brady, Cooper, and Hurley, 1979, 381-407; Coleman, 1996, 33-72）。

いずれにせよ、第一世代のＡＰＤ研究者がいずれも大統領と与党を対立的存在であるとみていたことは注目に値しよう。

以上のような先行研究の見解に対し、ガルビンは大統領と与党との関係を研究した著書において、政党構築という大統領＝与党関係に従来までは看過されてきたパターンが存在すると主張した。すなわち、ガルビンは通説的視角において、大統領＝与党はアプリオリに対立的な関係として捉えられ、大統領は与党から資源を奪ってこれを衰弱させる存在（Party Predator）であると想定されてきたとする（Galvin, 2010, 2）。

ガルビンによれば、二大政党間の多数党／少数党という競争的不均等や大統領の野心などの個人的動機など、大統領＝与党間には異なる種類の相互作用を生み出す複数のインセンティブが存在する（Galvin, 2010, 23; Galvin, 2013, 47-49）。この大統領のインセンティブと大統領を取り巻く政治環境の組み合わせによって、大統領の与党に対する関与の仕方（Presidential Partisanship）は四つに分類されるとしている（Galvin, 2013, 49）。

ガルビンが実証したところによれば、ニューディール期以降の民主党の大統領は、与党を自らの政治的利益に叶う形に改変しようと試み、結果的に政党を衰弱させる傾向があった。それに対して、共和党の大統領は選挙への貢献、人的資源や資金提供、候補者の発掘などの行為、すなわち政党構築を通じて、与党組織を強化する政党構築者である場合が多かったと結論づけている（Galvin, 2010, 3）。このような差異は、ニューディール期以降は野党に甘んじることの多かった共和党の大統領にとって、政党構築をすることが自党に不利な政治環境を打開しうる戦術であったゆえに生じたものとされる(Galvin, 2010, 20-22)。

アイゼンハワーと共和党との関係について、かつては「アイゼンハワーは共和党組織に無関心で党を強化するための方途を探る努力を怠った」という否定的な評価が支配的であった(Bibby and Huckshorn, 1978, 55; Sundquist, 1983, 287; Goldman, 1984, 21; Ketcham, 1987, 231-236; Klinkner, 1994, 42)。

これに対して、ガルビンは、アイゼンハワーは共和党組織を強化することでニューディール期以降、民主党の前に劣勢に立たされていた共和党を民主党と競合可能な政党に再生しようと計画していたと論じている。そのために、アイゼンハワーは可能な限り目立たないやり方で共和党を組織的に掌握し、それを通じて共和党組織を自らの政治指導に応答的な組織へと作り替える、すなわち政党構築を試みる必要があったのだとガルビンは分析する。

しかし、そのようなアイゼンハワーの政党構築の努力は結局失敗し、自らと対立していた共和党保守派が勢力伸長するきっかけを与えてしまい、イデオロギー的分極化の起源にもなったというのがガルビンの指摘である(Galvin, 2010, 42)。

このように、ガルビンは政党構築の典型的事例としてアイゼンハワーを位置づけ直すことにより、アイゼンハワー政権の歴史的イメージを一新することに成功している。このアイゼンハワー(再)評価は、アイゼンハワーを「フランクリン・ローズヴェルト以降、最も建設的で首尾一貫したやり方で党組織に介入した」大統領として評価すべきであるとするコネリアス・コターの主張などとも整合的である(Cotter, 1983, 265)。

大統領=与党関係を一様のものと見る従来までの視点からは、この政党構築という大統領=与党関係の歴史的パターンは可視的ではなく、それがアメリカの政治発展にもたらす影響も考慮されることはなかった。

ガルビンが独自の視座に基づいて政党構築という新たなマクロ・パターンを発見し、大統領＝与党関係を一様に対立的なものとみる従来の視覚に疑義を呈し、更にはアイゼンハワーを政党構築という新パターンの典型例に位置づけることで、アイゼンハワー政権に対する歴史解釈の変更すら促した点は特筆すべき学術的貢献であるといえよう。

アイゼンハワーが共和党組織の改革を主導した優れた政党リーダーであったという指摘には同意する。だが、注意すべきなのは、それが狭義の政党構築に限定されるようなものではなかったという点である。アイゼンハワーは中道的な政策形成、政治理念の構築、共和党組織の改革など、より広範な形で共和党を中道的方向へと誘導しようと試みていた。これはいわば前章で指摘した「妥協可能な党派性」を具現化しようとする試みであった。しかし、その過程でアイゼンハワーは与党保守派との間に深刻な対立を招いていくことになるのである。

以下、第二節では政策形成をめぐってアイゼンハワー政権と与党保守派との間に生じた対立について包括的に検討する。次に、第三節でアイゼンハワー政権による政治理念の体系化の試みを分析したうえで、第四節でアイゼンハワー政権による共和党組織の変革について詳細に検討する。

2　アイゼンハワー政権と共和党保守派のイデオロギー対立

本節においては、アイゼンハワー政権と共和党保守派がどのような政策をめぐって、どのようにして対立を深めていったのかを明らかにしていく。

◆一九五二年共和党綱領での公約と政権発足後の施策

(1) 財政均衡と減税

一九五二年の共和党綱領において、アイゼンハワーは民主党のトルーマン政権による無駄な政府支出と重税を批判し、政府赤字の削減による均衡予算の実現、そして減税を公約した。社会保障については簡素化・効率化を掲げており、特に年金制度については新たな政策導入・拡充に際しては新規財源を確保してから行うべき("pay-as-you-go")旨を明言していた。農業補助金に関しても、ニューディール以降のパリティ制度に基づく固定的な全面的価格補助(rigid support)ではなく[2]、より柔軟な補助(flexible support)を支持すると述べるなど、アイゼンハワーは当選後に農業政策をニューディール以来の連邦政府に全面的に依存する仕方から改革する方針であることを示唆していた[3]。

このように、同年の共和党綱領は全体としては連邦政府の役割を限定的なものとする方向性でまとめられており、経済保守的な項目を多く含む内容であったといえる。特に、小さな政府を志向する共和党内の経済保守派は以上の綱領に掲げられた公約の実現に期待をかけた。

当選後、一九五三年の一般教書においてアイゼンハワーが最も力点を置いていたのは、前年の綱領と同様、財政赤字の削減であった。

すなわち、財政を均衡させるために連邦省庁は重要な機能を損なうことなく削減できる項目を見つけ、財政支出を一定限度まで削減しなければならない。しかし、アイゼンハワーは減税に関しては現行税制度の抜本的見直しを行うと語りつつも、その優先度は財政均衡やインフレ対策よりも低いものになっており、支出削減によって財政が黒字化した後に初めて減税が実施されうると述べた点には注意が必要である(渋谷、二〇〇五、一三八‐一三九)。

この背景には、朝鮮戦争の余波を受け、トルーマン政権が残した一九五四予算年度(一九五三年七月~五四年六月)の予算総額が七八六億ドルに膨張しており、一〇〇億ドルの赤字支出が見込まれていたこと。そして、国債総額が二六七〇億ドルに達し、法定上限額である二七五〇億ドルに迫りつつあったことがあった(Damms, 2002, 10; McClenahan, Jr. and Becker, 2011, 29)。

このように、財政が黒字化した後でなくては減税に踏み切らないと言明した時点で、アイゼンハワーは一九五二年綱領での減税公約から一歩後退したと考えられる。アイゼンハワーは一九五三年の税制教書において、財政赤字の削減が軌道に乗るまで、予定されていた超過利潤税の廃止、法人所得税率の引き下げ、個別消費税減税など、一九五三年から翌年にかけて予定されていた減税政策の延期・廃止を提案した。これは財政赤字の下で減税を強行すれば、経済成長に打撃を与える可能性があるという判断によるものであった(渋谷、二〇〇五、一四二-一四三)。

一九五四年一月二一日に公表された一九五五年度予算教書においても、財政規模を全体的に縮減するべく支出削減の努力を継続し、それに見合う分のみ減税が正当化されるという論理が引き続き貫徹された(渋谷、二〇〇五、一四四)。

一九五二年の党綱領での公約と比較し、政権発足後に性急な減税に慎重になり始めたアイゼンハワーに対して、共和党内からは公約通りの即時減税を要求する声が上がった。その中心人物は下院歳入委員長であったダニエル・リード議員(共和党、ニューヨーク州選出)であり、彼は政権の意向を半ば無視する形で所得税追徴金打ち切り期限を一九五四年一月一日から敢えて半年早める法案(HR1)を提案するなど、財政均衡達成よりも減税を優先させる姿勢を崩さなかった(Reichard, 1975, 98-99)。

リード議員らはアイゼンハワーが主張する財政均衡を減税のための必要条件とは考えておらず、むしろ減税を優先することで、それが政府支出の無駄削減の呼び水になると考えていた。結局、アイゼンハワー政権の財政均衡優先の意向に配慮した議事運営委員会によってＨＲ１は本会議に上程されることなく終わったが、共和党内部に財政均衡を優先するアイゼンハワー政権の路線に対する不満を残す結果となった（Reichard, 1975, 100）。

結局、アイゼンハワー政権期には財政支出が大幅に増加したために、アイゼンハワーが描いていた財政均衡を達成した後に減税を実施するという公約達成は不可能になっていく（渋谷、二〇〇五、二七〇）。

では、どのような項目が財政支出を圧迫することになったのであろうか。省庁別に見た場合、内政では農務省、退役軍人庁、保健教育福祉省などへの支出が多いことが見て取れる［4］。このうち、特に重要なものが以下にみる住宅政策と社会保障政策に関する支出である。

(2) 住宅政策

まず、住宅政策について検討する。トルーマン政権期の一九四九年、向こう六年間で八一万戸の公営住宅を建造する法案が議会通過しており、トルーマン政権は年間七万五〇〇〇戸ほどの公営住宅建造に着手していた。アイゼンハワー政権の住宅長官であったアルバート・コールは年間建造数を三万五〇〇〇戸程度にまで縮小した上で、この住宅政策を継承する方針を表明していた。

だが、ノリス・コットン議員（共和党、ニューハンプシャー州選出）の「〔住宅政策は〕議会史上最も醜怪、反米的、不経済、社会主義的でかつ浪費主義的な政策」との発言にあるように（Reichard, 1975, 101）、共和党下院議員の多くは公営住宅の造営は税金の無駄づかいであると反対し、一九五三年四月下院は住宅建造に関する新規予算案を否決した（Reichard, 1975, 120）。その後、住宅法案は新規住宅建造数を二万戸に低減し、それ以上の新規住宅建造に際しては議会の同意を必要とする妥協条件を付すことで上院を通過した(Reichard, 1975, 122)。

「民間企業が人々の住宅需要に応えられない場合、政府による公営住宅政策でこれを補う必要がある」と考えるアイゼンハワーは以上の議会の採決結果に不満を持ち[5]、同年一二月に独自の公営住宅政策案を発表し、翌一九五四年一月二五日には議会に住宅政策に関する立法勧告を送付している。それによれば、アイゼンハワーは今後四年間住宅政策の延長を要求し、年間三万五〇〇〇戸、計一四万戸の公営住宅造営を目指す方針であった。

また、不動産担保融資保障保険や住宅修繕・債権費用への資金供与、スラム撤去と都市再開発への援助なども提案の中に盛り込まれていた。住宅関連の融資に関しては民間の融資機構を利用する計画であり、政府による介入は間接的なものにとどまる案であったが、それでも議会共和党保守派はこの案を「社会主義的住宅政策」であるとの批判を止めなかった(Reichard, 1975, 123-124)。

この一九五四年住宅法案の審議過程は難航し、下院を通過した案からは年間三万五〇〇〇戸、計一四万戸の公営住宅造営を規定する項目が脱落していた。一方、上院案では政権案の通りの規定項目が付加されていたため、下院案と上院案に食い違いが生じた。結局、スラム除去と新規公営住宅造営の足並みを揃えることで公営住宅の新規造営の進捗を緩やかにするなどの調整が図られ、八月二日、一九五四年住宅法は成立した(Reichard, 1975, 126-129)。

翌一九五五年にもアイゼンハワーは二年で七万戸の公営住宅を増建し、あわせて連邦住宅庁にそのための予算として総額一五億ドルを認めるよう議会に要求しており[6]、これは最終的に一年間の増設数を四万五〇〇〇戸とする内容に落ち着いている[7]。

(3) 社会保障政策

次に、社会保障政策について検討する。アイゼンハワーが社会保障の適用範囲を拡大する方針であることは、一九五三年の一般教書の中でも表明されていた(Reichard, 1975, 129)。

同時に、アイゼンハワーは連邦社会保障庁(Federal Security Agency)の無駄をなくし、より効率的な社会保障の運営を目指して行政再編を行うべきとの考えも示していた。この考えに沿って、当選後アイゼンハワーはネルソン・ロックフェラーを省庁再編特別委員長(Special Committee on Government Organization)に任じて行政再編の青写真を描かせると、同委員会の提言に従って一九五三年三月一二日、議会に保健教育福祉省(Department of Health, Education, and Welfare)の設立を促す声明を送付している。同省は、四月一一日に設立・発足した(Wagner, 2006, 8)。

与党共和党保守派の中には、社会保障について歳出増を伴う新たな政策導入・拡充に際しては新規財源を確保してから行うべきとする異論も依然として根強かったが(Reichard, 1975, 130)、結局、一九五四年社会保障修正法によって新たに一〇〇〇万人が社会保障の適用範囲に加えられ、自営業者(二八〇万人)、農業労働者(二五〇万人)、専門職(三〇万人)、聖職者(二五万人)など、社会保障の適用対象も拡大された[8]。

同法によって退職者年金の給付月額も引き上げられたことに加え[9]、一九五四年には失業保障改革法も成立しており、これに伴って失業保険の適用範囲が四〇〇万人に追加拡大されている。このような立法上の成果について、アイゼンハワーは失業保障改革法に関する署名見解の中で「一九五四年は我が国民にとって、社会保障のまたとない進歩の年であった」と語った[10]。

さらに、一九五六年社会保障修正法によって農業経営者や歯科医など八〇万人あまりが社会保障の適用範囲に、一九五六年現役・退役軍人遺族年金法によって二八〇万人が社会保障年金の適用範囲にそれぞれ加えられるなど、アイゼンハワー政権期に社会保障の間口は着実に広がりを見せつつあった(渋谷、二〇〇五、二四二-二四三)。

◆予算をめぐる対立

国民一人あたりの実質社会福祉支出の増加率をみれば、アイゼンハワー政権期(一九五五〜六〇年)の支出増加率はケネディ＝ジョンソン政権期(一九六〇〜六五年)の支出増加率を上回るハイペースであったことがわかる。

特に社会保険の増加率は六二・九%と大きく、「偉大なる社会」政策が実施された一九六〇年代後半(一九六五〜七〇年)の増加率さえ上回っているほどである。その他、社会保険支出の推移や社会保障年金の受給者をみてもアイゼンハワー期に数値が大きく伸びていることが看取できる(渋谷、二〇〇五、二三六-二三八)。さらに連邦財政における総教育支出額もアイゼンハワー政権期の一九五五年から六〇年にかけて三・八億ドル増加しており、一九六〇年から六五年の一六億ドル、あるいは一九六五年から六八年にかけての二六・三億ドルに比べれば緩やかなペースではあったものの、着実な増加をみせていた(渋谷、二〇〇五、二四七)。

このように、一九五七年度の予算審議までの過程で公営住宅の造営、社会保障の適用範囲拡大や保健教育福祉省の新設、あるいは教育支出の増額などによって政府支出が増大し、予算全体が圧迫されつつあった。こうした一連の政策が財政を圧迫することで、一九五二年の綱領でアイゼンハワーが公約した減税の実施は不可能になり、保守派はアイゼンハワー政権の政策に不満を抱くようになった(渋谷、二〇〇五、二七二)。加えて、政権発足から間もない時期にアイゼンハワーが議会に対して債務上限の引き上げを要請したことも彼らの不満に拍車をかけた[11]。

このような中、一九五三年から翌年にかけてＧＮＰ・工業生産が下落し、失業率は二・五％から六・一％に急上昇、アメリカ経済は急失速しつつあった(McClenahan, Jr. and Becker, 2011, 44)。このような景気下降の局面に遭遇しつつも、アイゼンハワー政権は懸命にインフレを抑制し、予算を均衡させる努力を続けた(Damms, 2002, 12)。その甲斐あって、アイゼンハワー政権は一九五四年と五五年の予算において赤字を計上したものの、五五年予算では支出総額を六四六億ドルにまで削減し、赤字支出額を四二億ドルに抑えることに成功している(Damms, 2002, 12)。

続く一九五六年と五七年の予算において、アイゼンハワー政権は財政均衡を達成することに成功しており、アイゼンハワーは結果として三回の均衡予算を成立させている。アイゼンハワー以降の大統領で三度、均衡予算成立を達成した大統領が存在しないことを念頭に置けば、これは大きな業績であるといってよい(Edwards, 1997, 83)。

ところが、アイゼンハワーは一九五八年度予算では一転して平時では史上最高額となる七一八億ドルの国家予算を要求した。この大幅増額はアイゼンハワーが一九五六年の大統領選挙で拡充を公約した学校建設支援などの教育補助費、公営住宅建設費、社会保障費、農業補助金などの支出が増えたことによるものである(McClenahan, Jr. and Becker, 2011, 68)。

当然のことながら共和党保守派はこれらの支出増額を嫌がり、政権に批判の矛先を向けるようになった(McClenahan, Jr. and Becker, 2011, 69)[12]。ゴールドウォーターは一九五八年予算を審議中の一九五七年四月八日、議会で以下のような演説を行ってアイゼンハワー攻撃の口火を切った(Goldwater, 1979, 64)[13]。

七一八億ドルの予算は私に衝撃を与えただけではない。〔アイゼンハワー〕政権が支出を切り詰め、予算を均衡させ、赤字を減らし、減税するという目標を目指してきたのではなかったのかということに確証が持てなくなった。我々は収入に見合うだけの生き方しかできないのではないだろうか。（中略）ジェファソンやジャクソンの時代の民主党の伝統的プリンシプルはニューディール、フェアディールに取って代わられたが、同じ陰鬱な状態へと、共和党が向う見ずにも突っ込んでいこうとしているのを目の当たりにして、幻滅を感じている。かくして、政治的・経済的不幸によって、かつて偉大であった政党は自由の魂を失った。現在の共和党の代表は、憲法はもはや時代遅れであり、州権は無効であると説く行商人である。アメリカの唯一の将来の希望は連邦政府の下に生まれ、連邦政府に衣食住・教育・職業をあてがわれ、連邦政府の下で死ぬことだという。かくして人は連邦政府製の棺桶に詰められ、連邦墓地に葬られるのである。共和党にも、この馬鹿げた哲学を喧しく提唱する者がいる。それは恐らく、最近話題になっている「現代的共和党員」という奴らだろう。

ゴールドウォーターはこの演説の中で、一九五二年にアイゼンハワーが無駄を生み出す政府の政策を整理することを通じて支出を削減し、赤字を減らす公約をしたことを忘れるべきではないとし、たとえ自党の大統領であろうと、この原則にもとるものを見逃すことはできないと強い調子で迫った。あわせて、ゴールドウォーターは、アイゼンハワーは要求した予算項目を全て一から見直し、各項目の予算を削減するべきだとも述べている。

メディアはこのゴールドウォーターの演説を保守派がアイゼンハワー政権に突きつけた「絶縁状（Bill of Divorcement）」であると報道した。リー・エドワーズによれば、ゴールドウォーターが問題視したのは予算額ではなく、アイゼンハワー政権が一九五二年の公約を反故にして小さな政府から逸脱し、大きな政府を容認する方向に向かっているように思われたことであったという(Edwards, 1997, 85)。

◆アイゼンハワー政権の労働政策

(1) タフト=ハートレー法の修正

前項までは住宅や社会保障などの領域に注目して議論を進めてきたが、それらの領域以外にも、アイゼンハワー政権と共和党保守派の間で不和が生じるもとになった政策が幾つか存在する。

共和党綱領(一九五二年)や一般教書演説(一九五三年)において、アイゼンハワーは当選後タフト=ハートレー法を労働組合に有利な形で修正することを示唆していた(Weatherford, 2002b, 128)。アメリカ労働総同盟配管工組合のトップでイリノイ州の労働長官を務めた経験もあるマーティン・ダーキン(タフト=ハートレー法の撤廃を公約しており、一九五二年の大統領選挙では民主党候補のスティーブンソンを後援していた)が労働長官に抜擢されたことからみても、アイゼンハワーがタフト=ハートレー法の内容を労働組合に好意的な形で修正することは確実とみられていた(Wagner, 2006, 30; Bowen, 2011a, 167)。

労組もこの動きを歓迎しており、アイゼンハワー政権が労働勢力へいっそうの「正義と公平性」を確保することを目指して、タフト=ハートレー法を労組よりの内容に全面改正するものと期待を寄せていた[14]。

一九五三年七月、アイゼンハワーの意を受けたバーナード・シャンリー大統領顧問とジェラルド・モーガン大統領特別補佐官の二人が中心となって、一九項目からなる同法の修正案を作成した。シャンリーによれば、タフト=ハートレー法改正にあたって、シンクレア・ウィークス商務長官は労組の不正行為の取り締まり強化を主張して譲らなかった。対して、ダーキン労働長官は企業に雇用される労働者は所定期間内に労組に必ず加入しなければならないとするユニオン・ショップを禁止する立法制定権を州政府に認める「労働権条項」(right-to-work)の撤廃や、労組役員の非共産主義者の宣誓供述書の提出義務撤廃など、労組寄りの修正を主張してこちらも譲らなかった。同法の改正をめぐっては、当初からこうした激しい対立が起きており、改正作業は難航を極めた[15]。

ダーキン長官はホワイト・ハウスが主導して作成を進めるシャンリー＝モーガン案は労組を軽視していると不服であり、代案作成に際してウィークスやシャンリーらに一切の相談をせず、アメリカ労働総同盟の会長であったジョージ・ミーニーと会って意見を求めていた。外部に政権内部の情報を漏らすダーキンに対して、ウィークスやシャンリーらは不信感を募らせたという[16]。

ダーキンはシャンリー＝モーガン案ではなく、アメリカ労働総同盟の顧問弁護士であるハーバート・サッチャーとアルバート・ウォルが起草した労組よりの修正案を採用するよう迫ったが容れられず(Lee, 1990, 24)[17]、「政権がタフト＝ハートレー法改正にあたっての合意事項を反故にした」として、僅か八カ月で労働長官を辞任した(Reichard, 1975, 143-144)。

アイゼンハワー政権は一九五四年の年頭教書で、タフト＝ハートレー法の修正案を提示することを表明し、同年一月、一四項目に絞った修正提案が議会に送付された。修正提案では二次ボイコット禁止範囲の明確化や非共産主義者の宣誓供述書の提出を労組役員のみならず雇用者側にも義務付ける項目など労組に有利な改革も提案されていたが[18]、一九五二年の共和党綱領に掲げられ、シャンリーらが作成した一九項目案にも存在していたタフト＝ハートレー法の一四条b項、すなわち州政府にユニオン・ショップ制を禁止する州法制定権限を認めた「労働権条項」の廃止は削除されており、その点ではより穏健な内容に変化したといえる。

ダーキンに代わって新任されたジェームズ・ミッチェル労働長官は公約通りに労働権条項を廃止するのが

筋であると内心考えていたが[19]、ゴールドウォーターら共和党保守派が労働権を尊重することは州権を尊重することであると説いて労働権条項の廃止に頑強に抵抗した[20]。

これを受けて、政権内部でもウィークス商務長官などを中心に「労使のどちらか一方に肩入れしても得るものは少ない」との意見が優勢になり[21]、また「労働権条項の廃止に拘れば、労働権法を制定している南部諸州の不興を買う」との反対意見も強まったため、労働権条項の廃止を見送ることに決した[22]。

この法案に対して、労組はアイゼンハワー政権が労働権条項の廃止を撤回したことを選挙公約違反かつ労働勢力に対する裏切りだと批判し[23]、他方で保守派は同法案がなお労働勢力に妥協的すぎるとして不満を抱いた(Reichard, 1975, 145; Wagner, 2006, 37)。

最終的にこのタフト＝ハートレー法の修正案は上院を通過せず廃案となり、アイゼンハワー政権に対する左右からの批判と摩擦を生んだだけで終わった。これに懲りたのか、アイゼンハワーはこれ以降タフト＝ハートレー法の修正について年頭教書などで言葉少なに言及することはあったものの、この問題自体を避けるようになっていった。

ゴールドウォーターは一九五七年初頭にホワイト・ハウスを訪ね、労働問題に関して自分の意見を取り入れて、新たな労働立法の制定に協力するようアイゼンハワー説得を試みている。ゴールドウォーターは労組が自発的に徴収した資金を使って政治活動をすることは問題視していなかったが、①労組への強制加入や政治資金の強制徴収を全面的に禁止すること、②州が労働権法を制定することを連邦法で明確に保障することなどの諸点をあらためて強調した[24]。

しかし、アイゼンハワーはこの提案を承服せず、ゴールドウォーターは政権への失望を募らせた[25]。ゴールドウォーターは、なおも労働組合が強制的手段を用いることは憲法に定められた個人の自由の尊重と矛盾するとして、労組の「自由化」に賛成して欲しいと食い下がったが、労働問題をめぐって両者の意見が遂に一致を見なかった[26]。

その後、一九五八年までに全米で二〇州が労働権法を制定していく。これを見て、ゴールドウォーターら共和党保守派の中からは連邦レベルで労働権法を制定するか、大統領は各州に労働権法制定を促す声明を発するべきであるとの声が高まっていった。だが、アイゼンハワー自身は労働権の問題に関してはタフト＝ハートレー法に規定がある以上、各州が労働権法を望む場合はそれを制定する権利があると述べたのみで、それ以上立ち入った所見を表明することはなかった(Wagner, 2006, 38-39)。

(2) 労組による犯罪行為

一方、タフト＝ハートレー法の問題と並行して、一九五〇年代初頭から新聞各紙は労組の組織的腐敗を社会問題として取り上げるようになり、国民の関心がこの問題に集まっていった。いわゆる、労組による犯罪行為(Labor Racketeering)である[27]。

労組による犯罪行為に対しては、一九五〇年にエステス・キーフォーバー上院議員が率いた「州際通商における犯罪調査のための上院特別委員会」(通称キーフォーバー委員会)が国際港湾労働者組の組織的腐敗を暴いて以降、国民も大きな関心を寄せつつあった(Lee, 1990, 46)。その後、一九五五年にジョン・マクレラン上院議員がジョゼフ・マッカーシー上院議員に代わって政府運営委員会と調査小委員会の委員長に就任し、労組による犯罪行為の調査を進めていった(Lee, 1990, 50-51)。

一九五七年一月にはマクレラン議員を長とする「労使の不正行為調査委員会」(以下マクレラン委員会)が発足し、労使の不正行為を大掛かりな調査で詳細に追究する作業が本格化していく(Lee, 1990, 53)。翌年三月にマクレラン委員会は中間報告書、一九六〇年二月には最終報告書を取りまとめたが、調査の結果、労組幹部とマフィアとの癒着、労組資金の横領・不正流用など、労組内部の深刻な腐敗が明るみに出た。報告書の内容に基づき、マクレラン委員会は労組の不正を取り締まる立法の制定を勧告した(Lee, 1990, 72)。

マクレラン委員会の公聴会がテレビ中継されるなどしたこともあって、国民の間でこの問題に対する関心は一層高まり、世論調査でも労組の不正行為を取り締まる立法制定を望む声が強くなった(Lee, 1990, 73, 97)。

こうした世論の高まりを感知したアイゼンハワーは労組の腐敗行為を防止するための立法措置が必要であるとする立法勧告を一九五八年一月二三日、議会に送付した(Wagner, 2006, 15)。同年四月、上院マクレラン委員会のメンバーであったジョン・F・ケネディ上院議員が中心となって法案が起草され、アービング・アイブス上院議員と連名で労働改革法案が議会に提案された(Lee, 1990, 74-96)。

このケネディ=アイブス法案は労組が財務状況を労働長官に報告することを義務付け、虚偽の申告をした場合の懲罰規定などを含むものであった(Lee, 1990, 75)。同法案にはタフト=ハートレー法の労組に対する規定を緩和する条項も盛り込まれており、同法案を起草したケネディ議員は労組の不正行為を取り締まるとともに、タフト=ハートレー法の規制を緩和することで労組の不満を和らげようとも考えていたのである。

だが、アイゼンハワー政権はケネディ=アイブス法案が労組に寛容すぎるとして不満を露わにし、独自の法案を作成して議会に提案した。この法案は提案者の名をとってランドラム=グリフィン法案と呼ばれる。一九五九年九月に成立した同法は労使双方に財政状況の報告を義務付けるだけでなく、秘密投票の保障、二次ボイコットの禁止、ピケ制限など、労組に対する厳しい制御規定を含むものであった(Lee, 1990, 130-160)。

以上の経緯からわかるように、アイゼンハワーは政権発足当初、一九五二年綱領の公約に沿って労働権条項の廃止を含むタフト=ハートレー法の改正を試みて失敗、一九五八年には一転して労働組合の腐敗を問題視し、それを取り締まる立法の成立を促している。

労働問題に関して世論に迎合的に動いたようにも見えるこうしたアイゼンハワー政権の風見鶏的姿勢は、共和党保守派と労働組合側の双方に少なからぬ不満を残す結果となった。

◆アイゼンハワー政権の公民権政策

(1) ブラウン判決

一九五二年の選挙戦段階ではアイゼンハワー陣営は公民権の問題に詳細に立ち入ることを慎重に忌避している様子であった(Greene, 1985, 212)。

政権発足後の公民権に対するアイゼンハワーの姿勢も、連邦政府が直接差別の廃止に着手する場合、その役割は連邦政府が直接的支配権(direct jurisdiction)を及ぼす範囲に止めるべきであるというものであった。この考えに沿う形で、アイゼンハワー政権は政権発足直後から連邦政府職員への黒人登用、ワシントンDCや軍関連の教育施設での人種統合などを進めていった(Wagner, 2006, 64-65)。このように連邦政府が直接的支配権を及ぼす範囲内での差別是正を進める一方で、アイゼンハワー政権は州権が及ぶ範囲内での人種差別問題に踏み込むことを避けてきた。

側近の証言によれば、アイゼンハワーの普段の言動にはいかなる人種偏見も感じられなかったが、「アイゼンハワーの人種に対する考え方は典型的なカンザスの田舎町、そして軍人のもの」であったという[28]。アイゼンハワーはアメリカが人種偏見を克服するのは多大な時間がかかると考えており、それを克服する手段があるとすれば教育による国民の意識改革以外にないと信じていた[29]。秘書であったアン・ウィットマンの日記には、人種問題についてアイゼンハワーが確固たる立場をとることを拒否すると語った旨の記述も残されている[30]。

だが、人種問題に対する関与をできる限り曖昧なものにしようという政権の姿勢は「ブラウン対教育委員会事件」によって変更を余儀なくされる。

「ブラウン対教育委員会事件」とは、カンザス州に居住するオリバー・ブラウンという黒人が、自宅に最寄りの公立学校が人種的理由で娘の転入を拒否した件で、市の教育委員会を相手取って訴訟を起こした事件である。一九五三年六月八日、最高裁判所はハーバート・ブラウネル司法長官に対し、この訴訟で争われていた、学校教育における人種分離が合衆国憲法修正一四条に違反するものではないかどうか見解を示すよう命じた(Burk, 1984, 134)。これを見たアラン・シバーズ知事(テキサス州)はアイゼンハワー宛ての私信の中で、「学校教育ほど州・地方が管轄の責務を負っている領域はない」としたうえで[31]、

ブラウン訴訟に対する大統領の決断次第ではこの国、特にこの問題を地方の問題として解決しなければならないと考える一七の南部と南西部の諸州では政治生活・経済生活に大きな影響が出るでしょう……司法長官がこの問題の含意を汲み取り、最高裁にこの問題を州及び地方の問題として解決するよう助言することを信じます。

とアイゼンハワーに訴えた。これはブラウン訴訟に関して、人種問題は州・地方が管轄する問題であり、連邦政府・最高裁は州権の領域に属する問題に口を挟むような見解を司法長官に披露させるなという警告であった。同種の警告はサウス・カロライナのジェームズ・バーンズ知事[32]、ルイジアナのロバート・ケノン知事などの南部の有力政治家から繰り返しアイゼンハワーに発せられていた[33]。アイゼンハワーの文書《もんじょ》

中には政治家のみならず夥しい数の南部の一般市民からの抗議文が残されている。

このような南部からの強い抗議を目の当たりにして、アイゼンハワーは訴訟に対する明確な姿勢を示すことで大混乱が生じることを恐れ、最高裁に政権としての見解の明示を避け、人種統合政策の着手を次の政権まで持ち越すという逃避手段を探っていたという(Kutler, 1995, 89; Reichard, 2004, 92)。

こうした最中、一九五三年九月八日に最高裁長官であったフレッド・ビンソンが急死し、後任にカリフォルニア州知事であったアール・ウォーレンが指名された。一二月七日、ウォーレン新長官に対してJ・リー・ランキン司法次官補が司法省の見解を報告している。ランキン次官補は、可能な限り「穏便な」見解で済ませて欲しいとするアイゼンハワーに意向に沿わず、「学校教育における人種分離は合衆国憲法修正一四条に違反しており、容認しえないものである」と確固たる見解を示した(Burk, 1984, 141)。

この後、ウォーレンは他の最高裁判事とも議論を重ね、一九五四年五月一七日、「分離された教育施設は本質的に不平等である」という有名な一節で知られる画期的判決を全員一致で下し、学校教育における人種分離を憲法違反であると判断した(Burk, 1984, 142)。

このブラウン判決について、アイゼンハワーは公の場で賛成反対を表明することはなかった。例えば、あるときブラウン判決について公の場で質問を受けた際、アイゼンハワーは極めて慎重に言葉を選びつつ、以下のように回答している[34]。

これはイエスかノーで答えられる問題ではない。これらの問題はそんな単純ではない。憲法に対する献身という点では、最高裁の決定について、それが全員一致の意見である場合はそれがどのようなものであろうと私の献身は揺るぎない。私は全てのアメリカ人に機会の平等が付与されるべきであると信じている。だが、それで済むほどことは単純ではない……この問題の背後には感情、それも深刻な感情が関係している。したがって、いうまでもなく、彼らには自分がやりたいと望むことを選択する自由がある。私が知る限り、私は中道を支持するが、進歩を支持している。つまり、それがこの問題に関する私の立場だということだ。

こうしたアイゼンハワーのどっちつかずの態度をみたシバーズ知事は、一九五六年に人種共学に踏み切ったテキサス州マンスフィールド学区で黒人学生を学校から排除しようとした白人暴徒にむしろ加勢する姿勢をとった。再選を控えていたアイゼンハワーはこの問題に見て見ぬふりを決め込んだが、スタンリー・カトラーやリチャード・ダムスなどの歴史家は、このときのアイゼンハワーの対応が南部の人種分離主義者を勢いづけ、翌五七年にアーカンソー州リトルロックでセントラル高校事件を引き起こす引き金になったと指摘している(Kutler, 1995, 91; Damms, 2002, 23)[35]。

(2) エメット・ティル事件

ブラウン判決から約一年後の一九五五年八月、ミシシッピ州で一四歳の黒人少年エメット・ティルが残忍な方法で殺害される事件が発生し、大きな論争を巻き起こしていた。

この事件について、アイゼンハワーに何らかの行動を取るように要請する声は事件発生当初から多数寄せられていた[36]。フレデリック・モロー補佐官は、「自分のもとに届く手紙に内容は重く、怒りに満ちている。どこに行っても、黒人たちはアイゼンハワー政権がこの問題を悼み、悲しんでいるという言葉の一つさえ出さないことに幻滅している」として[37]、アイゼンハワーは無理でもシャーマン・アダムス主席補佐官か二クソン副大統領が主催者になり、黒人指導者と会談して黒人の不満を和らげる努力を講じるべきであると進言している[38]。

同年一二月、モロー補佐官はアダムス首席補佐官にこう述べた[39]。

黒人でないものに、黒人が公民権の問題をどのように考えているかを理解することは難しいでしょう。現政権が歴史上のどの政権よりも黒人を一級市民の地位に引き上げようと多くの努力をしてきたことは疑いありません。黒人以外のものは黒人がこのことに多大な感謝をして然るべきだと思うでしょうが、平均的な黒人は自分たちが建国時に与えられて当然であった権利をやっと与えられたとしか思っていません。黒人たちは自分らが新たに得た地位を喜んでいますが、自分たちの不可譲の権利と考えるものを与えてくれた人に対して、そこまでの感謝の念は抱いていないのです。

翌五六年の一月までにティル事件に何らかの行動を取るようアイゼンハワー政権に要請する手紙・電報は三〇〇〇通以上にのぼり、請願書には一万一〇〇〇人もの人間が名を連ねた。これを重く見たラブ補佐官は、アイゼンハワーが年頭教書でこの問題に言及するか、それが不可能としても、ごく形式的にでも前向きな返答を与えるべきではないかとする意見を提示したが[40]、アイゼンハワーがこの問題を取り上げることも、自らの所見を述べることも一切なかった。

これには幾つかの理由があった。第一に、J・エドガー・フーバー連邦捜査局長が、ティル殺害に抗議する運動の背後で共産党とそのシンパが暗躍しているとしてアイゼンハワーに繰り返し事件への関与を避けるように働きかけたこと[41]。第二に、ティルの実父が性犯罪で死刑になった経歴の持ち主であったことなどである[42]。加えて、一九五六年三月に人種統合に反対する一〇一人の連邦議員が「南部宣言（Southern Manifesto）」を発表してブラウン判決を強く批判していた。同宣言は「全ての合法的手段を用いて憲法違反のブラウン判決を覆し、政府による学校教育統合を阻止する」ことを謳っており、人種問題に連邦政府が関与することへの反感が高まりつつあった（Reichard, 2004, 126）。

アイゼンハワー政権がティル事件に対して目立った行動を取らなかったのは、こうした状況を考慮に入れた対応であった。

一九五八年八月、いわゆるセントラル高校事件の直後にも、政権内部で黒人高校生（いわゆるリトルロック・ナイン）をホワイト・ハウスに招き、アイゼンハワーと歓談させるべきではないかなどのアイディアが浮上していたし[43]、アイゼンハワーに南部を直接訪問して公民権法への支持を表明してほしいという黒人活動家からの依頼も少なくなかった[44]。だが、アイゼンハワーがこれら大統領に直接行動を要求する声を顧みることは一切なかった。

(3) アイゼンハワー政権と公民権法

ブラウン判決が下され、アメリカがエメット・ティル事件に対する議論でもちきりになっている頃、南部諸州で人種分離主義者が人種共学を強引な手法で妨害するのを目の当たりにしたハーバート・ブラウネル司法長官は、黒人に対する更なる権利保障の手立てを講じる必要性を感じていた（Damms, 2002, 59）。既述のように、連邦政府の直接介入などの手段で人種問題を解決することを大統領が忌避していたため、ブラウネル司法長官は投票権を保障する立法を制定することで黒人の権利を保障する案を具申している（Burk, 1984, 203-209）。

これを受けて、アイゼンハワーは一九五六年一月五日の年頭教書において、憲法に保障された公民権を守ることを政府の責任と認め、公民権法の制定を訴えた。この公民権法は人種統合の促進よりも、黒人有権者が投票権を行使できる手段の整備拡充に重きを置いていた点に特徴がある(Wagner, 2006, 75)。

ブラウネル司法長官は同年三月、①超党派の公民権委員会の設置、②司法省内への公民権局の設置、③投票権保護のため、民事訴訟手続きを行使する新たな権限を司法省に付与すること、④黒人有権者の投票権を保障するための民事上の救済手段を強化するために必要な既存の法改正を認めること、という四項目からなる公民権法案を作成した。

政権内部での議論の末、アイゼンハワーは四月九日、同案に基づく立法勧告を議会に送付した[45]。しかし、下院を通過した法案を上院が審議しようとせず、一九五六年公民権法案は廃案に終わった(Wagner, 2006, 77)。

その後、一九五七年の年頭教書において、アイゼンハワーは再び公民権法の制定を促す立法勧告を送付した。一九五六年の法案と同じ内容を含む一九五七年公民権法案は下院を通過したものの、特に上院での審議過程において州権への連邦政府の介入反対を盾に南部民主党と共和党保守派の議員が法案審議に激しく抵抗し、その結果、公民権保護のために差し止め請求権を連邦政府に付与する項目が削除されるなどの修正が加えられた。

モロー補佐官は、この修正への合意はアイゼンハワー政権が公約を反故にして「完全に後退したもの」、「中途半端な法案なら、ない方がまし」だと黒人勢力が反発していると警告を送っている[46]。

モロー補佐官はアダムス首席補佐官に黒人活動家の不満を鎮静化させるためには、マーティン・ルーサー・キング、A・フィリップ・ランドルフ、ロイ・ウィルキンスなど一六名の代表的な黒人指導者とアイゼンハワーが面談するしか有効な手立てはないと助言を送っている[47]。

国中の黒人の大部分に大いなる不安が広がっています。緊張はかなりのもので、感情が昂ぶりを見せています。このままでは平和的抵抗・言動がわが国の幸福に繋がらないようなものに取って代わられるかもしれません。何人かの黒人指導者と大統領が面会して、彼らが懸念していることに対して胸をなでおろすようにいう潮時が来たと感じています。

これを受けて、政権内部では即時に面会するべきであるとする意見もあれば、公民権法が議会を通過し議論が一段落した後であれば、キング牧師と数名の黒人指導者と目立たぬように面会しても問題ないのではないかなど、様々な意見が飛び交った[48]。だが、ランドルフはあくまで代表的黒人指導者一六名全員を大統領と会わせることを主張し譲らなかった[49]。

ラブ補佐官を通じてアイゼンハワーからモロー補佐官になされた返答は、「公民権法の議会通過を優先事項としているこの時期に、人種分離主義者をいたずらに刺激するかのような行動はとれない」、「黒人の代表と面会すればそれが先例となり、南部の知事や黒人以外の全ての人種集団の代表と面会し、意見を聞くという面倒な作業に直面する可能性がある」、「面会するとしても、一六名より少ない少数の人々に限定し、かつ彼らが大統領の発言を外部に漏らさず大統領に声明発表等の要求をしないことが絶対条件」など、冷然としたものであった[50]。

一九五七年公民権法案は、結局アイゼンハワー政権が修正を容認する形で妥協がなされ、一九五七年九月九日に成立した(Wagner, 2006, 78)。アイゼンハワー政権の妥協は公民権法成立のためにはやむを得ない措置であり、黒人側にはそのことを理解したうえで「これは第二の奴隷解放宣言だ」と評価する意見も見られたものの[51]、政権の妥協的姿勢に失望した黒人も少なからずおり、「自分たちの地位改善の努力を見捨てた」という批判なども寄せられた[52]。例えば、以下のような不満が残されている[53]。

この公民権法案は初めから穏健な内容のものでした。これ以上何を妥協する必要があるというのでしょうか。

一九五七年公民権法の成立後、一九五八年六月には大統領とキング、ランドルフ、ウィルキンス、レスター・グランジャーとの面談も実現している。この面談において、ランドルフやキングらは一九五七年公民権法の成立、セントラル高校事件への対応、軍隊での人種統合の進展などの成果を大いに評価しつつも、より強力な公民権法の制定など、人種問題の改善に向けて更なる努力をアイゼンハワーに要求した。アイゼンハワーはこの要求に対して「大いに幻滅した」と述べ、自分は五年以上にわたって困難な公民権の領域で成果を挙げてきたのに、なお黒人が不満だけ感じるのであれば、更なる努力をいくら重ねても結局黒人には不満しか残らないのではないかと失望を隠さなかった[54]。

この直後、一九五八年の中間選挙で民主党が議席を増やし、アイゼンハワー政権はレイムダック状態に陥った。任期僅かとなったアイゼンハワーは以前よりも公民権問題に積極的な取り組みを見せるようになり、一九五九年一月二八日には新しい公民権法案をウィル・ロジャース司法長官が起草している（Nichols, 2007, 237）。

一九六〇年四月二一日には一九六〇年公民権法が成立、人種を理由にした投票制限の撤廃を実現するために連邦政府の権限を強化すること、州を越えて発生する人種問題を捜査するために連邦捜査局に権限を付与すること、軍に所属する者の子女に対する公教育の完全無償化、脅迫や暴力を用いて裁判所の命令執行を妨害することを連邦犯罪に指定することなどが定められた[55]。

◆アイゼンハワー政権の農業政策

アイゼンハワー政権と保守派の間には齟齬《そご》ばかりが目立ったわけではない。例えば、TVA、ボネビル開発公社、南西部開発公社など連邦政府主導の大型公共事業から大幅に予算を削減するなど、アイゼンハワー政権が保守派寄りの政策的帰結を導いた分野も多い(Reichard, 1975, 174-175)。

アイゼンハワーが最も明確な形でニューディール以来の政策のあり方に修正を加えたのは農業政策の分野である。

一九三三年制定の農業調整法以降、アメリカ農政の基本は、トウモロコシ、小麦、綿花、米、ピーナツ、煙草という主要作物に対して政府がパリティ価格を設定することで農作物の最低価格を保証し、農業所得の確保と農民生活の安定に努めるというものであった。アイゼンハワー政権期に至るまで、上記の主要作物に対してパリティ価格の九〇%という高率での強制的固定価格支持が図られていたが、これは連邦政府による農業補助金支出の増加と農作物の生産過剰・供給過多という思わしくない結果につながった。

そこで、アイゼンハワー政権はこれを七五%から九〇%のスライディング・スケールによる適正価格で柔軟に支持する案に切り替えようと企図し、同時に一九一〇年代を基準に設定されてきたパリティの計算方式も一新することを提案し、一九五四年一月に法案が提出された(Reichard, 1975, 140-141)。

議会で成立した一九五四年農業法においては一九五五年までは主要作物について八二・五%から九〇%水

準でパリティ価格支持を継続し、その後七五%から九〇%水準に切り替えていくことで妥協・合意をみた(Wagner, 2006, 51)。これと並行して、アイゼンハワーは一九五四年七月には「農業輸出促進・補助法」(通称「平和のための食糧輸出政策」)に署名、アメリカの余剰農作物を低開発の友好国に輸出する法律を成立させている(Cochrane and Ryan, 1981, 32)。

ついでアイゼンハワー政権は、一九五六年農業法において「土壌銀行(Soil Bank)」という制度を打ち出した。これは農作物の生産過剰による価格低下を防ぐために農地を休耕地化することを奨励し、農民が休耕地に土壌保全目的で植林などを行う程度に応じて補助金を配分するというものである。この施策を通じて農作物の余剰生産と価格の下落を防ぎつつ、土壌の中長期的保全も同時に図ることがアイゼンハワーの目的であった。

「平和のための食糧輸出政策」や「土壌銀行」は、ニューディール農政とは異なる政策によって、農産物の生産過剰や価格の低落という問題に対処しようとする試みであった。しかし、一九五六年農業法には土壌銀行案に加えて、審議の過程で九〇%パリティでの固定価格支持への回帰を規定する項目が付加されたため、一九五六年四月一六日、アイゼンハワーはこれに拒否権を発動した。その後、議会との調整を経て九〇%パリティ価格支持への回帰を規定する項目が削除され、一九五六年農業法は五月二八日に成立している(Wagner, 2006, 54-56)。

「平和のための食糧輸出」や「土壌銀行」などの対策を講じたにも関わらず結果的に農作物の生産過剰は解消せず、固定価格支持撤廃を断行したにもかかわらず農業関連の政府支出の増加にも歯止めがかからなかった。かくして余剰農作物の備蓄量は記録的な量にのぼり、一九五三年には二一億ドルであった農業関連支出は一九六〇年には五四億ドルにまで膨張し、予算を圧迫していた[56]。

アイゼンハワーは農業政策の分野ではニューディール農政からの大胆な変革・脱却を試みたが、この政策改革の成果は芳しいものではなかった。例えば、一九五四年農業法案について、農業州選出の議員からは農民票が失われることを危惧する声が上がり、これらの議員は固定的価格支持撤廃に反対し、他方で非農業州選出の議員の中からは固定的価格支持の即時完全撤廃を強く要求する声もあがるなど、この問題に関する議員の対応は一様ではなかった(Wagner, 2006, 47)。

アイゼンハワー政権の農業政策は、特に保守派を含む農業州選出の共和党議員には不評であった。例えば、一九五四年農業法に対して共和党保守派に属するカール・ムント上院議員(サウス・ダコタ州選出)、ミルトン・ヤング上院議員(ノース・ダコタ州選出)、エドワード・サイ上院議員(ミネソタ州選出)、アーサー・ミラー下院議員(ネブラスカ州選出)などは、いずれも強く反発した。彼らはアイゼンハワー政権の農政が農民に不興を買っているとして、エズラ・タフト・ベンソン農務長官を更迭するか、九〇%パリティ価格を復活させるかの二者択一を迫った(Benson, 1962, 148-149)。これとは逆に、非農業州選出の保守派議員からは農業補助金のより大胆な削減・廃止など徹底した施策を求める声が根強かった。

このように、アイゼンハワー政権が保守的な政策的帰結を導いた農業政策の分野においても、保守派は決してアイゼンハワーに好意的な評価を与えたとは言えなかった(Wagner, 2006, 59)。

◆小括

以上、アイゼンハワーは財政均衡を目指して赤字支出の削減などの努力を重ねつつ、その過程で必要に応じて減税の優先順位を下げたりするなどの現実的対応をとった。拡大する一方の社会保障費、農業補助金、教育補助金、公営住宅建設費などが財政を圧迫しつつあったことは確かであるが、それでもアイゼンハワーは三回の予算均衡を達成している。それにもかかわらず、共和党保守派は批判の矛先をアイゼンハワーに向けていった。

労働政策の分野では労使双方に配慮しつつ政策形成を進めたものの実りは少なく、アイゼンハワー政権はしばしば世論迎合的な対応すら見せ、労使双方ともこれに満足しなかった。公民権分野では連邦政府＝地方政府、白人＝黒人、北部＝南部という対立する二つのものの間に均衡を図ろうと腐心し、幾つかの目立った業績を上げたものの黒人側にも白人側にも不満が残った。農業政策の分野では明確にニューディール以来の政策のあり方に修正を加え、農業に対する連邦政府の関与を減らそうと試みている。しかし、政策の効果は薄く、農民票の喪失につながるとして、アイゼンハワーの農業政策は保守派を含む農業州選出の共和党議員にはかえって不評であった。

アイゼンハワー政権は民主党とも共和党保守派とも一線を画しつつ、統治過程において対立する勢力との間での合意形成が不可能になるほどイデオロギー的に分極化した政治姿勢をとることを回避しようとしていたことは前章で述べた。

だが、本節でみたように、実際の政策形成・運営は困難を極め、多方面に不満の声を残す結果となった。

3　政治理念体系化の試み

本節においてはアイゼンハワー政権による政治理念体系化の試みを分析する。まず、アーサー・ラーソンによる新共和党主義について、続いてパーシー委員会について検討を行う。

◆アーサー・ラーソンと新共和党主義（一九五六年）

一九五六年の大統領選挙に際して、アイゼンハワーは自らの政治姿勢を独自の政治理念へとまとめあげる必要性を感じていた。アイゼンハワーがその作業を任せたのは、政権の労働次官補であったアーサー・ラーソンである。ラーソンが著した『共和党員、自覚を語る（*A Republican Looks at His Party*）』は、そのようなアイゼンハワー政権による政治理念の体系化の試みである。

ラーソンによれば、アメリカには二つのイデオロギーが存在する。

第一のものは「一八九六年イデオロギー」であり、民間企業がその活動に際して完全な自由裁量を与えられることを重視し、連邦政府の役割は国防や徴税など最低限のものにとどめられるべきであるとする。ラーソンはこの「一八九六年イデオロギー」という言葉を、政府による社会経済領域への介入を否定することを主張し、「小さな政府」を志向するという意味で（経済的）保守主義と同義に使用している。

第二に、「一九三六年イデオロギー」においては、政府が恐慌回避などの目的で企業の行動に制限を加えたり、再配分政策を行ったりすることが是認される。また、労働階層の権利の擁護など、政府は弱者に対する積極的保護策を講じるべきであるとする。ラーソンは、この一九三六年イデオロギーという言葉を、政府が社会経済領域に積極的に介入し、社会的弱者を保護し、いわゆる「大きな政府」を目指すという意味でリベラリズムと同義に使用している（Larson, 1956, 1-18）。

以上の二つのイデオロギーに対して、ラーソンはアイゼンハワー政権が原理とする政治理念は「新共和党主義（New Republicanism）」であると主張した。「アイゼンハワーの天才はアメリカに存在する全ての良いものを一つにまとめ、均衡を作り上げた点である」というラーソンの言葉に表れているように、新共和党主義は（経済的）保守主義とリベラリズムという二つのイデオロギーの間に「真正なるアメリカ政治の中道（Authentic

American Center in politics)」を見出そうとする思想であった(Larson, 1956, 9)。

ラーソンは「政治においては中間を占めるものがゆるぎない強さを誇る」とも述べる(Larson, 1956, 19)。ラーソンは個人の権利を何よりも重視し、連邦政府への過剰な権限集中を排し、統治においてはできる限り地方政府が中心的主体になるべきであると考えていた。また、連邦政府は民間領域に極力介入するべきではなく、介入したとしても必要最低限にとどめるべきであるとして無制限な政府介入を戒めている。だが、同時にラーソンは経済競争が生み出す固有のリスクを低減するためには、政府による社会保障や教育、社会資本の拡充はもはや必要不可欠であり、それは個人主義の尊重や政府への過剰な権限の集中の回避と両立しうるとも主張している(Larson, 1956, 199-203)。

前章末において、一九五二年の予備選挙におけるアイゼンハワーの政治姿勢を「妥協可能な党派性」と形容した。アイゼンハワーが予備選挙の時点から一貫して、民主党にとっても共和党にとっても比較的受容可能でありながら、決してそれぞれに自己同一化しない、微妙な均衡の上に立つ政治姿勢を追求してきたことはすでに何度か触れた通りである。

社会保障や国民保険、公営住宅、教育、公民権といった政策領域では政府の果たすべき役割を認め、他方で公共事業や農業政策といった領域では政府の介入を縮小し、可能な限り財政均衡と減税を目指す――。ラーソンが体系化しようとした新共和党主義とは、一九五三年以降アイゼンハワーが目指してきた部分的にニューディールを継承・発展し、部分的にこれを修正するという形で実現された立法業績を、政治哲学的に正当化しようとする試み、換言すれば「妥協可能な党派性」を現実の政治問題に即した政治理念として言語化し、集大成する試みだったといえよう。

◆パーシー委員会（一九五八年）

アイゼンハワー政権による理念の模索は一九五六年のみならず、一九五八年の中間選挙で共和党が大敗を喫した後にも再度試みられている。

この中間選挙での敗北後、アイゼンハワーは一九五八年一二月にニクソン副大統領らと協議し、党内に新組織を立ち上げて共和党がとるべき今後の方針について対策を練るべきであるという結論に至った[57]。一九五九年一月に共和党の有力者を招いて会談が行われ、その会談においてチャールズ・パーシーを委員長とする「計画と進歩に関する共和党委員会」（Committee on Program and Progress; パーシー委員会）の設置が決定された。

これは長期的な共和党の政治目標の明確化とその目標に沿った共和党再建に向けての努力を一層強化するための組織であった。

このパーシーという人物は、当時ベル・アンド・ハウエル株式会社の重役を務める民間人であったが、シカゴを拠点に若年有権者層の組織化や資金集めなどに功績があり、共和党の内部で有能な選挙戦術家としての名声を高めていた[58]。アイゼンハワーはパーシーを高く評価しており[59]、ニクソン副大統領もその手腕に期待を寄せていた[60]。パーシーは委員会に課せられた使命について、次のように語っている[61]。

一九五八年の選挙で共和党が負けた理由の一つは共和党に明確なイメージがないことによるものです。もし共和党が選挙に勝てる政党でありたいと望むなら、すべての共和党員が忠実に守れるような理念や争点に関する声明が必要となるでしょう。

アイゼンハワーはこの委員会による改革提言に大きな期待をかけており、発足当初から定期的に委員会のプロジェクトに関する進捗状況を報告するよう求めていた[62]。

パーシー委員会の目的は、共和党に新たな理念を提供することで将来を背負って立つ若く活気にあふれた共和党員に訴えかけ、アイゼンハワー引退後の一九六〇年の大統領選挙に向けて党の強化を図ろうとするものだった。そのために同委員会は四つのタスク・フォースを設置し、全国一二〇〇人以上のビジネスリーダー、労働リーダー、そしてその他の職業についているリーダーにアンケートをとり、それをもとに今後の共和党がとるべき戦略について模索を重ねた。委員会の努力は一九五九年九月二七日にパーシー委員会が公表した報告書『より良いアメリカに向けての決意("Decisions for a Better America")』として結実した(Andrews, 1997, 37-38)。

同報告書の内容について共和党内に議論が巻き起こった[63]。報告書には政府は人々の要求に注意深く気を配るべきであり、人々が尊厳を保ちうる生活をなし得るほどに強くなくてはならないとされており、政府の役割と責任を基本的には是認する内容であったといえる。具体的には福祉や教育の拡充、マイノリティへの差別是正、あるいは公害規制・産業規制などの諸分野において、公共善や国益に適うと判断される場合は、政府による社会経済領域への政策的介入を必要なものとして認めるとの考えが提示されていた。報告書では個人の自由を尊重すべきこと、そしてそれを損なうような形で行われる政府権力の際限なき拡張には反対する旨も謳われており、社会領域への政府の無制限・無条件の介入は悪であり、政府による介入は必要最低限に止めるべきであることも付言されている[64]。

共和党保守派からはゴールドウォーターの選挙参謀スティーブン・シャデッグがパーシー委員会に参加しており、彼は「委員会では保守派を結集して現代的共和党主義者を圧倒し」[65]、「憲法にのっとった保守のプリンシプルを提供すること」を目指すとゴールドウォーターに告げている[66]。ゴールドウォーターは同委員会の報告書は多くの保守的な項目を取り入れ、「〔リベラリズム〕追従主義への決別」になるものと期待をかけた(Andrews, 1997, 37-38)。

ゴールドウォーターはシャデッグを介して、報告書の起草段階から一九五〇年に発表された「共和党の理念と目標に関する声明文」を参考にするよう、パーシーに繰り返し要求していた。ゴールドウォーターがパーシーに参照するように要求していた声明文とは、「アメリカの基礎的な理念が物価や賃金の統制、あるいは国民皆保険、地方政府への介入など、欧州の社会主義を真似た計画経済による連邦政府の介入によって脅かされている」という一文に表れているように、政府による介入主義に対抗するため自由の価値を強調し、政府による民間領域への介入を一切否定するなど、リバタリアニズムが顕著に反映された内容のものであった[67]。

パーシー委員会で参考人として意見を求められたゴールドウォーターは委員会に出席し、以下のような意見を陳述している[68]。

共和党の未来にとって、そしてこの国の未来にとって何よりも重要なのは、我々の社会生活と政府に対する理念の起源を再発見するために、この機会を捉えて努力を重ねること以外にない……我々アリゾナの共和党の政治的立ち位置は明確で、断固たる信念に基づくものである。我らアリゾナの共和党は明確に保守である。保守であることも、保守という言葉が持つ含意さえも、我々は恐れるものではない。

この後、シャデッグは「昨日の会合はわくわくするような会合で生産的であった……保守のプリンシプルを率直な言葉で明瞭に発するという基本的必要条件を正面から満たすもの」と述べ、委員会は「ニューディールの猿真似」をすることを避けようとしているかのように思われたと述懐している[69]。この委員会での発言から一カ月の後にもゴールドウォーターはパーシーに直接書簡を送り、委員会の報告書に政府の介入を原理的に否定する経済保守的な項目を取り入れるよう重ねて要求している[70]。

共和党の基本的理念は、それをどのような言葉で形容するにせよ、昔のままで良いのである。我が共和党は保守の政党であり続けてきた。今日において、二大政党が両方とも中道左派の政党であることを善しとする馬鹿はいないであろう。一方の政党は保守であるべきで、我が党こそ保守の政党たるべきなのである。

完成したパーシー委員会による報告書に対して、アイゼンハワーやジェイコブ・ジャビッツなど共和党穏健派はアイゼンハワー政権の従来までの中道路線が非常によく反映されているとして高い評価を与えた。特にアイゼンハワーは、同報告書は一九六〇年の共和党の党綱領の基礎を提供したと考え、これを高く評価した(Andrews, 1997, 38-41)。

しかし、保守派は報告書が政府介入を基本的には肯定する方向でまとめられたことに大いに不満を抱いた。一九五九年七月、デンバーで開かれたパーシー委員会の最終会合に参加したシャデッグは、報告書の内容について他の委員に以下のような意見を書き送っている[71]。

デンバーで開かれた会合の最後の瞬間まで、私はたった独りで報告書序文の用語と内容に反対してきました。私がこのタスク・フォースの報告書に使われており、他の委員会メンバーが支持する内容のない曖昧な言葉遣いに当初から激しく反対してきたことをご記憶でしょう。報告書の作成が最終段階に差し掛かっている今、このような手紙を差し上げるのは以下の事情によるものです。すなわち、誤解のないよう歯に衣を着せぬ言葉で保守的な共和党の立場について表明しておく必要があると強く確信しているからです。

ニクソン副大統領は公刊された報告書を読んで、全体的な傾向は基本的にはリベラルであると感じていた[72]。他にロバート・タフト・ジュニア(前章に登場したロバート・タフトの次男。父の後継者として政界入りしていた)なども、報告書の最終案を読んでパーシーに次のような感想を告げている[73]。

報告書に対する私の感想は複雑だ……ここに書かれている基本的主張の総てに民主党も賛成するのでは。つまり、この報告書は国民全体の信条を表現できているとは思うが、二大政党の間に存在する差異を上手く指摘できたとはいえない気がする。

シャデッグがゴールドウォーターに送った書簡にはシャデッグが起案した序文が採用されなかったことが不満を持って記されている[74]。

我々は共和党の哲学を再建し、立場の不確かな人々を啓蒙し、政治に関心を持たない人々を引き寄せるための文書を作っていたのではなかったか。それなのに、我々は船を見失ってしまった。

以上のように、アイゼンハワー政権期にはラーソンの新共和党主義やパーシー委員会報告書など独自の中道的政治理念の体系化が試みられた。しかし、その内容はいずれも制限的ながらも政府による介入を是認する穏健な内容のものであり、共和党保守派からは理解を得られずかえって彼らの反発を生む結果を招いた。ある共和党の有力地方党員は、アイゼンハワー政権の中道路線を回顧して以下のような感想を述べた[75]。

私が思うに、アイゼンハワーは大統領であった八年間、共和党組織を強化するために何もしてこなかった。彼の関心は共和党を「現代的共和党主義」なるものに作り変えることであった。「現代的共和党主義」とは、党のために一度も働いたことが無く、自分がどちらの政党に所属しているのかも理解しないような人の考えである。「現代的共和党主義」という言葉は、共和党全体が「現代的共和党主義」の理念に従うべきだという考えの下、共和党内部に存在する左傾的な傾向を表現するために考えられたものである。

◆共和党保守派の反発

ラーソンが体系化を試みた新共和党主義やパーシー委員会の報告書の内容は、民主党とも共和党保守派とも一線を画しつつも、いずれの政治勢力とも自己を同一化しないアイゼンハワー政権の中道的路線の理念と整合的であった。これらはいずれも限定的ながら、ニューディール以降の民主党が行ってきた社会経済領域への介入主義を大枠で肯定するものであった。だが、もとより共和党保守派がこのような理念に同意するはずはなかった。

パーシー委員会による報告書の内容に不満を抱くゴールドウォーターは、一九六四年の大統領選挙で共和党の大統領候補に指名されるが、その際、連邦取引委員会や食料医薬品局による経済産業規制の緩和・撤廃、労働法を施行する政府機関である全米労働関係委員会の役割の抜本的見直し、連邦政府主導の超大型公共事業であるＴＶＡの民間への売却、社会保障の民営化、農業補助金の廃止など、政府による介入を原理的かつ徹底的に否定する主張を掲げていたことで知られている。

ゴールドウォーターの目にはアイゼンハワー政権の中道路線に依拠した政策理念は手緩いもの、ないしはリベラル寄りの政治姿勢であると映じていたことは確かであろう[76]。一九五六年の大統領選挙に際して、ゴールドウォーターはアメリカの国民は保守主義への覚醒を果たしつつあるのに対して、アイゼンハワー政権はこれを知覚せず、誤った経路を歩んでいると考えていた[77]。

同じく、保守派の思想家として有名であったウィリアム・バックリーも、一九五六年の選挙を前にアイゼンハワーをどのように評価するか思案していた。最終的にバックリーが下したアイゼンハワー評価は極めて否定的なものであった。バックリーは政権発足後、一九五二年の大統領選挙で掲げた公約から大きく後退し、公営住宅、社会保障、公共事業、労働問題などの多くの領域で批判していたはずのリベラリズムに完全に歩調を合わせており、政府支出は嵩み、行政機関は拡大の一途をたどっていると政権を批判的にみていた(Buckley, Jr., 2008, 11)。

ラーソンが体系化したアイゼンハワーの新共和党主義についても、それはニューディールを共和党の名前で安直かつ全面的に焼き直した程度のものでしかないというのがバックリーの見解であった。ただし、バックリーを含む保守派の多くはアイゼンハワーの政治姿勢に疑問を抱きつつも、一九五二年・一九五六年の選挙において、アイゼンハワーを支持していたという事実がある。

これは、バックリー自身の言葉に従えば、民主党に比べればアイゼンハワーはまだしも保守的であり、「二悪の中からよりましな悪を選ぶ」という消極的支持の理由があったからである(Nash, 2006, 395)。

だが、一九五九年以降になると、共和党穏健路線に不満を募らせる保守派は独自に保守のアイディアや価値を表明する作業に着手し始める。そのような一連の努力の中でも最も重要であったのが、ゴールドウォーターが一九六〇年に出版した『ある保守主義者の良心(*The Conscience of a Conservative*)』と題する著作である[78]。この著作のもとになったのは、飛行機の中でゴールドウォーターが自らの想念をしたためた次のメモであった。長文ではあるが全てを引用する[79]。

私はこの国の空を何度飛行機で飛んだであろうか。回数は忘れてしまったが、いつも心が踊るような感覚を求めている。飛行機で旅行すると様々な感情がわき起こるものだ。肉体的感情は、雲の合間に、天の碧さの中に漂っている。精神的感情は、自分はいったいこれからどこへ向かうのかという私の問題そのものである。私は空の下に広がる我が国アメリカを見るとき、いつも霊的感覚を最も強く感じる。カリフォルニアの渓谷の緑、誰もが知っておりその美しさを皆が愛するアリゾナの峡谷、ロッキー山脈、中西部の平原、東部の河川や農園、東部と西部を隔てる丘陵地帯。この国に住む人々のことを考えるとき、私はそこにより強固な感情を見出す。カリフォルニアで航空産業に従事する者、アリゾナのカウボーイ、ロッキー山脈の炭鉱労働者、インディアナの農民、市街地に住むビジネスマン、医者、法律家、デトロイトで自動車産業に従事する者、南部で煙草を栽培する者、ニューヨークの銀行家とプリンストンの教授――これらの人々はこの国のことをどのように考えているだろうか。飛行機からはアメリカは目下に広がる豪華な絨毯のようにみえるものだが、私は飛行機からこの国を見ていると、こういう想望に捉われる。人々は自国に対する自己の責任をどのように考えているのか。無関心なのか献身的なのか、不信感を持っているのか敬意を持っているのか。自己の自由を保持しえるのは自分自身だという自覚はあるだろうか。フィラデルフィアである婦人にこの国がどうなるのかを問われたフランクリンは、「共和政ですよ、国民が維持できればの話ですがね」と答えたというが、これは今でも重要な意義を有する回答ではないか。トマス・ジェファソンが独立宣言の中で、「我々は創造主によって一定の不可侵の権利を授与されている」と述べたことは、全てのアメリカ人民が自由を愛好する大いなる源となっており、この言葉が長年にわたって自由を求めるアメリカ人民の源泉になってきたのではないか。人は自分の家で快適に過ごしているとき、自己の幸福に関して、政府は支配者にならずして人民に何かを供給することができないことを警告する信号が点滅していることに気が付くだろうか。意図的かどうかは別にして、自由の生命を巧みに切り刻もうとする人々が自分（および自分の子孫の）自由と幸福を評価していることに注意を払っているだろうか。

では、我が愛する国に住んでいる人々に、私は何を語ればよいのだろうか。航空産業に従事する人、カウボーイ、炭鉱労働者、農民、ビジネスマン、法律家、自動車産業従事者、煙草農業の従事者、銀行家、教授、あるいはその他この国に住んでいる人々に向けて、私が語る言葉に違いはあるだろうか。建国の父の言葉は全人民に当てはまると思う。同様に、献身的な母からこの国に対する愛を授かり、この神の国と自分自身に対する信念という不朽の真実に献身する、私のような出自の卑しいものの言葉も全人民に当てはまると思う。これが私の信じているものである。

このメモに示された概要を発展させて書かれた『ある保守主義者の良心』において、ゴールドウォーターが特に強調したのは「個人の自由」の価値であり、個人の自由と対立し、それを侵害する可能性がある政府権力のあり方についての独自の考察であった。

ゴールドウォーターは人間を不完全な存在であるとみる。人は罪深く、強欲で、虚栄心が強く、野心高く、好色で、自己中心的で、自己を省みない存在である。現代社会が直面する諸問題は不完全な人間が作り出したものである(Goldwater, 1979, 15)。

同書において、ゴールドウォーターは以下のように言う。すなわち、人間は不完全であっても、一人一人が異なる存在であり、無限の可能性を有している。社会は単なる「その他大勢」からなる人の群れではない。人が単なる群れであり、自分以外のものにただ翻弄されて生きるしかない社会では自由の意味は理解されず、他者に何かを強制されて生きるしか選択肢はない。人生を決定し、何をなすかは人が主体的に決めるべきであるが、人生を決定し支配するものは運命や偶然ではなく、人自身である。「政府」とは社会秩序の維持と両立しうるよう個人の自由を最大限達成できることを可能にするアートであり、政府の権力は憲法に定められた範囲内で、適正かつ必要最低限の水準に抑制されるべきである(Goldwater, 2007, 5-7)。

ゴールドウォーターによれば、ニューディール・リベラリズムだけではなく、アイゼンハワー政権による現代的共和党主義も政府を全知全能とみなし、統治に携わる一部のエリートのみが政府が何をするべきかを決定する権限を有し(晩年執筆された回想録では、これを「エリートによるユートピアニズム」と批判している; Goldwater, 1979, 14)、憲法に定められた状態から逸脱して、政府権限の無制限拡張を志向する点では同罪であり、ともに全体主義の第一原理を満たしている(Goldwater, 2007, 9-10)。

ゴールドウォーターは以上のような論理を根拠にして、現代社会の変化が人々にどのような新しいニーズを生み出していようとも、政府が福祉や教育の拡充、あるいは公害規制、産業規制、農業補助金の給付など、特定のセクターへの政府補助を目的に介入を行うこと、あるいは政府が過度の重税を課すこと、赤字支出を行うこと、連邦債務上限を引き上げることは人々の自由を損なうものであり原理的に否定されるとした。ゴールドウォーターが望ましい政策として挙げていたのは自由企業体制、財政均衡、減税、通貨の健全性などであった[80]。

加えて、ゴールドウォーターは単独では力を持ちえない労働者が団結することや団結して企業と交渉することは善いことであると考えていたが、労働組合はあくまで自発的なものであるべきだと考えており、組合への強制加入、組合費の強制徴収、政治活動・政治的支持や献金の強制、クローズド・ショップなどの制度を問題視し、現在のアメリカの労組のあり方は大企業によるカルテル等と同じで、アメリカの自由社会の価値を損なう側面を持つと批判を加えた(Goldwater, 2007, 38-51)。

ゴールドウォーターが、ユニオン・ショップ制を禁じる労働権条項を支持してアイゼンハワー政権とも対立したことは既に述べたが、ゴールドウォーターが同法の制定に強くこだわったのは以上の理由によるものである。ゴールドウォーターはマクレラン委員会の共和党側メンバーとして労組による暴力行為・違法活動などの不正を糾弾して名を挙げたが、それには以上のような背景があったのである(Farber, 2010, 86)[81]。

更に、ゴールドウォーターは当時懸案となっていた黒人に対する公民権問題に関しても、憲法に明記された諸権利を侵害するような人種差別は倫理にもとる行為として否定しつつも、公民権の保障は憲法にその根拠が認められず、連邦政府による差別解決という政策的手段については憲法に明記された州権をないがしろにするとして、これを是としなかった(Goldwater, 2007, 18-23)。ゴールドウォーターが差別解消の手段として提案していたのは、教育、あるいは家族・友人などの説得によって人の心を変え、差別を根絶していくべきであるというものであった(Goldwater, 2007, 31)。

以上から、ゴールドウォーターが労使関係や公民権などの多くの領域で政府の介入によることなく問題を自主的に解決すること、すなわちボランタリズムへの回帰を訴えていたことは明白と思われる。このように、アメリカの政治を文字通り「過去に回帰するべく変革」しようと試みる点で、ゴールドウォーターは紛れもない「保守」であった。

同書は出版後ベストセラーとなり、ニューディール・リベラリズムに対する異議申し立ての書として保守運動の事実上のマニフェストともなった（Shermer, 2008, 678）。

スタイルズ・ブリッジスが同書に対する反響の大きさを「『ある保守主義者の良心』は煙や霧を吹き飛ばす清涼な一陣の風のようにアメリカ全土を吹き抜けていった」と形容したように〔82〕、同書はゴールドウォーターを保守のカリスマとして世に送り出し、アメリカ国民に保守主義という新たな政治の力があることを知らしめるきっかけとなったのである（Perlstein, 2001, 63）。

かくして、アイゼンハワー政権の新共和党主義の理念の体系化に反発する形で、アメリカ政治に新しい変革を生み出すダイナミズムとしての保守主義が台頭しつつあった。

以上、ラーソンによる新共和党主義やパーシー委員会の報告書に見られるように、アイゼンハワー政権は自らの政治理念を体系化する試み（特に一九五六年以降）を継続したものの、それはかえって保守派の反発を招く結果となり、保守派が独自の政治理念の追求と体系化を進めていくきっかけになった。

4　アイゼンハワー政権の党組織改革

◆政権初期の党組織改革（一九五三～五四年）

ガルビンが指摘しているように、アイゼンハワーによる政党組織改革の試みは二大政党間の競争的インバランスの変化、すなわち共和党が少数党になるにつれて活発化していった。

政権発足直後にアイゼンハワーがまず着手したのは、共和党改革の作業を効率的に進めるため、自らの参謀役を務める戦略家を見つけ出すことであった。結果的にアイゼンハワーは最後まで戦略家の不在に悩まされることとなり、戦略指南役の不在を「自分のとっての最大のウィーク・ポイントである」とさえ洩らしたほどである（Lodge, 1976, 125）。

アイゼンハワーは一九五二年の大統領選挙で自らの選挙参謀を務めたヘンリー・カボット・ロッジ国連大使に戦略家の役割を引き受けるよう打診したが、ロッジは「自分は適任ではない」と固辞している[83]。もっとも、ロッジ自身も戦略家としてアイゼンハワーを補佐するに足る手腕を有する人物が共和党内部に五指の数ほどもいないことを問題視しており、適任者としてシュラストン・モートンやマクスウェル・ラブの名を挙げた。

同様に、シャーマン・アダムス首席補佐官もローズヴェルト大統領の選挙参謀として知られたジム・ファーレーのような人物がアイゼンハワー政権にも必要であるとアイゼンハワーに説き、アーサー・サマーフィールドやフレッド・シートンを候補に挙げた[84]。

しかし、結局のところ特定の人物が戦略助言役に任命されることはなく[85]、ニクソン副大統領、ブラウネル司法長官、サマーフィールド郵政長官、アダムス主席補佐官、ダークセン上院議員、そしてロッジなどで構成される集団が適宜大統領に助言を与える役割を受け持つことになった[86]。

次に、アイゼンハワーは共和党全国委員会のテコ入れに着手している。アイゼンハワーは共和党全国委員長を大統領の分身(alter ego)であると位置づけており、全国委員長を改革の中心に据えようと考えていた[87]。

そこでアイゼンハワーがまず手をつけたのは全国委員長を自らと親しい穏健派の政治家にすげ替える作業であった。一九五二年の大統領選挙時に共和党全国委員長を務めていたのはガイ・ゲイブリエルソン(在任、一九四九~五二年)という人物であり、この人物は五二年の選挙に際して表面上は中立を装い、全国委員会はどの候補にも肩入れしないと言明していた[88]。しかし、実際にはゲイブリエルソンは共和党保守派でアイゼンハワーのライバルであったタフトと近い位置にあった[89]。

ゲイブリエルソンはタフトに宛てた手紙の中でアイゼンハワー擁立に動いた共和党穏健派の集団を「共和党内のフェアディール分子」と呼び、「あの人々は自分たちを謎めいていて怪物の如き、極右化する共和党マシーンに対して聖戦を挑む夢追い人だと思っているのではないか」と嘲弄《ちょうろう》していた[90]。ヒュー・スコットが「ゲイブリエルソン全国委員長のせいで、共和党全国委員会はタフト再選委員会になってしまった」と指摘しているように、ゲイブリエルソンは実際にはタフトへの支持工作のため自らの地位を利用していたものと思われる(Scott, 1968, 65)。

ゲイブリエルソンには委員長の地位を悪用して自らが社長を務める企業に便宜を図った疑惑ももたれており[91]、アイゼンハワーは当選後すぐさまゲイブリエルソン更迭に踏み切った。アイゼンハワーがゲイブリエルソンの後任に指名したのはアーサー・サマーフィールドであった。しかし、この人物もアイゼンハワーが計画していた共和党改革に適任ではないことが判明したため、郵政長官に「栄転」させるという名目で間もなく全国委員長の任務から外れた[92]。

その後、アイゼンハワーはサマーフィールドの後任にC・ウェズレイ・ロバーツを選んだが、ロバーツは就任直後から収賄スキャンダルに巻き込まれ、短期間での辞任を余儀なくされた。

ロバーツの後任には一九四八年選挙でデューイの選挙参謀を務めたレオナード・ホール元下院議員が指名され、政界を引退していたホールが現役復帰することになった[93]。ホールを新しく委員長に指名したアイゼンハワーは、一九五三年半ばまでに共和党全国委員会の組織的刷新を様々な形で試みている(Galvin, 2010, 45)。

このように、最初期のアイゼンハワーによる政党構築の動きは全国委員長の交替と党組織の小規模の改変程度にとどまり、さほど目立たなかった。これは政権発足当初は議会においても共和党が多数党であったためにアイゼンハワーもさほど共和党組織を強化するインセンティブを感じていなかったことによるものであろう。

アイゼンハワーによる政党構築の動きが活発化するのは一九五四年の中間選挙の後である。ホール委員長は、アイゼンハワー政権の政策が世に認められるほどの効果を発揮するには、少なく見積もっても政権発足から数年の年月を要すると考えていた。ゆえに、この年の中間選挙において共和党が与党政権としての実績をアピールして戦う戦術は無理であろうと判断していた。

一九五二年の選挙で共和党は上院で一議席、下院で二二議席を増やすことに成功したが、これを大戦の英雄であるアイゼンハワーの個人的人気によるものとする見解は多かった。そこでホールは一九五四年の選挙においてはアイゼンハワーの個人的名声を再び利用するとともに[94]、トルーマン民主党前政権の失政を叩くネガティブ・キャンペーンを活用して選挙に勝利する戦略を提案した[95]。

政権内では大統領の個人的魅力に過度に依拠した戦略によりかかることは危険であるとする危惧も見られ

た[96]。また、民主党を攻撃するネガティブ・キャンペーンについても、ロッジのように、アイゼンハワーがホワイト・ハウス入りした後ではそのような作戦に効果がないと考える者もおり、アイゼンハワー政権は国民にアピールする具体的な政治理念を打ち出すべきときにきているとアイゼンハワーに進言していた。

ロッジは、アイゼンハワー共和党政権は「われわれはどこへ向かうのか」という国民からの問いに対して明確な回答を打ち出さなければいけないと指摘している[97]。このような認識は前節に見たような、ラーソンによる新共和党主義の理念化やパーシー委員会の報告書作成作業につながっていったとも考えられる。

ニクソン副大統領も共和党があまりにもアイゼンハワーの個人的声望を頼みとした選挙戦術に傾斜しすぎていることを懸念していた。ニクソンは個人的には共和党は民主党の票田を切り崩し、新たな共和党の支持基盤を開拓することを可能にする中長期的視野に立った現実的な選挙戦術を持つべきであると考えていた[98]。このような認識は、後に南進作戦のような新たな選挙戦略の提示につながっていく。

しかし、結局アイゼンハワー政権は国民にアピールしうる独自の政策理念や新しい支持基盤を開拓可能な中長期的選挙戦術のないまま、一九五四年の中間選挙においてはアイゼンハワーの個人的人気と民主党に対するネガティブ・キャンペーンを中心とする選挙戦術をとることを余儀なくされていく。中間選挙の期間中、アイゼンハワーは体調不良を押して一万マイル以上の遊説を敢行し、四〇以上もの候補の応援演説を行って与党の勝利を後押ししようと試みた(Galvin, 2010, 51)。

また、民主党に対するネガティブ・キャンペーンに関してはニクソンがその役目を引き受けることになった[99]。だが、ロッジが危惧した通り、民主党に対してトルーマン政権期の外交政策上の失策、政治腐敗、重税といったイシューを利用してネガティブ・キャンペーンを行うことは共和党が野党であった時代には奏功したものの、共和党が与党となったアイゼンハワー政権時代においては、さほどの効果を発揮しなかった

(Mason, 2012, 158)。

結局アイゼンハワーやニクソンの努力にもかかわらず、一九五四年の選挙において共和党は振るわなかった。共和党は下院で一八議席、上院で一議席を失い、多数党の地位から転落し、民主党は僅差ではあるものの多数党の地位を回復することに成功し、アイゼンハワーはアジェンダを立法化することが難しい状況に追い込まれた。アイゼンハワーは民主党に対抗するとともに、同党と交渉・妥協を図って新たに統治の方向性を提示するという困難な作業に直面せざるを得なくなった (Gould, 2003, 336)。

この敗北から一〇カ月後の一九五五年九月二四日にアイゼンハワーは心臓発作を起こし、翌年の大統領選挙に出馬が危ぶまれる事態が発生した[100]。これを見たウィリアム・ノーランド共和党上院院内総務は一九五六年の大統領選挙に出馬し、アイゼンハワーにとって代わろうとの野心を露《あらわ》にし始める[101]。

ノーランドは一九五五年一月にはアイゼンハワーの次期大統領選への再出馬を支持しない趣旨の発言をするなど、アイゼンハワーとの間に緊張関係が続いていた (Montgomery and Johnson, 1998, 188)[102]。一九五四年の選挙敗北とアイゼンハワーの重病を受けて共和党保守派は勢いづき、アイゼンハワーにかわってノーランドを大統領候補として擁立する動きが一部で本格化していった。保守派の一部は一九五五年一一月に創刊が予定されていた『ナショナル・レビュー』にノーランド上院議員の大統領出馬宣言を掲載し、穏健派に反旗を翻すという計画を進めていた[103]。しかし、同誌の編集長であったウィリアム・シュラムの「創刊直後の『ナショナル・レビュー』が目前の選挙のためのアドホックな雑誌とみなされるような軽挙は避けるべきだ」との判断が作用し、ノーランドの出馬宣言掲載は取りやめとなった[104]。

党内でアイゼンハワーの求心力が低下したとみるや、アイゼンハワーの支持者であったはずのベンダー上院議員などもノーランドが出馬した際にはこれを支持する発言をするなど、共和党は分裂の危機に瀕しつつあった[105]。ノーランドはアイゼンハワーの中道路線に対しても公然と批判するようになり、「アイクは自分の個人的イメージと共和党を重ね合わせようと努力しているようだが、共和党はアイクより古いし、アイクがいなくなっても共和党は存続する」と発言するなど、次第に政権に対して挑発的な発言が目立つようになった[106]。以降、ノーランドはゴールドウォーターなど共和党保守派との結びつきを更に強化する動きを見せていく[107]。

以上のようなノーランドや、その他の保守派の動向を見たアイゼンハワーは側近に「遂に保守派と戦うときが来た」と告げ、若く活力に溢れた穏健派の政治家や党員を党内に増やすことで保守派に対抗する政党構築の試みを進めていくことになる。

一九五四年選挙の敗北直後、アイゼンハワーはブラウネル、ニクソン、ホール、ロッジ、クレイなど、一九五二年の大統領選挙に自らを擁立した面々で構成される戦略委員会を組織し、全国レベル、州レベル、郡レベル、更には選挙区レベルにおける若手党員や候補者をリクルートする手はずを整えていた[108]。この同委員会は若く活力に溢れた候補者や党員を増やすことで、共和党に穏健路線を普及する効果を期待するものであった[109]。

戦略委員会からの示唆を受けて、アイゼンハワーはローカルレベルでの共和党組織の拡充をさらに推し進めるべく、中間選挙敗北後には共和党州委員長と党活動家に選挙技術を教授する「共和党選挙学校（GOP Campaign School）」というプログラムを作った。これは史上初めて四八州の委員長が全員参加して固定票の掘り起こし作業について、あるいは戸別訪問の方法や非共和党員へのアウトリーチについて、さらにはダイレクト・メールやラジオの活用方法などの選挙キャンペーンのノウハウを学ぶトレーニングに従事する試みであった（Galvin, 2010, 46）。

また、アイゼンハワーは共和党の現職政治家の多くはその資質に問題があると考えていた。そこで、アイゼンハワーは自らに政治的立場の近い、若く有望な共和党穏健派をしばしば公邸に招待し、選挙に立候補して政治の道を志し、共和党とアメリカの政治を変革する担い手になってほしいと諭している[110]。アイゼンハワーの説得に応じてダグラス・マッケイ(オレゴン州)、アーサー・ラングリー(ワシントン州)、ダン・ソーントン(コロラド州)といった人々が一九五六年の選挙で上院議員候補として名乗りを上げるも、いずれも敗北を喫した(Mason, 2012, 153)。

成果を挙げたかどうかはともかく、アイゼンハワーの思惑は以上のようなプログラムを通じて、共和党が人材を新規に確保するルートを開拓し、穏健路線の普及と拡大を図り、それを通じて保守派の台頭を抑えることにあった(Galvin, 2010, 48)。

◆一九五六年以降の党組織改革

一九五六年の大統領選挙でアイゼンハワーは再選されたものの、共和党は下院で二議席を失い、勢力をさらに後退させていた。これをみて、アイゼンハワーは引き続き共和党を改革する努力を続けた。彼がとりわけ重視したのは共和党に穏健主義の理念を徹底すること、そして草の根レベルで党組織を強化することの二点であった(Galvin, 2010, 57)。

それに向けてアイゼンハワーがまずなさねばならなかったのは、一九五七年一月一一日に辞任を表明したホール全国委員長の後任を探すことであった。ホールの手腕については政権内部にも批判があり、アイゼンハワーは一九五四年の中間選挙での敗北直後からホールの交替を検討していたが、周囲に反対されたため更迭を見送った[111]。しかし、ホール自らが辞意を表明したため、アイゼンハワーもこれを了承し、後任探しが始まった。

ホールやシャーマン・アダムスはコネチカット出身で共和党穏健派のミード・アルコーンを後任に推した。アルコーンは中央政界では無名の存在であったが、一九五二年選挙に際しては草の根のアイゼンハワー支持組織の取りまとめに功績があった。続く五六年の共和党全国党大会でも、大会の運営やアイゼンハワー＝ニクソン支持に向けて党内の取りまとめに大きな功績があり、特にニクソン副大統領がアルコーンの能力と手腕を極めて高く評価した[112]。しかし、B・カロール・リース下院議員などの保守派は強く反対し、アルコーンの全国委員長就任を妨害する怪電報が委員会メンバーに出回った。

最終的にはアイゼンハワーが強く望んだため、二月一日にようやく就任が認められた（Wilder, Jr., 1958, 1-2）[113]。

アイゼンハワーがアルコーンに託した任務は共和党の「穏健化・中道化」を円滑に推し進めて一九五八年の中間選挙を乗り切ることであった[114]。アイゼンハワーはアルコーンを背後から強力に擁護し、彼が発足させようとしていた共和党改革のプログラムに支持を与えていった[115]。

アイゼンハワーの支援のもと、アルコーンが軌道に乗せた党改革プログラムのうちで最も注目に値するものは「南進作戦（Operation Dixie）」であろう。これは再建期以来強固な民主党の地盤で有り続けた南部諸州に初めて共和党の勢力拡大を企図した戦略的試みである（Aistrup, 1996, 71）。

再建期以来、南部諸州における共和党のイメージは「カーペットバッガー」や「南部を屈服させたリンカーンの党」のそれであり、長らく南部に「共和党は存在しないも同然」の状態にあった（Aistrup, 1996, 6-7）[116]。

このような状況下において、南部共和党組織はバージニアやテネシーなどのごく限られた地域で細々と活動しているに過ぎなかった(Klinkner, 1994, 49)。しかし、アイゼンハワーが一九五二年の大統領選挙で南部全体の一般得票総数の約半数を獲得する躍進を見せると(Klinkner, 1994, 50)、共和党内部でこのアイゼンハワーの人気をもってすれば民主党の金城湯池である「団結せる南部」を切り崩せるという声が次第に大きくなり始めた[117]。

特に、五二年の大統領選挙において「アイゼンハワーを支持する市民連合」(Citizens for Eisenhower)は南部でアイゼンハワーを支持する民主党票を相当数吸収することに成功しており、ニューメキシコなどでは構成員の過半数が民主党員であった[118]。このような事実からも、共和党の南部進出が五二年以降、現実味を帯びつつあったことが窺われよう。一九五六年の大統領選挙においてもアイゼンハワーがテキサス、フロリダ、テネシー、バージニアといった南部各州で勝利を収めたことにより、共和党の南部進出というシナリオに更なる実現性を加味することとなった。

この時期までには、南部の大物民主党政治家の共和党への党籍移動(Party Switch)も起こり始めていた。サウス・カロライナ州のジェームズ・F・バーンズ知事は民主党の重鎮に数えられる人物であり、フランクリン・ローズヴェルト政権では経済安定局長や国務長官などの要職を歴任した(Crespino, 2012, 87)。人種問題や福祉政策をめぐって一九四九年にトルーマンと決裂したバーンズは(Crespino, 2012, 87)、一九五二年の大統領選挙でアイゼンハワー支持に転じ、「サウス・カロライナはもはや民主党の『お抱え』ではない」と発言した[119]。この南部を代表する大物政治家の転向は、驚きをもって受け止められた[120]。

私がアイゼンハワーに票を投じたのはトルーマンに個人的に含むところがあるからではない。(中略)私が思うに、この国の運命を導く資質があると思われる候補者に投票するのは国民の義務である。

共和党の南部進出策はハーバート・ブラウネルが共和党全国委員長であった一九四〇年代後半には着手されており（Bowen, 2011b, 223）、その後も全国委員会の会合で幾度となく検討がなされていた[121]。しかし、これが実現可能性を含んだプランとして本格的に追究され始めるのはアイゼンハワー政権発足後の一九五三年二月のことである。

このとき、共和党全国委員会に南部問題対策委員会（South Advisory Group）が設けられ、伝説的ゴルファーであるボビー・ジョーンズが委員長、エルバート・タトル、ジョン・ウィズドム、クロード・バーダマン、ウィリアム・キンベルが委員に迎えられた（Bowen, 2013, 94）。彼らは南部での共和党の勢力拡大を任されたものの具体的な南部進出のためのプログラムを欠き、進出計画は僅かな成功を収めたのみであった（Bowen 2011b, 233）[122]。

このような背景を受けて、アルコーン委員長はアイゼンハワーとニクソンを説得し、一九五七年には共和党の南部への勢力拡大を図るための具体的なプログラムの実施に着手していくこととなる（Bailey, 1988, 59）。手始めに、アルコーンは共和党内部に南部担当部署を新設し、I・リー・ポッターをその部局長に任命した。ポッターは南部各州における共和党の広報活動、リクルート活動、そして共和党組織の整備と拡大強化を推し進めていった。

アルコーンは自らも南部諸州に足繁く通って会合を主催し、現地の共和党組織の強化と拡大に努め、有望な候補者の発掘を指揮した。アルコーンの努力もあって共和党はフロリダやノース・カロライナ、サウス・カロライナ、バージニア、テネシーなどで新しく若い党活動家やスタッフをリクルートすることに成功するなど、徐々にその組織的基盤を拡充しつつあった（Klinkner, 1994, 51; Aistrup, 1996, 71）[123]。

南進作戦以外にも、アルコーンはアイゼンハワーの後援を得て一九五七年三月から「共和党地域会議(Regional Conference)」という試みを新たに始めている。

これは普段接触する機会のない共和党指導部と地域党員の接触の場を設けようというもので、いわば指導部と一般党員が互いの意見を交換し、意思の疎通を図るためのパブリック・フォーラムを提供しようというものであった[124]。アイゼンハワー自身も政権の理念や政策公約を全国の共和党員に伝えるよい機会であるとして、このプログラムに積極的な支持を与えた[125]。

しかし、アルコーンが南進作戦や共和党地域会議を軌道に乗せ始めた矢先の一九五八年、中間選挙で共和党は民主党に大敗を喫した。連邦上院では議席を四七議席から三五議席まで大きく減らし(一二議席減)、同様に連邦下院においては議席を二〇一議席から一五三議席まで(四八議席減)大幅に減らしている。さらに、知事選挙においても共和党は民主党に敗北を重ね、共和党知事の数は一九人から一四人にまで落ち込んだ。一九五四年の中間選挙、一九五六年の議会選挙、そして一九五八年の中間選挙の大敗北を受けて、アイゼンハワーの中道路線に対する不信が表出するようになった。

パールスティンはアイゼンハワー政権二期目の終わりが近づくにつれて、共和党はアイゼンハワーに対して微かな望みをつなごうとするものと、もはや期待はできないとするものの二派に分裂したと述べている(Perlstein, 2001, 27)。

とりわけ一九五八年の中間選挙敗戦後には後者が目立って増え、ある保守派の共和党員は「いまや我々はアイゼンハワー時代の終わりを目の当たりにしている」と述べ[126]、バックリーもアイゼンハワーの穏健な政治哲学は全く無意味であり、共和党はアイゼンハワーと縁を切る潮時であると主張した(Nash, 2006, 396)。

アルコーン委員長のもとには、一九五八年の中間選挙の敗北はアイゼンハワーの中道路線のせいであるとする地方党員からの以下のような批判が続々と届いた[127]。

共和党はいまや死の床についている。助かる見込みが唯一あるとすれば、アイゼンハワー主義とそれへの感染を広げるものたちを手術で除去することである。アイゼンハワー主義という名の酸素補給テントの下で哀れにも病気に苦しみつつ喘ぐような状態では助かる価値もない。敵〔＝民主党〕の旗印を我が方〔＝共和党〕が掲げて進軍し、戦いに勝てる訳があるか。（中略）わが国はそもそも保守の国である。しかし、保守は自らの代弁者を持たず、それを導くものとてない。（中略）共和党の遺風が生き残っていく唯一の希望は保守主義を強く主張し、保守主義の下、天下にアピールしていくことである。

特に、連邦上院議員選挙で民主党の挑戦を受けた共和党の現職議員一五人のうち、一〇人までが議席を失うという大敗を喫した。だが、このような共和党に対する逆風の中でも議席を守り再選に成功した共和党政治家もいた。

再選された共和党現職の多くは共和党が伝統的に民主党に対して比較優位を持つ中西部や北東部の議員であったが、伝統的に民主党が強いアリゾナから民主党の挑戦を退けて再選を果たしたゴールドウォーターには目立って大きな注目が集まりつつあった(Shermer, 2008, 678-709)。党内の保守派の間では一九五八年のゴールドウォーターの選挙キャンペーンこそ、まさに今後の共和党が取るべき選挙戦略の見本であるという声が多く聞かれるようになった[128]。

◆共和党地域会議と南進作戦のその後

アルコーンが考案した共和党地域会議は全米各地で活発に開催されていったが、一連の共和党地域会合において共和党穏健派が舵を取る事は出来ず、保守派がこれら会議を支配するようになった。

例えば一九五七年四月八日、ゴールドウォーターはある地域会議の席上で公然と、アイゼンハワー政権が均衡予算や減税などの公約を達成できていないことを批判した。この会合に参加していた地方党員もゴールドウォーターの政権批判に同調するものが多く、地域会議はアイゼンハワー政権の諸政策に反感を持つ保守派の不満を表明する場、保守派の結束の舞台と化していった(Galvin, 2010, 58-59)。

そもそも現代的共和党主義を推進するためのプログラムとしてアイゼンハワーが期待をかけた共和党地域会議であったが、皮肉なことに、このプログラムを通じて最も脚光を浴びたのは保守派のゴールドウォーターであった。ゴールドウォーターが地域会議で「私のいう共和党とは自由主義陣営にコミットし、中央政府の権限を制限し、官僚制を抑え、予算を均衡する党である」と演説すると、聴衆はスタンディング・オベーションでこれを迎えた。

これをみたゴールドウォーターは「保守は共和党の魂を賭けてリベラルや穏健派と戦うのだ。ここに右からの反乱(Revolt on the Right)が始まった」という確信を得たと述懐している(Goldwater, 1988, 111-112)。

こうして共和党地域会議が保守派に席巻されていく一方で、プログラムを考案したアルコーンは志半ばで共和党全国委員長の座を退くことを余儀なくされていた。一九五八年の選挙で共和党が惨敗したため、党内にアルコーンの責任を問う声が強くなったからである。

アイゼンハワーはアルコーン解任に同調しなかったが[129]、結局アルコーンは自ら責任を取って身を引く決意を固め、一九五九年四月をもって委員長職を辞任することを申し出た。アイゼンハワーは不承不承これを了解せざるを得なかった(Wilder, 1958, 15-16; Eisenhower, 1965, 382)。

共和党にはアルコーンの後任を務められる人材が払底しており、アイゼンハワーは頭を悩ませることになった。アルコーンの後任に推薦されたのは、かねてからロッジなどが評価していたシュラストン・モートン上院議員である。特にニクソン副大統領はモートンの就任を強く推していた。

モートンが推された理由はいくつかある。第一にモートンがケンタッキーという保守的地域の出身でありながら、「ローズヴェルトと彼の社会経済政策に対して何の反感もない……おおむね、私は〔ニューディール政策という〕ステップとローズヴェルトが向かおうとしていた方向性には国家を救済するのに必要であったと思う」と述べたように、アイゼンハワーの現代的共和党路線に適した、柔軟で現実的政治姿勢の持ち主であったことがあげられる[130]。

第二に、モートンは上院議員と下院議員を務めた経験から政界に広い人脈を持ち、共和党内部における保守派・穏健派間の対立を抑えることが期待されたこと。さらにモートンにはアイゼンハワー政権初期に国務次官補を務めた経験もあった。これにより政権と円滑な意思疎通が可能であると判断されたのである[131]。

モートンは全国委員長に指名された一九五九年当時、ケンタッキー州選出の現役の上院議員であり、全国委員長職と上院議員を兼職することになった。ゴールドウォーターなどは兼職に反対し、委員長職に専心できる人物をさがす方が好ましいとする見解を表明していた[132]。しかし、モートンの選出州であったケンタッキーの州知事は民主党員であり、モートンが辞任すれば州知事が指名する後任が民主党の議員になるため、モートンはどうしても辞任できない事情があった[133]。

兼職により多忙が予想されるモートンを補佐すべく、アルコーンは共和党全国委員会常任委員(General Council of the National Committee)として陰からモートンを補佐し、助言を与え続けた[134]。

モートンに課せられた任務は、アイゼンハワーが出馬しない一九六〇年の選挙において予想される党内の対立激化を未然に防ぐことであった[135]。そのため、共和党を複数の派閥が競合する水平的なネットワークから大統領を頂点とする上意下達型のピラミッド型組織へと変革することが期待された[136]。

モートンは南進作戦や共和党地域会議などアルコーン委員長時代に着手されたプログラムをそのまま受け継ぎ、それらを継続ないし拡大することを企図していた[137]。そのほかにもモートンは独自の試みとしてテレビを活用した共和党のイメージアップ戦略、あるいは「アイゼンハワーとの夕食会(Dinner with Ike)」などの資金集めイベントを企画し、その内の幾つかは成功を収めた[138]。他にもモートンは集票を効率的に行うために有権者の社会的属性に応じた集票ユニットを多数設置し、これらユニットを通じて票を吸い上げるというブロック・ボーター戦略なるものを構想したりもしていた。

しかし、上記の政党構築に向けての更なるプログラムを十分に形にすることもできないまま[139]、モートンは一九六〇年大統領選挙での敗戦の責任を取り、翌年三月末に委員長職を退く意向を表明した[140]。モートンの辞任にともなって、アルコーンも完全に党活動から身を引いた[141]。

アルコーンとモートンが全国委員会を去った後の一九六一年六月、ウィリアム・ミラーが新たに共和党全国委員長に就任した(Klinkner, 1994, 53)。「南部を諦めるのではなく、勝ちに行くのだ」という発言に表れているように[142]、ミラーは特に南進作戦を重視しており、これに一層精力と資力を傾注していくこととなる。例えば、ミラー着任後の六一年六月から六四年末までの間に、共和党全国委員会は計六〇万ドルを南進作戦に振り分けており、南進作戦はミラー指導下の共和党全国委員会における最大のプロジェクトとなっていく(Klinkner, 1994, 55)。

こうした努力の甲斐あってか、六四年までに南部の一一四〇郡の内、一〇〇二郡(全体の八七・九%)で共和党組織が活動を展開するようになっていた(Klinkner, 1994, 57)。さらに一九六二年の六月から南進作戦を統括する共和党南部部会が新たに発行し始めたニューズ・レター、『南部での共和党の挑戦("The Southern Challenge")』も発行当初の五〇〇〇部から僅か二年で発行部数を毎月三万九〇〇〇部にまで伸ばしている(Klinkner, 1994, 55)。

また、一九六一年一一月には初めて南部諸州の共和党委員長を集めた会合が行われたり、共和党全国委員会主催のトレーニング・プログラムが南部各地で活発に開催されたりするなど、着実に南部諸州に共和党組織が浸潤しつつあった(Klinkner, 1994, 55)。

詳しくは次章に譲るが、一九六〇年の大統領選挙でニクソンはケネディに敗北したものの、南部各州での一般得票をアイゼンハワー以上に伸ばしていることは注目に値する。ケネディが勝利した南部の州でもニクソンとの得票差は全て二%以内に納まっており、南進作戦により多くの資源を注入すれば、そのとき以上の得票が見込めるのではないかという意見が共和党内部で支配的になったことは自然な流れであったといえる[143]。ケネディ政権が公民権法の成立に力を入れはじめたこともあり、共和党内部では「デューイ作戦」、すなわち共和党穏健路線を採用し、北部大都市での勢力拡大を目指すことを戦略的に放棄し、かわって南部でのいっそうの勢力伸長に集中するべきであるという意見が支配的になったことも驚くべきことではない[144]。

このような意見を反映して、ミラーの指導下にあった南部共和党組織は極めて保守的・伝統的なアピールを用いて南部に展開するようになっていった。アルコーンやポッターが指揮していた時代の南進作戦では人種の問題に踏み込むことを極力忌避していた[145]。これに対して、ミラー指揮下の南進作戦は公民権に反対し、州権(States' Rights)を盾に人種分離主義(segregation)を支持する姿勢を積極的にアピールするようになり、それをテコにして南部諸州を席巻しようとしていたが、これはアルコーン時代との最大の相違点である。

かくして、本来は共和党穏健派の勢力を南部に拡大させることを目的としてアルコーンが考案した南進作戦が、ミラーの指導下において保守的アピールを用いて南部の保守的白人層を中心とする民主党の地盤を侵食する作戦へと転化することになった (Perlstein, 2001, 169)。

ミラー指導下で南進作戦に参加する共和党活動家に黒人は一人も含まれず、会合等でも黒人の権利拡大に全く言及しなかった。これをみた共和党内部からは、ミラーの南進作戦は共和党を「純白化 ("lily-white")」するものだとの批判が上がっている[146]。

ミラーの指導下における南進作戦の実施について、共和党支持の黒人からは、深刻な懸念が共和党指導部に伝えられていた。以下はジャッキー・ロビンソンがミラー指導下の南進作戦についてロックフェラーに憂慮を伝えた手紙からの一節である[147]。

共和党全国委員長としてのミラー下院議員の態度には懸念を覚えます……共和党全国委員会は、最もリベラルな共和党候補でさえ黒人が支持しにくくするように仕向けています。私が思うには、ミラーはあなたのような政治家が黒人居住地域で継続的にリーダーシップを発揮するチャンスを大いに阻んでいます……かつて黒人が民主党に所属しても利益はなかったものですが、ゴールドウォーターなどの輩と一緒にいるぐらいなら民主党に所属する方がかなりましになっていることも確かです。

このように南進作戦の「変質」を批判する声があがる一方、極めて順調に南部に組織勢力が拡大されていく様を目の当たりにして、共和党内部から南部における勢力伸長を一九六四年の大統領選挙を勝利するための戦略に利用するべきだという声があったことは当然であろう。

一九六二年の暮れには、共和党の州リーダー、下院議員、全国党大会役員が極秘会合を持ち、統計データや自らの選挙区の分析を披露しあっている。彼らが達した結論は、次なる大統領選挙では北部大都市圏での票獲得は戦略的に断念すべきであり、保守的な南部・中西部でのいっそうの得票拡大を目指すべきこと、そしてその戦略目標にふさわしい候補者を担ぎ出すことであった[148]。これこそゴールドウォーターを一九六四年の大統領選挙に擁立しようとした運動の原点に他ならない（詳しくは第四章に譲る）。

会合では南部の意見が非常に目立った。ゴールドウォーター上院議員が南部で勝利可能な唯一の候補者であるという感覚、ゴールドウォーターを候補者にするというのが満場一致の意見であった。一九六三年一月一一日以降、ゴールドウォーター上院議員が大統領選挙に挑戦するのではないかという見通しがある……だが、挑戦に見合うだけの資金や専門的な組織が無ければ、ゴールドウォーター議員はこの挑戦に乗らないだろう。

以上のような戦略に共和党が傾注していく過程において、共和党全国委員会は南進作戦に資金を投入する反面、マイノリティや北部大都市圏に向けたプロジェクトに対する資金を大幅に削減していった[149]。かくして、共和党は北部都市圏での（特に黒人有権者からの）支持獲得に寄せる関心を希薄化させていくことになり、（特に保守的な白人層にアピールすることで）南部での民主党の優位を崩すことに集中していくこととなる。結果的にこれが一九六〇年代以降、現代にまで続く南部の共和党化のプロセスを推し進める上で果たした重要な役割を軽視してはならない（Galvin, 2010, 66-67）。

◆小括

政権発足当初、共和党が上下両院で多数党であったこともあり、アイゼンハワー政権は特に目立った政党構築を試みていたわけではない。それが本格化するのは、一九五四年の中間選挙で共和党が民主党に敗北し、共和党が少数党に転落して以降のことである。五六年大統領選挙でアイゼンハワーは再選されたものの、議会で共和党は更に議席を減らしていった。新たに共和党全国委員長に抜擢されたアルコーンは南進作戦や共和党地域会議といった戦術を考案していくが、五八年の中間選挙で共和党は大敗を喫する。その後、南進作戦や共和党地域会議は保守派に乗っ取られていくことになり、これらのプログラムは共和党保守派の勢力伸長に資することになっていった。

5 結論

大統領当選後、アイゼンハワーは政策形成、共和党理念の体系化、党組織・党の戦略刷新を通じて、共和党を中道化しようと試みた。これはまさに与党を大統領化(共和党のアイゼンハワー化)しようとする試みに他ならなかった。これがガルビンのいう狭義の政党構築よりも大きな広がりを持つものであったことは明らかであるが、この野心的な試みは必ずしも成功を収めたとはいえない。

第一に、アイゼンハワー政権は財政、労働、農業、公民権など、数多くの分野で中道的な政策形成・運営を目指したものの困難に直面し、共和党保守派を含む多くの勢力からの不満を招く結果となった。

第二に、アイゼンハワー政権はラーソンの新共和党主義やパーシー委員会の報告書にみられるがごとく、中道的な政治理念の具現化を目指した。しかし、それはかえって共和党保守派の反発を招く結果となり、結果的に保守派が独自の政治理念の追求と体系化を進めていく契機となった。

第三に、アイゼンハワー政権は南進作戦や共和党地域会議などを考案し、共和党組織の改革を推進した。だが、これらのプログラムは共和党保守派に乗っ取られていき、その勢力伸長に資することになった。

以上のように、アイゼンハワーは共和党を中道的な方向へ誘導、すなわち「アイゼンハワー化」しようと試みたものの失敗し、逆に共和党内で保守派が台頭していく下地を提供したと考えることができる。

だが、アイゼンハワーにはまだ一縷の望みが残されていた。彼の中道主義の後継者として、ニクソン副大統領が一九六〇年の大統領選挙に出馬を表明したのである。ニクソンが勝利すれば、アイゼンハワーの中道路線が継続される可能性は残されていた。

註

1 ——Ann Whitman Diary, June 22, 1959, *Dwight D. Eisenhower: Papers as the President of the United States, Ann Whitman Diary Series*, Box 10, Dwight D. Eisenhower Library, Abilene, Kansas. (以下*Ann Whitman Diary Series*と略記)

2 ——「パリティ価格」について補足する。アメリカ農業にとって、一八六〇年から大恐慌に至るまでの時代は「成長と拡大の時代」と名付けることができる。特に一九一〇年から一四年にかけての時期はアメリカ農業の黄金時代であった。この時代における農産物の購買力と等しい農産物価格をパリティ価格と呼ぶ。政府が農産物の価格支持水準を決める時には「パリティ価格」×ｎ％で計算され、これが農民の所得水準確保のための算定基準として機能してきた。世界大恐慌以降、一九二九年から三三年の四年間で農産物価格と農家収入は半減し、農家は苦境に立たされた。フランクリン・ローズヴェルト政権は農業調整法（Agricultural Adjustment Act）を成立させ、国家が農業を補助するために大幅な介入を行うことになったのである。この一九三三年農業法は、いわばニューディール政策の遺産として受け継がれていった。同法は①生産調整と所得保障、②農産物担保の価格支持融資（融資主体は農産物融資公社）、③価格支持水準の基準としてのパリティ価格導入を決定した。この新制度によって農家は生産調整に加わることを条件に一定の融資価格（ローンレート）で農作物買い取りを政府に保証してもらえるようになった。農家は農作物を担保として農産物融資公社からローンレート（例えばパリティ価格の七〇％）による融資（作物担保融資）を得る。市場価格がローンレートより高ければ農家は自前で作物を市場に流して販売し、市場価格がローンレートより低ければ融資公社が作物を買い上げる。このように公社が余剰農作物を買い取って在庫を増やす（そして供給を抑える）ことで市場価格は上昇圧力を受け、農家の購買力が安定することになる。詳しくは宮本（二〇〇三）を参照。

3——“Republican Party Platform of 1952,” July 7, 1952, *the American Presidency Project*. <http://www.presidency.ucsb.edu/ws/index.php?pid=25837#axzz1pABmH3aQ> Accessed August 8, 2013.

4——“Budget Receipts and Expenditures,” *Records of Office of Council of Economic Advisors*, Box 5, Budget Message (1957), Dwight D. Eisenhower Library, Abilene, Kansas.

5——Statement of the President, August 2, 1954, *Report to the President on Pending Legislation by the White House Record Office,* Box 30, Dwight D. Eisenhower Library, Abilene, Kansas.（以下*Pending Legislation File*と略記）

6——Roger W. Jones to Eisenhower, March 8, 1955, *Pending Legislation File,* Box 46.

7——“Statement of the President upon signing the Housing Amendments of 1955,” August 11, 1955, *the American Presidency Project*. <http://www.presidency.ucsb.edu/ws/index.php?pid=10337#axzz1pABmH3aQ> Accessed August 8, 2013.

8——Roger W. Jones to Eisenhower, August 7, 1954, *Pending Legislation File,* Box 43.

9——“Statement of the President upon signing the Social Security Amendments of 1954,” September 1, 1954, *the American Presidency Project*. <http://www.presidency.ucsb.edu/ws/index.php?pid=10025#axzz1pABmH3aQ> Accessed August 8, 2013.

10——“Statement of the President upon signing Bill to extend the Unemployment Insurance Program,” September 1, 1954, *the American Presidency Project*. <http://www.presidency.ucsb.edu/ws/index.php?pid=10026#axzz1pABmH3aQ> Accessed

August 8, 2013.

11——“Keeping Campaign Promises and the Federal Debt,” July 31, 1953, Leonard Schlup and James Manley (ed.) *The Political Principles of Senator Barry M. Goldwater as Revealed in His Speeches and Writings* (New York: The Edwin Mellen Press, 2012), p.61.

12——Eisenhower to Goldwater, April 24, 1957, Louis Galambos and Daun Van De (eds.) *The Papers of Dwight David Eisenhower, The Presidency: The Middle Way XV*, Volume 18 (Baltimore: The Johns Hopkins University Press, 2001), p69.

13——“The Effects of Government Spending and Taxation on the Preservation of America’s Basic Institutions,” Remarks before the U.S. Senate, April 8, 1957, in Schlup and Manley (ed.) *The Political Principles of Senator Barry M. Goldwater as Revealed in His Speeches and Writings*, pp.86-100.

14——“Statement of the CIO Executive Board on Taft-Hartley Amendments,” February 12, 1953, *James P. Mitchell Papers*, Box 106, 1953 Taft-Hartley Act Revisions, Dwight D. Eisenhower Library, Abilene, Kansas.（以下*Mitchell Papers*と略記）

15——Oral History Interview with Gerald D. Morgan by John Mason, Jr., February 5, 1962, *Eisenhower Administration Project*, Oral History Research Office, Columbia University, New York, p.75.（以下*Eisenhower Administration Project*と略記）

16——Diary Entry, Undated, *Bernard Shanley Diaries*, Box 1, Dwight D. Eisenhower Library, Abilene, Kansas.（以下*Shanley Diaries*と略記）

17——June 12, 1953, *Shanley Diaries*, Box 1.

18——“Taft-Hartley,” Undated, *Mitchell Papers*, Box 106, 1953 Taft-Hartley Act Revisions.

19——Draft of a Letter by James P. Mitchell, December 22, 1954, *Mitchell Papers*, Box 116, 1955 Right to Work.

20——April 27, 1954, *Shanley Diaries*, Box 2.

21——Sinclair Week to Eisenhower, Undated, *Mitchell Papers*, Box 116, 1955 Right to Work.

22——November 21, 1953, *Frederick H. Mueller Papers*, Box 1, Dwight D. Eisenhower Library, Abilene, Kansas.（以下*Mueller Papers*と略記）

23——“Statement by Meaney,” Undated, *Mitchell Papers*, Box 106, 1953 Taft-Hartley Act Revisions.

24——"Union Bosses and Political Action create Second Class Citizenship," September 7, 1956, *Mueller Papers*, Box 1.

25——Ann Whitman Diary February 27, 1957, *Ann Whitman Diary Series*, Box 8.

26——Goldwater to Eisenhower, November 20, 1957, *Barry M. Goldwater Papers*, Series I: Personal, Box 6 (Alpha Files), Arizona Historical Foundation, Hayden Library, Arizona State University, Tempe, Arizona. (以下*Goldwater Papers*と略記)

27——John J. Gilhooley to Andrew Goodpaster, May 8, 1957, *White House Office, Staff Research Group Records*, Box 13, (Albert P. Toner and Christopher H. Russell), Dwight D. Eisenhower Library, Abilene, Kansas.

28——Oral History Interview with Charles Roberts, November 20, 1972, *Eisenhower Administration Project*, P.39.

29——Oral History Interview with Charles Roberts, November 20, 1972, *Eisenhower Administration Project*, P.40.

30——Telephone Call Report, August 19, 1956, Papers as President: Ann Whitman Diary Series, in Nancy Beck Young (ed.) *Documentary History of the Dwight D. Eisenhower Presidency, Volume 1: The Eisenhower Administration and the Brown v. Board of Education Decision, 1954-1955* (Bethesda: UPA, 2012), p. 438.

31——Allan Shivers to Eisenhower, July 16, 1953, *Dwight D. Eisenhower, Records as President, White House Central Files, Official File*, Box 614, OF-142-A-4 Negro Matters – Colored Question – Segregation – Integration (1), Dwight D. Eisenhower Library, Abilene, Kansas. (以下*Official File*と略記)

32——Eisenhower to James F. Byrnes, August 14, 1953, *Dwight D. Eisenhower, Papers as the President of the United States, DDE Diary Series*, Box 3, DDE Diary Aug-Sept 1953 (2), Dwight D. Eisenhower Library, Abilene, Kansas. (以下*DDE Diary Series*と略記)

33——Robert F. Kennon to Eisenhower, November 20, 1953, *Official File*, Box 614, OF-142-A-4 Negro Matters - Colored Question - Segregation - Integration (3).

34——"Excerpts from the President's Press Conferences," Record as President: White House Central Files – Official File, in Young (ed.) *Documentary History of the Dwight D. Eisenhower Presidency, Volume 1: The Eisenhower Administration and the Brown v. Board of Education Decision, 1954-1955*, p. 417.

35——「セントラル高校事件」とは、一九五七年九月、アーカンソー州リトルロックにあるセントラル高校をオーバル・フォウバス知事が州兵を動員して周囲を高め、黒人学生の入学を強制阻止しようとしたことに端を発する事件である。アイゼンハワー大統領は九月末、連邦軍を派遣して黒人学生の入学を実現し、事態の鎮静化を図った。

36——Chicago Defender to Eisenhower, September 1, 1955, *Dwight D. Eisenhower, Records as President, White House Central Files, Alphabetical File*, Box 3113, Emmett Till, Dwight D. Eisenhower Library, Abilene, Kansas.（以下*Alphabetical File*と略記）

37——Memorandum for Record by E. Frederick Morrow, November 22, 1955, *E. Frederick Morrow Records*, Box 10, Civil Rights Official Memoranda, Dwight D. Eisenhower Library, Abilene, Kansas.（以下*Morrow Records*と略記）

38——Morrow to Rabb, November 29, 1955, *Morrow Records*, Box 10, Files of Administrative Officer – Special Projects, Civil Rights Clippings and Data (3).

39——Morrow to Adams, December 16, 1955, *Morrow Records*, Box 10, Files of Administrative Officer – Special Projects, Civil Rights Clippings and Data (3).

40——Rabb to Andrew Goodpaster, January 6, 1956, *Alphabetical File*, Box 3113.

41——J. Edgar Hoover to Dillon Anderson, Undated, *Alphabetical File*, Box 3113, Emmett Till Files.

42——Rabb to Hagerty, October 23, 1956, *Alphabetical File*, Box 3113.

43——Morrow to Adams, August 28, 1958, *Morrow Records*, Box 10, Files of Administrative Officer – Special Projects, Civil Rights Clippings and Data (3).

44——Morrow to Zelma George, May 17, 1957, *Morrow Records*, Box 10, Files of Administrative Officer – Special Projects, Civil Rights Clippings and Data (3).

45——"The Cabinet: Civil Rights Program – Letter and Statement by the Attorney General," April 10, 1956, *Morrow Records*, Box 9, Civil Rights Bill.

46——E. Frederick Morrow to Sherman Adams, July 12, 1957, *Morrow Records*, Box 10, Files of Administrative Officer – Special Projects, Civil Rights Clippings and Data (3).

47——E. Frederick Morrow to Sherman Adams, June 4, 1957, *Morrow Records*, Box 10, Files of Administrative Officer – Special Projects, Civil Rights Clippings and Data (3).

48——Rabb to Morrow, June 20, 1957, *Morrow Records*, Box 10, Files of Administrative Officer – Special Projects, Civil

Rights Clippings and Data (3).

49——A. Philip Randolph to Eisenhower, June 10, 1957, *Morrow Records*, Box 10, Files of Administrative Officer – Special Projects, Civil Rights Clippings and Data (3).

50——Maxwell Rabb to Morrow, June 25, 1957, *Morrow Records*, Box 10, Files of Administrative Officer – Special Projects, Civil Rights Clippings and Data (3).

51——"Press Release of Congressman Adam Clayton Powell," August 30, 1957, *Morrow Records*, Box 9, Civil Rights Bill.

52——E. Frederick Morrow to Sherman Adams, June 4, 1957, *Morrow Records*, Box 10, Files of Administrative Officer – Special Projects, Civil Rights Clippings and Data (3).

53——Val J. Washington to Eisenhower, July 16, 1957, *Morrow Records*, Box 9, Civil Rights Bill.

54——"Memorandum for the Record: Meeting of Negro Leaders with the President," June 23, 1958, *DDE Diary Series*, Box 33, June 1958 Staff Notes (2).

55——Philip S. Hughes to Eisenhower, April 28, 1960, *Pending Legislation File,* Box 165.

56——"Agricultural Program and Federal Budget," November 7, 1959, *Gerald D. Morgan Records*, Box 1, Agriculture, Dwight D. Eisenhower Library, Abilene, Kansas. (以下*Morgan Records*と略記)

57——Memorandum for the Record, December 6, 1958, Galambos and Van De (eds.) *The Papers of Dwight David Eisenhower, The Presidency: The Middle Way XV*, Volume 19 (Baltimore: The Johns Hopkins University Press, 1996), p.69.

58——Charles Percy to Sherman Adams, November 17, 1957, *Charles H. Percy Papers*, Box 5, Chicago History Museum, Chicago, Illinois.(以下*Percy Papers*と略記)

59——Eisenhower to Percy, August 3, 1955, *Percy Papers*, Box 1.

60——"Building the Republican Party," February 4, 1959, *Percy Papers*, Box 8.

61——Percy to Clayton Gaylord, December 5, 1958, *Percy Papers*, Box 8.

62——Eisenhower to Alcorn, November 17, 1958, *The Papers of Hugh Meade Alcorn*, Box 4, File 32, Rauner Special Collections Library, Dartmouth College, Hanover, New Hampshire. (以下*Alcorn Papers*と略記)

63——The Republican Committee on Program and Progress, *Decisions for A Better America* (New York: Doubleday, 1960), pp.13-16.

64——The Republican Committee on Program and Progress, *Decisions for a Better America*, p.19.

65——Stephen Shadegg to Goldwater, February 26, 1959, *Goldwater Papers*, Series I: Personal, Box 59 (Correspondence Files).

66——Stephen Shadegg to Goldwater, March 4, 1959, *Goldwater Papers*, Series I: Personal, Box 59 (Correspondence Files).

67——Goldwater to Percy, March 10, 1959, *Percy Papers*, Box 8.

68——"Executive Session: Transcript of Proceedings in the Matter of Republican Committee on Program and Progress, March 14, 1959," *Percy Papers*, Box 9.

69——Stephen Shadegg to Goldwater, April 6, 1959, *Goldwater Papers*, Series I: Personal, Box 59 (Correspondence Files).

70——Goldwater to Percy, April 10, 1959, *Percy Papers*, Box 12.

71——"Memo from Stephen C. Shadegg to all members of the Republican Committee on Program and Progress, July 1959," *Percy Papers*, Box 9.

72——"Statement by the Vice President, October 5, 1959," *Percy Papers*, Box 13.

73——Robert Taft, Jr., to Percy, September 21, 1959, *Percy Papers*, Box 13.

74——Stephen Shadegg to Goldwater, September 17, 1959, *Goldwater Papers*, Series I: Personal, Box 59 (Correspondence Files).

75——Katharine Kennedy Brown to William E. Miller, July 12, 1962, *William A. Rusher Papers*, Box 155 (National Draft Goldwater Committee Correspondence and Memoranda File), Manuscript Division of Library of Congress, Washington, D.C. (以下*Rusher Papers*と略記)

76——"Republican Party Platform of 1964," July 13, 1964, *the American Presidency Project*. <http://www.presidency.ucsb.edu/ws/index.php?pid=25840#axzz1YAiNaM6A> Accessed August 8, 2013.

77——Telephone Conversation between Goldwater and Shadegg, June13, 1955, *Steven Shadegg/Barry Goldwater Collection*, Box 3H479, 1952 Senate Campaign File, Briscoe Center for American History, the University of Texas Austin, Austin, Texas. (以下*Steven Shadegg/Barry Goldwater Collection*と略記)

78——実際に同書の原稿の大部分を執筆したのは、ウィリアム・バックリーの義弟L・ブレント・ボゼルであった。ボゼルはイェール大学でバックリーの同級生であり、かつ彼のディベート相手でもあった。ボゼルとバックリーは共著で『マッカーシーとその敵』(McCarthy and His Enemies)と題する本を一九五四年に上梓している。ボゼルは『ナショナル・レビュー』の編集者の一人としても活動していたが、クラレンス・マニオンの推薦で、ゴールドウォーターから基本的なアイディアの提示を受け、一九五九年六月から『ある保守主義者の良心』の執筆をはじめ、六〇年一月には原稿を完成、ゴールドウォーターのお墨付きを経て、共和党全国大会直前の同年四月にゴールドウォーターの名義で彼の思想を体現する書として出版された(詳しくは、Buckley, Jr., 2008, 22-24. を参照)。なお、ボゼルによればゴールドウォーターが自らのアイディアを表現する仕方はしばしば「詩的で古風(poetic and corny)」であり、戸惑うことも多かったという。詳しくは、L. Brent Bozell to Clarence Manion, August 17, 1959, *Clarence E. Manion Papers,* Box 68 (Conscience of a Conservative, 1959 March - 1960), Chicago History Museum, Chicago.(以下*Manion Papers*と略記)同書の執筆にあたっては、ボゼルだけではなく、ゴールドウォーターの選挙参謀であったスティーブ・シャデッグの意見も反映されていた(特に内政部分)。詳しくは、L. Brent Bozell to Clarence Manion, March 5, 1960, *Manion Papers,* Box 68 (Conscience of a Conservative, 1959 March - 1960).

79——Goldwater's Notes, July 29, 1959, John W. Dean and Barry M. Goldwater, Jr., *Pure Goldwater* (New York: Palgrave Macmillan, 2008), p.106.

80——"The Public Record of Barry Goldwater," *Walter H. Judd Papers*, Box 210, Hoover Institution Archives, Stanford, California.(以下*Judd Papers*と略記)

81——クローズド・ショップ制度とは、特定の労働組合にあらかじめ加入していることを雇用条件とし、その組合から除名された場合は解雇される規定である。ユニオン・ショップ制度とは、雇用された労働者は指定期間内に労組に加入する必要があり、労組から除名・脱退した場合は解雇される規定である。

82——Styles Bridges Memo on "Conscience of a Conservative," Undated, *Goldwater Papers*, Series I: Personal, Box 2. (Alpha Files)

83——Lodge to Eisenhower, March 22, 1954, *Henry Cabot Lodge, Jr., Papers*, Paper 2, Reel 28 Massachusetts Historical Society, Boston, Massachusetts.(以下*Lodge Papers*と略記)

84——Summary of Content of Letter to President, November 29, 1958, *The Papers of Sherman Adams*, Box 14, Folder 21, Rauner Special Collections Library, Dartmouth College, Hanover, New Hampshire.(以下*Adams Papers*と略記)

85——Lodge to Eisenhower, March 16, 1954, *Lodge Papers*, Paper 2, Reel 28.

86——Eisenhower to Edgar N. Eisenhower, January 24, 1954, Galambos and Van De (eds.) *The Papers of Dwight David Eisenhower, The Presidency: The Middle Way XV*, Volume 15, p.857.

87——Charles F. Willis, Jr. to Eisenhower, December 18, 1953, *Lodge Papers*, Paper 2, Reel 28.

88——Guy G. Gabrielson to Henry C. Lodge, Jr., November 26, 1951, *Guy G. Gabrielson Papers*, M. E. Grenander Department of Special Collections and Archives, University at Albany, State University of New York. (以下*Gabrielson Papers*と略記)

89——Robert A. Taft to Gabrielson, February 21, 1952, *Gabrielson Papers*.

90——Guy Gabrielson to Taft, March 17, 1952, *Robert A. Taft Papers*, Box 400, Manuscript Division of Library of Congress, Washington, D.C. (以下*Taft Papers*と略記)

91——"Statement of Senator Richard Nixon," October 8, 1951, *Gabrielson Papers,* Chairman Gabrielson—Carthage Hydrocol Files.

92——Arthur Vandenberg, Jr. to Thomas Dewey, January 1, 1953, *Thomas E. Dewey Papers*, Series 6, Box 133, Folder1, Rare Books Special Collections Preservation, Rush Rhees Library, University of Rochester, Rochester, New York. (以下*Dewey Papers*と略記)

93——Oral History Interview with Leonard W. Hall, *The Oral History Collection of the Association of Former Members of Congress,* Box 5, Manuscript Division of Library of Congress, Washington, D.C. (以下*Oral History Collection of the Association of Former Members of Congress*と略記)

94——Leonard W. Hall to George B. Mudd, May 28, 1953, *Republican National Committee , Office of the Chairman (Leonard W. Hall), Records*, 1953-1957, Box 5, Dwight D. Eisenhower Library, Abilene, Kansas. (以下*RNC Records*と略記)

95——Republican National Committee, Undated, *RNC Records*, Box 5.

96——Harry G. Nightingale, September 21, 1953, *RNC Records*, Box 5.

97——Lodge to Eisenhower, November 16, 1953, *Lodge Papers*, Paper 2, Reel 28.

98——Nixon's Memo (Personal), Undated, *Campaign 1954 Collection (PPS 19)*, Box 1, Richard Nixon Presidential Library and Museum, Yorba Linda, California.

99——Harry P. Cain to Sherman Adams, September 24, 1954, *RNC Records*, Box 6.

100——Oral History Interview with Harold Stassen by Alec Kirby, June 1991, *Oral History 6*, Minnesota Historical Society, Saint Paul, Minnesota, p.58.

101——William F. Knowland's Memo on Presidency, 1956, *William F. Knowland Papers*, Carton 95, Bancroft Library, University of California, Berkley, Berkley, California. (以下*Knowland Papers*と略記)

102——Eisenhower's Diary, January 10, 1955, Robert Ferrell (ed.) *The Eisenhower Diaries* (New York: W. W. Norton, 1981), p.291.

103——James Burnham to William F. Buckley, Jr., September 25, 1955, *William F. Buckley, Jr. Papers*, Box 2, General Correspondence, Manuscripts and Archives, Yale University Library, New Haven, Connecticut. (以下*Buckley Papers*と略記)

104——William S. Schlamm to James Burnham, September 28, 1955, *Buckley Papers*, Box 2, General Correspondence.

105——William F. Knowland's Memo, November 4, 1955, *Knowland Papers*, Carton 95, 1956 Campaign File.

106——William F. Knowland's Memo, January 24, 1956, *Knowland Papers*, Carton, 95, 1956 Campaign File.

107——Barry M. Goldwater to Knowland, August 23, 1958, *Knowland Papers*, Carton 249, Barry Goldwater Correspondence File.

108——Monday, December 20, 1954, Robert Ferrell (ed.) *The Diary of James C. Hagerty: Eisenhower in Mid-Course, 1954-1955* (Bloomington: Indiana University Press, 1983), p.145.

109——Eisenhower's Diary, November 20, 1954, Ferrell (ed.) *The Eisenhower Diaries*, p.289.

110——Oral History Interview with Milton S. Eisenhower, October 7, 1971, *Eisenhower Library Oral History Project*, Dwight D. Eisenhower Library, Abilene, Kansas, pp.37-38. (以下*Eisenhower Library Oral History Project*と略記)

111——December 1, 1954, *Ann Whitman Diary Series*, Box 3.

112——Nixon to Alcorn, August 22, 1957, *Alcorn Papers*, Box 4, File 30.

113——Oral History Interview with Meade Alcorn, *Eisenhower Administration Project*, p.72.

114——Alcorn to Grant S. Ray, February 26, 1957, *Alcorn Papers*, Box 1, File 6.

115——Eisenhower to Alcorn, February 26, 1957, *Alcorn Papers*, Box 4, File 30.

116——カーペットバッガー（Carpetbagger）とは、南北戦争後に南部で一旗揚げるべくカーペットの切れ端で作ったような安物のバッグを携えて北部から南部に乗り込んできた人々を指す。

117——Lodge to Frank Carlson, Undated, *Lodge Papers*, Paper 2, Reel 28.

118——Oral History Interview with Clifton L. Mears, May 9, 1974, *Eisenhower Library Oral History Project*, p.55.

119——James F. Byrnes to Sam W. Danner, September 20, 1952, *James F. Byrnes Papers*, Series 7: Gubernatorial, Box 12, Special Collections of Clemson University, Clemson, South Carolina.（以下*Byrnes Papers*と略記）

120——Byrnes to James Anders, September 25, 1952, *Byrnes Papers*, Series 7: Gubernatorial, Box 13.

121——Summary of Minutes, Republican National Committee, Fairmount Hotel, San Francisco, January 17 to 19, 1952, *Gabrielson Papers*.

122——Oral History Interview with Leonard W. Hall, May 19, 1975, *Eisenhower Library Oral History Project*, p.17.

123——Oral History Interview with Meade Alcorn, *Eisenhower Administration Project*, pp.91-118.

124——Interview with Meade Alcorn, May 17, 1976, *The Thruston B. Morton Oral History Project (760H38 TMOR47)*, Nunn Center for Oral History, The University of Kentucky Library, Lexington, Kentucky, p.14.（以下*Morton Oral History Project*と略記）

125——Eisenhower to Alcorn, February 27, 1957, Galambos and Van De (eds.) *The Papers of Dwight David Eisenhower, The Presidency: The Middle Way XV*, Volume 18, p.69.

126——James Burnham to W. F. Buckley, Jr., October 10, 1957, *Buckley Papers*, Box 2, General Correspondence.

127——Clarence Budington Kelland to Meade Alcon, November 15, 1958, *Frank Carlson Papers*, Box165, Kansas State Historical Society, Topeka, Kansas.

128——J. E. Schneffer to Frank Carlson, December 22, 1958, *A. F. Schoeppel Senatorial Papers*, Box 05, Kansas State

Historical Society, Topeka, Kansas.

129 ——Eisenhower's Diary, December 6, 1958, Ferrell (ed.) *The Eisenhower Diaries*, p.356.

130 ——Interview with Senator Thruston B. Morton, October 14, 1974, *Morton Oral History Project (740H32 MOR25)*, pp.9-10.

131 ——Interview with Senator Thruston B. Morton, October 1, 1974, *Morton Oral History Project (750H05 TMOR 31)*, pp.66-67.

132 ——"Transcript of Proceedings, Republican National Committee in the Matter of the Republican National Committee," January 6, 1961, *Thruston B. Morton Collection*, National Republican Committee Series, Box 45, Political File 1958-1968, University of Kentucky Library, Lexington, Kentucky. (以下*Morton Collection*と略記)

133 ——Morton to Cecil C. Kenyon, February 16, 1960, *Morton Collection*, National Republican Committee Series, Box 39, Political File 1958-1968.

134 ——"Morton lauds Alcorn's Career regrets GOP Council's Retirement," December 21, 1960, *Morton Collection*, National Republican Committee Series, Box 41, Political File 1958-1968.

135 ——Interview with Meade Alcorn, May 17, 1976, *Morton Oral History Project (760H38 TMOR47)*, p.10.

136 ——Morton to Sinclair Weeks, March 13, 1961, *Morton Collection*, National Republican Committee Series, Box 40, Political File 1958-1968.

137 ——Interview with Meade Alcorn, May 17, 1976, *Morton Oral History Project (760H38 TMOR47)*, pp.12-13.

138 ——Thruston B. Morton to William H. G. FitzGerald, January 30, 1960, *Morton Collection*, National Republican Committee Series, Box 39, Political File 1958-1968.

139 ——A. B. Hermann to Morton, November 16, 1960, *Morton Collection*, National Republican Committee Series, Box 39, Political File 1958-1968.

140 ——Webster B. Todd to Morton, May 12, 1961, *Morton Collection*, National Republican Committee Series, Box 40, Political File 1958-1968.

141 ——"Morton lauds Alcorn's Career regrets GOP Council's Retirement," December 21, 1960, *Morton Collection*, National

Republican Committee Series, Box 41, Political File 1958-1968.

142 ——Robert M. Smalley to George Borrell, July 28, 1964, *William E. Miller Papers*, Box 55, Carl A. Kroch Library, Cornell University, Ithaca, New York.

143 ——Robert R. Richardson to Howard Callaway, Edward E. Noble, Dillard Manford, December 7, 1962, *F. Clifton White Papers*, Box 25, Republican Party Files: Goldwater Campaign General Files, Ashbrook Center of Public Affairs, Ashland College, Ashland Ohio.（以下*White Papers*と略記）

144 ——Robert R. Richardson to Howard Callaway, Edward E. Noble, Dillard Manford, December 7, 1962, *White Papers*, Box 25, Republican Party Files: Goldwater Campaign General Files.

145 ——Karl A. Lamb's Draft of "Under One Roof: Barry Goldwater's Campaign Staff," Undated, *Goldwater Papers*, Series II: Campaign 1964, Box 120 (General Files).

146 ——"Election '64: A Ripon Society Report," Undated, *Rusher Papers*, Box 169 (Ripon Society File).

147 ——Jackie Robinson to Nelson A. Rockefeller, July 29, 1963, *Nelson A. Rockefeller Papers*, RG 4, Series J.2, Subseries 1, Box 54, Folder 339, The Rockefeller Archive Center, Sleepy Hollow, New York.

148 ——Robert R. Richardson to Howard Callaway, Edward E. Noble, Dillard Manford, December 7, 1962, *White Papers*, Box 25, Republican Party Files: Goldwater Campaign General Files.

149 ——"Election '64: A Ripon Society Report," Undated, *Rusher Papers*, Box 169 (Ripon Society File).

第3章 中道主義の終焉
――一九六〇年大統領選挙におけるニクソンと公民権

指導者の中には一人として薄っぺらな人物はいない。もちろん、純真そのものの人はいず、複雑な動機を持たなかった人もいない。

――リチャード・ニクソン〔1〕

1 はじめに

◆議論の概要

アイゼンハワーによる与党の大統領化（共和党のアイゼンハワー化）の試みは失敗に終わった。本章ではその後に生じた帰結を論ずる。

前章で述べたように、アイゼンハワーの中道主義的な改革は共和党保守派からの不満と反発を招き、保守派が独自の政治理念の追求と体系化を進めていくきっかけになり、幾つかの改革プログラムは共和党保守派に乗っ取られ、結果的に共和党保守派の勢力伸長に手を貸すことになった。本章では公民権の問題を主題として、一九六〇年の大統領選挙にアイゼンハワーの後継者として出馬したリチャード・ニクソンが展開した選挙戦の分析を行う。

アイゼンハワーの後継者として大統領選挙に出馬したニクソンは共和党内の紛糾に足を取られたあげく敗北を喫する。そして、この敗北はアイゼンハワー中道路線の終焉と受け止められ、共和党保守派は以前に増して穏健派を鋭く攻撃するようになっていくのである。

◆リチャード・ニクソンと公民権問題

第三七代アメリカ大統領ニクソン（在任、一九六九〜七四年）と公民権との関わりは、早くから研究者の注目を集め、大きな論争を呼んできたトピックである。

ニクソンは大統領に就任後、南部における人種統合を遅らせようと画策し（Ambrose, 1989, 520-524）、反人種統合的な行動をとったことがこれまでも指摘されてきた（Genovese, 1990, 81-87; Mason, 2004, 52）。

ニクソンが一九六八年の大統領選挙で用いた「法と秩序（Law and Order）」、「福祉の不正受給（Welfare Cheats）」、「慢性失業者（Hard-core Unemployed）」、「強制的統合（Forced Integration）」などの言葉は、都市部で発生した黒人暴動に対して警察力を行使すること、あるいは人種統合に反対し白人社会を維持することを含意した人種差別的暗号（Code Words）であり、黒人に反感を抱く白人に対する無意識的アピールを狙った戦略だったとの指摘もある（Pauley, 2001, 202）。

この他、ニクソンは人種問題に冷淡な保守派とみなされていたスピロ・アグニューやジョン・ミッチェルといった人物を副大統領や司法長官など重要な閣僚ポストに起用し、公民権問題に否定的見解を持っていた南部出身のクレメント・ヘインズワースやG・ハロルド・カーズウェルを最高裁判事に任命しようと試みている（Davies, 2007, 367-368; Galvin, 2010, 2）。

また、ニクソンの側近を務めたジョン・アーリックマンの回想録では、ニクソンが「黒人は遺伝的に白人に比べて劣っている」と人種差別的な発言をしたというエピソードも紹介されている(Ehrlichman, 1982, 223)。ついで、保健教育福祉省で公民権局長を務めたレオン・パネッタが人種統合を熱心に進めようとして他の政権メンバーと対立すると、ニクソンはパネッタのみ解任して事態の収拾を図るなど、ニクソンが人種問題に冷淡・後ろ向きであった証拠とされる事実は枚挙に暇《いとま》がない(Panetta and Gall, 1971, 371-372)。この、「人種問題に後ろ向きなニクソン」というイメージは早くから指摘され、定着してきた。

ところが、公民権に冷淡とされてきたニクソン政権において、必ずしもそれに当てはまらない事実が存在したという反論が提起されると、議論は複雑化した。ニクソン政権において、「フィラデルフィア・プラン」という積極的差別是正措置やマイノリティに対するビジネス機会促進政策が採用されていることは事実である(Yuill, 2006, 135-157, 159-183)。また、ニクソン政権は公民権問題の裾野をネイティブ・アメリカン、高齢者、ヒスパニック系などにまで広げている(Kotlowski, 2001, 263-265)。さらに、ニクソンが投票権法の拡大に賛成していたこと(Graham, 1994, 113; Davies, 2007, 367-394)、あるいはニクソン政権期に教育現場での人種統合に改善が見られたこともまた事実である(Mason, 2004, 169)。

それ以外にも、厳格なクエーカー教徒の家庭で育ったニクソンがデューク大学在学中に南部での黒人に対する扱いを目撃し、それを好ましからざるものと述べたという証言がある(Aitken, 1993, 72)。ニクソンは全国黒人地位向上協会カリフォルニア支部に自ら進んで加入しており[2]、全国黒人地位向上協会の年次総会で講演するなどの活動も行っている[3]。一九四六年にニクソンが立候補したカリフォルニア州での連邦下院議員選挙において、一九四〇年代初頭に民主党政権が企業における人種・宗教に基づく差別を禁止するべく設置した公正雇用実行委員会は黒人の就職雇用に貢献したと評価する発言をしたことも記録に残っている

(Gellman, 1999, 57)。

ニクソンがアイゼンハワー政権の副大統領時代、閣内で最も公民権に積極的な姿勢をとっていたこともよく知られており、黒人の地位改善に貢献した功績が認められて全国黒人地位向上協会からニクソンに名誉会員資格が贈られている(O'Reilly, 1995, 278)。一九六〇年の選挙戦においても、ニクソンは共和党の党綱領に座り込みストライキを積極的に擁護する項目を挿入するなど、公民権を積極的に擁護する姿勢を示していた。

このように、一見するとニクソンの公民権に対するスタンスは矛盾に満ちているように見える。

これこそ、ニクソンの公民権に対する姿勢について、「謎である」(O'Reilly, 1995, 327)、「明らかに逆説的」(Yuill, 2006, 2)、「首尾一貫せず辻褄が合わない」(Graham, 1994, 93)、「ニクソンのイデオロギーという奇妙なカラクリのなかで、年ごとに、あるいは月ごとにポジションが揺れ動く潤滑油の最もよく効いた蝶番のごときもの」など、複雑かつ多様な評価が下されてきた理由である(Perlstein, 2008a, 126-127)。

いずれにせよ、「人種に冷淡なニクソン」という単純なイメージは修正され、ニクソンの公民権に対する姿勢は時期によって大きく異なると考えられるようになった。だが、そのようなニクソンの時代ごとの姿勢はなぜ変化したのか。それをどのように説明することができるであろうか。

◆「顕著な争点」による説明の検討と疑問

ニクソンの公民権に関する姿勢の変化については、「顕著な争点」によって、以下の論理に従って説明が行われてきた

(1) 理論

候補者は世論調査等を駆使して、自らの当選を左右する重要性を持つ投票者層が重視している「顕著な争点（Salient Issues）」を見極め、得票増に繋がりそうな争点に関与し、逆に不人気の争点を避けることで得票を最大化するような合理的立ち位置を戦略的に決定する（Jacobs and Shapiro, 1994; Ansolabehere and Iyengar, 1994; Druckman, Jacobs, and Ostermeier, 2004; Sides, 2007）。

(2) 実証

以上の理論に従って、ニクソンの公民権における変節は以下のように実証・説明されてきた。カーマインス、スティムソン、ヒリガス、シールズなど多くの政治学者は、一九六〇年大統領選挙における（特に北部の）激戦州（Swing States）のほぼ全てに黒人有権者が多く居住しており、彼らがニクソンの当落を左右しかねない存在であったという分析を提示している。つまり、ニクソンが公民権に積極的な姿勢を打ち出したのは（北部の）黒人票獲得を狙っての戦略的行動だったというのが彼らの見解である（Carmines and Stimson, 1989, 103-104; Hillygus and Shields, 2008, 113-121）。

しかし結果的に、思ったように黒人票を獲得することが出来なかった共和党は、大統領選挙で僅差ながら民主党に敗北を喫した。それはニクソンに選挙戦術の再考を促し（Aistrup, 1996, 9, 26）、一九六〇年以降の共和党は新たな票田、すなわち民主党の金城湯池であった南部諸州への進出をいっそう本格化させることになった。具体的には、保守的な南部白人層にアピールするため、共和党は人種分離を肯定して公民権に反対するようになったのである。

かくして、公民権に対するニクソンの立場も、共和党が（北部）黒人票に代わって南部をより戦略的に重視するようになるにつれて消極的になった、というのがニクソンの公民権に対する姿勢の変遷に関する「顕著な争点」による説明であった。

(3) 疑問

以上の説明は、どの程度の説明力があるのだろうか。実証部分においては一九六〇年大統領選挙を概ね時系列的に辿ることで通説の説明力を再検証する。

2 アイゼンハワー後継としてのニクソン

ニクソンは前政権の副大統領という立場で大統領選挙に出馬しており、もとよりアイゼンハワーのそれまでの治績を継承せざるを得ない立場であった。

実際、ニクソンが一九六〇年の選挙で掲げたスローガンは「建設的な戦後共和党主義」であったが(Nixon, 1978, 214)、これはかねてアイゼンハワーが掲げてきた「現代的共和党路線」そのものであり、ニクソン自身も前任者の路線継承・発展を目指すことを公然と認めていた[4]。また、アイゼンハワーも自身の政権の実績は誰が後継候補に選出されようと、否応なく継承されざるを得ないと周囲に語っていた[5]。

アイゼンハワーの自負を裏付けていたのは、在任中のアイゼンハワーが保ち続けた平均六五%という非常に高い支持率であった。一九六〇年に至ってもアイゼンハワーの支持率は依然六〇%以上を維持し続けていた。アイゼンハワー支持の理由で最も多かったのは「人柄・魅力」であり、「現代で最も尊敬できる人」という調査項目でもアイゼンハワーは一位にランクインしていた[6]。ニクソンが「建設的な戦後共和党主義」を掲げ、否が応でもアイゼンハワーの後継者にならざるを得なかった理由はここにある。

第二章でも述べたように、公民権の領域においてアイゼンハワー政権は軍隊での人種差別の禁止や首都ワシントンでの人種統合令の発令、あるいは一九五七年公民権法と一九六〇年公民権法の制定など、黒人の地位改善に向けての取り組みに着手していた(Mason, 2012, 174)。「政府雇用政策に関する大統領委員会」の報告書にもあるように、アイゼンハワー政権期に連邦当局で黒人ホワイトカラーの雇用が改善されるなど、黒人の地位向上に向けて一定の成果があがっていたといえる[7]。

これも第二章で指摘したことであるが、アイゼンハワーは黒人に対する平等の実現を促進するべきであると考えてはいた。その一方、公民権に対するアイゼンハワーの関心は決して高いとは言えなかった。すなわち、アイゼンハワーは大統領・執政府が公民権問題を積極的に改善すべき責任ある主体とは考えておらず、公民権問題は執政府による強制的な法執行よりは教育による国民の意識改革など、あくまで民間レベルでの解決が最も望ましいとの見解を抱いていた(Hughes, 1963, 200; Pauley, 2001, 58-65)。

一九五四年に最高裁が南部における人種分離を違憲であると判断した、いわゆる「ブラウン判決」に対するアイゼンハワーの微温的な態度や、一九五八年にキング牧師ら黒人指導者と面会した際にキング牧師らが公民権の領域でより多くの努力を要求した際にアイゼンハワーがこれに不満を露わにしたことなどにアイゼンハワーの消極的ともとれる姿勢が表れている(Mason, 2012, 175)。

これもまたすでに述べたことであるが、アイゼンハワー政権での公民権対策の実行役の一人はニクソンに他ならなかった。アイゼンハワーの後継者として当選を目指すニクソンにとって、アイゼンハワーの公民権上の治績もまた引き継がざるを得ない「遺産」であったといえよう。

ただし、ニクソンにとって悩ましい問題であったのは、公民権が決して有権者の多くに支持された争点ではなく、この争点に対する見方が国民の間で大きく割れていたことである(Jacobs and Shapiro, 1994, 534)。ギャラップの世論調査でも明らかなように、学校教育における人種統合に賛成するものは全国平均で五九％（反対三五％）、南部のみで二二％（反対七一％）、南部以外だと七二％（反対二三％）という数値が出ていた。補足すると、学校教育における人種統合も統合の結果、黒人学童数が白人学童を上回るような場合は南部以外においても五八％が統合に反対という結果がでていた[8]。

この事実に鑑みて、ニクソンは一九六〇年の大統領選挙では支持層に深刻な対立を呼び起こす可能性がある公民権のような争点に積極的に関与するリスクを慎重に回避しようと考えるようになっていく（Andrew, iii, 1997, 44）[9]。

つまり、ニクソンの選挙戦略の骨子は、衰えることのないアイゼンハワー人気に便乗することで彼の路線の後継者として自らを位置づける業績評価的（Retrospective）なものであり、中でも公民権のような分裂的争点（Divisive Issue）への積極的関与を極力回避しようという発想に基づいていた。このようなニクソンの様子を目の当たりにして、以下のような印象を持ったものもいた[10]。

ニクソン氏はアイゼンハワー＝ニクソン政権の副大統領としての自分の立場から来る束縛に苦しめられている。ニクソン氏はアイゼンハワー政権の政策に自分自身の立場を近づけすぎることによって、アイゼンハワーのためにかえって自分のアイデンティティを埋没させてしまっているかのようだ。

ニクソンは一九六〇年の春になっても、相変わらず公民権など多くの争点について曖昧な言説に終始し、自らの立ち位置を旗幟鮮明にすることはなかった。このようにニクソンが多くの政治的争点に対する自らの立場を一向に鮮明化しないことに対し、苛立ちを覚えた党員も少なくなかった。例えば、アリゾナの有力な共和党員で作家としても著名であったクラレンス・ケランドはニクソンの態度に疑問を感じ、ニクソンの政治姿勢を問いただす手紙を送った。

ニクソンはケランドに対して、いずれ時期が来れば政策争点に対する自らの見解を明らかにすると曖昧な返答を与えて逃げている[11]。

私は私に対するそのような憶測や疑念は選挙活動が本格化するにつれ雲散霧消するものと確信しています。大局的見地から見て、選挙運動をあまりに早くから本格化することは誤りといえるでしょう。選挙のピークは一一月であり、五月や六月ではないのですから。更に、戦略的見地から、選挙の何ヶ月も前から全ての争点に対して自分の立場を何から何まで言明するのは賢明ではないでしょう。第一、議会で争点となっている政策に対して、議会休会前に自らの立場を差し挟めばパンドラの箱を開けることになり、政敵に政治的攻撃の機会を与えるだけです。第二に、私はアイゼンハワー政権の政策に忠誠心という点から責任と義務を負うものです。議会が休会し、共和党全国党大会が終われば、全身全霊、精力的で力強い選挙キャンペーンを実施することに疑いはありません。選挙キャンペーンにおいては一一月の選挙で米国民が理解できるような明確で紛れのない言葉で代案を打ち出します。

実際のところ、ニクソン陣営は一九五九年一一月には次の選挙における争点を見極める作業に着手していた。そこで検討課題とされていた争点は、農業補助金、税制改革、労働問題、国防予算、自由貿易、公民権問題、地方政治に関する問題(スラムの除去、上下水道整備、住宅問題、都市再開発などを含む)、財政問題など多岐にわたっている[12]。しかし、それら個別の政策項目について、結局ニクソン自身による明確な主張が打ち出されたのは、①政府主導の医療保険導入に反対し民間中心の自発的代替案を模索する、②農業補助金の削減、③財政均衡・政府赤字に向けて一層の努力を続けるといった程度にすぎず[13]、いずれも前政権の方針を追認するものでしかなかった[14]。

以上のように、ニクソンは一九六〇年の大統領選挙に際してはアイゼンハワーの後継者として彼の路線を踏襲せざるを得ない立場にあり、同政権の業績評価を利用し得る立ち位置を取ることを選挙キャンペーン戦略の核に据えていた。また、公民権のような世論を二分する分裂的争点については極力自らの立場を明確化しない戦術をとろうと試みていたことも窺われる。

3　一九六〇年以前のニクソンの人種観

以下に示すように、公民権に関しては、副大統領在任中のニクソンの態度は決して明瞭とはいえなかったように思われる。

一九五七年一月、マーティン・ルーサー・キング牧師はモンゴメリー・バス・ボイコット事件以降、黒人の自宅や教会が爆破されるなど、混乱する南部諸州の人種問題の現状を自分の目で確かめるべく南部へ視察調査を行うようニクソンに要求している[15]。フレデリック・モロー補佐官によれば、ニクソンはこの問題に「率直に関心を示した」という(Morrow, 1963, 116)。

しかし、同時にニクソンは依頼に応じることで南部白人の反発を受けることを恐れ、即座に返信しなかった。キング牧師らは二月半ばニクソンに再度同様の申し入れを行っている[16]。ニクソンはキングの要請に対してマクスウェル・ラブ補佐官を通じ、アイゼンハワー政権のこれまでの公民権問題に関する施政方針と矛盾しない形で丁重に断るよう指示を出している[17]。

ところがキング牧師とニクソンの会談は思わぬ形で実現することになった。ニクソン副大統領夫妻は一九五七年三月、クワメ・ンクルマ大統領から招待を受けてガーナ独立式典に参加するべく西部アフリカを訪ねていたが、同じ式典にガーナ政府の賓客として招かれたキング牧師もおり、ニクソンと行き会ったのである[18]。

キングは当初ニクソンを自らの理念を持たない機会主義者と考えており、公民権問題に理解がある人物だとは見ていなかった(Carson, 1998, 150)。しかし、ガーナで様々な論題について意見交換した結果、キングはニクソンが公民権問題に大いなる関心を抱いており、かつ正しい理解を有している人物とそれまでの印象を一転させている[19]。アメリカ帰国直後、キングは「ニクソンに非常に好意的印象を抱いた」と述べ、「ニクソンの招きに応じてワシントンを訪問するつもりであるが、南部での人種問題に関してニクソンから何らかの方針説明があるもの」とニクソンに期待していた様子が窺える[20]。

キングはアメリカに帰国後の五月半ば、ニクソンと「変転期にある南部が抱える諸問題」について話し合うべく面会を熱望する旨、再度ニクソンに手紙を送っている[21]。

キングの熱心な要望もあり、ニクソンとキング及びラルフ・アバーナシー牧師との会談は六月一四日に実現した[22]。キングらとの会見中にニクソンがとったメモには一九五八年選挙に向けてキングが少なくとも三〇〇万人以上の黒人有権者を新規に有権者登録させると語ったことが記されている[23]。会談後にキングが公表した声明の中でも、キングは南部の一〇大都市で有権者登録や投票方法を教授する集会を設け黒人有権者への投票教育を励行するとの主張を繰り返した。その上で、キングはニクソンに、①今後は南部に足を運び、公民権の概念が正しく理解されるように呼びかける、②黒人の投票権を支持し、黒人の選挙権を剥奪しようとする試みを慎むことで憲法に定められた権利を遵守するように南部人に訴える、③議会に提案されている公民権法案が無事に通過できるように共和党上院議員・下院議員に働きかけることを要求したと述べている[24]。

八月三〇日にニクソン宛の手紙の中で、キングはニクソンが多忙の折に会談の機会を設けてくれたことを謝するとともに、「我々が同じ意識を共有する仲間であり、有意義な議論ができた」と述べている。その上でキングは一九五七年公民権法が上院を通過したことに触れ、更に強力な公民権法制定を早期に望むと共に、アイゼンハワーが現法案に対して拒否権を行使しないよう要請している[25]。

国政において、黒人票は刻々と決定的要因になってきています。政治的に重要な多くの人口の多い州で黒人票が選挙の結果を左右する存在になっています。つまり、大統領選挙を勝ち抜こうとするものはそれらの州で黒人票を得なければならないのです（中略）あなたのような方が我が国において政治的に重要な地位についている限り、人が他者に対して行う非人道的行為という荒涼とした悲しむべき暗闇から脱し、すべての人間に自由と正義が行き渡る夜明けに至る日が近いと信じます。

これに対するニクソンの返信には、一九五七年の公民権法が無事に議会を通過し大統領の署名を得たことが記述され、同法の施行によって黒人の政治参加に関する問題が多少とも改善されれば「同法は人権問題の領域における奴隷解放宣言以来の最も偉大な一歩となるでしょう」とある[26]。

ひとつ心残りなのは〔公民権の問題について〕これまで達成されたことよりも多くのことを達成できなかっ

たことです。この領域での進歩はあなたも理解しておられるように大変遅いものです。しかし、我々は確実に、そして着実に前に向かって進んでいることは少なくとも間違いないと考えています。

以上のエピソードはニクソンが公民権擁護に大きな関心を持ち、それを熱心に行った印象を与える。実際、キングは会談後ニクソンについて、ある書簡に以下のような印象を残している[27]。

ニクソンは公民権問題について本当に真摯な姿勢の持ち主であると思います……ニクソンは私が今まで見た中でもずば抜けた人を引き寄せる力を持つ人間の一人です。彼のパーソナリティは今後の彼の政治的キャリアの形成に大いに貢献することでしょう。無論、そのようなパーソナリティには危険もあります。そのようなパーソナリティの持ち主が心の底に不誠実な動機を秘めていたとしたら、単なる政治的ご都合主義になってしまうことでしょう。ニクソンがそのような人間でないことを願います……ニクソンは他人に自分の誠実さを確信させる点では天才といっていいでしょう。ニクソンの傍にいると、ニクソンは持ち前の誠実さであなたをほとんど丸裸にしてしまいます……もしニクソンが本当に誠実な人間でないのとすれば、彼はアメリカで最も危険な人物といえましょう。

キングと同じ時期、黒人初のメジャー・リーグ選手であり、黒人問題活動家でもあったジャッキー・ロビンソンもニクソンの公民権問題に対する姿勢に好意をもったことを記している(Robinson, 1972, 135-136)。ロビンソンとニクソンの出会いは一九五二年に遡るが、初めてロビンソンと面会したニクソンは、ロビンソンがかつてＵＣＬＡで大学フットボールの選手であった時代のことを鮮明に覚えており、ロビンソンを驚愕させている[28]。

ロビンソンは、ニクソンがガーナでキングと面会した際に「我々は問題が完全に解決され、機会の平等が全てのアメリカ人に実現されるまで、近年達成しつつある進歩に決して胡坐をかいてはいけない」と発言し、人種差別・人種分離の克服に積極的な姿勢を見せたことを好ましく思っていた[29]。

ニクソンは公民権の分野でアイゼンハワー政権は全ての人間の尊厳と機会平等を達成するべく、手を緩めることなく前進を続けるとロビンソンに約束している[30]。ロビンソンはニクソンの公民権への取り組みや熱意を高く評価し[31]、ニクソンの政治姿勢や理念はアメリカに利益をもたらし、黒人の期待感や願望をよく理解していると判断した。こうして、ロビンソンは一九六〇年選挙で民主党のヒューバート・ハンフリーが指名を獲得できない場合は[32]、ニクソンを支援する決意を固めつつあった[33]。

だが、キングやロビンソンとの会談を果たしたニクソンは表向き公民権に理解的な姿勢を示してはいたものの、そのような公民権に関する彼の積極的言質は「建前」ではなかったか。ニクソンの「本音」は自分用のメモに記された以下のような一節から覗き見ることができる[34]。

公民権に関する私の主たる懸念は次の通り。これは一触即発の問題だ。燃えさかる炎にガソリンを注ぐことは賢明といえるか。より融和的でより理解を得られるような方法はあるのか。公民権の問題は南部に騒動を巻き起こすだけでは。この問題に厳格な言葉（徳義に関する言葉ならまだしも）を放つべきでない。人種統合に近づいてはならない。

このメモ以外にも、ニクソンは黒人のジャーナリスト協会である「全米新聞発行協会（National Newspaper

Publishers Association)」から講演を依頼された際に「公式なスピーチであれば受諾できないが、水面下で非公式に黒人ジャーナリストと面談するということでよければ受諾する」と回答したり[35]、側近に全国黒人地位向上協会の創設五〇周年式典に送付する祝辞の表現を消極的なものに変更するように命令したり、あるいは一九六〇年公民権法の審議に際してニクソンとの面会を要求した黒人指導者から身を隠したりするなど、ニクソンが人種問題を「厄介事」として可能な限り忌避しようとしていたとしか考えられない行動は多い(Gifford, 2009, 64)。

ある講演において、ニクソンは人種問題に踏み込むことを避け、経済的争点などで南部人を共和党支持に惹きつける戦略が肝要だと語っており、更に続けて以下のように発言している[36]。

南部において躍進するという共和党の明るい希望は我々が公民権の問題に明確な立場を打ち出したことで大いに霞んだ。私はこれを暫定的後退だと思う。すぐに南部を共和党支持に振り向けることはできないであろう。

その他の史料からも、ニクソンが一九六〇年の大統領選挙に勝利するために穏健なニュー・イングランドと保守的な南部の双方からの支持を調達する必要があると考えていたことが窺われる[37]。つまり、ニクソンは六〇年(あるいはそれ以前)には既に南部の戦略的重要性を理解していたことになり、この点で「顕著な争点」による従来の説明には致命的な問題があるように思われる。

本節で見たようなニクソンの一連の言動からは、人種問題に表面上は一定の理解を有するという立場を取りつつも、内心ではそれが選挙に与えるリスクを常に懸念し、公民権問題に積極的に関与することを何とか戦術的に忌避しようとする極めて合理的なニクソンの姿が浮かび上がる。

大統領選挙まで半年となった一九六〇年四月の時点において、ニクソンは公の場では黒人に対する投票の自由、教育機会・雇用の平等といった問題が懸案化していると語り、南部の学校での人種統合が南部の抵抗で思うように進んでいないと公民権に擁護的発言もしている。だが、同時にニクソンは「より強力な公民権法の即時制定」と「連邦政府は人種の問題に一切介入してはならない」とする立場を共に極論として退けた。ニクソンによれば、公民権の問題は個人の内面の問題にほかならず、最良の処方箋はアメリカ人一人一人がこの問題を看過せず、責任ある態度を持って望むべきであるということであった。また、公民権問題に関する個別の具体的項目に関しては「現役の閣僚が現在懸案になっている問題に個人としてのコメントを出すことは差し控える」と述べるなど、あくまで自己の立場を旗幟鮮明にしようとしなかった[38]。

五月にはジャッキー・ロビンソンから公民権に対する立場を明らかにすることを躊躇《ためら》うべきではなく、あまりに長期間にわたって自らの立場を明らかにしなければ、「ニクソンは政治的打算しか眼中にない人物」という汚名を払拭できなくなるという訴えがあった[39]。これに対して、ニクソンは公民権問題に断固たる姿勢で臨むとしたうえで、公民権問題に空世辞や扇動的言質を与えれば、かえって選挙に悪影響を及ぼすとして公民権に対する立場を今の段階で公表することはしないと断っている[40]。

公民権という難題に対し、ニクソンが極力自らの立場を曖昧なままにしておこうと考えていたことは前節で述べた通りであるが、それはニクソンが人種問題に積極的に関与することのリスクを理解しており、それを恐れていたことの証左に他ならない。

しかし、次節で確認する、ある事情によってニクソンは公民権に関する自らの立場を修正せざるを得なくなっていくのである。

4　共和党内部の対立の構図——穏健派との妥協

一九五八年の中間選挙において、共和党が連邦上院議員選挙で一二議席減、同じく連邦下院議員選挙で四八議席減、州知事選挙でも敗北を重ねるという事態に陥ったことは既述の通りである。この中間選挙は共和党の勢力後退を印象づける結果となった。ただし、このような共和党への逆風の中でも初当選を果たした、あるいは再選に成功した共和党政治家が存在した。

民主党が優位なニューヨーク州で知事に立候補し、民主党の対立候補に五七万票以上もの大差をつけて当選を果たしたネルソン・ロックフェラーは、一躍全米の共和党員から注目される存在となり、彼のオフィスには当選直後から大統領選への立候補を要請する手紙が殺到した（Gifford, 2009, 26）[41]。

ニューヨーク州知事としてのロックフェラーは、進歩的な社会を創出するために政府が積極的な役割を果たすべきであると考え、州政の構造改革をめざす数々の革新的立法を形にしている。ロックフェラーは超党派的な立場で公職に就いており、またニューヨーク州政の改革を進める過程においても労組や民主党と妥協することを厭わず、共和党左派を代表する政治家として全国にその名を知られるようになった（Rockefeller, 2002, 355）。

ロックフェラーは公民権法に賛成するだけではなく、私財を投じて黒人学童への教育支援を行ったり、南部で黒人教会が爆破された際には修繕費用を寄付したりするなど、共和党の中では公民権問題に非常に積極的な立場を取っていることで知られた[42]。

一九五八年の中間選挙で再選された共和党現職の多くは、伝統的に共和党が民主党に対する比較優位を持つ中西部や北東部の議員であったが、民主党が強いアリゾナから再選を果たしたバリー・ゴールドウォーターは「不可能といわれた当選を可能にした優れた闘士」といわれ[43]、大きな注目が集まっていた(Shermer, 2008, 678)。

ゴールドウォーターは公民権法に反対であり、他にも連邦取引委員会や食料医薬品局による経済産業規制の緩和と撤廃、労働法を施行する政府機関である全米労働関係委員会の役割の抜本的見直し、連邦政府主導の超大型公共事業であるTVAの民間への売却、社会保障の民営化、農業補助金の廃止、減税、政府赤字の縮小などを主張していた。ここからも明らかなように、ゴールドウォーターはニューディール政策の象徴と見られていた社会保障、労働組合の権利擁護、連邦政府主導の超大型公共事業、農業補助や産業規制といった政策を否定する共和党保守派であった[44]。

ニクソンは一九五七年には『ナショナル・レビュー』のウィリアム・バックリーなどの保守派知識人に自分と共和党保守派は「団結する(hang together)」必要があると訴えており[45]、一九六〇年の大統領選挙を見据えて共和党保守派にすり寄ろうとし始めていた。特に、一九五八年の中間選挙の直後から、来る大統領選挙で保守的な南部共和党からの支持を固めたいニクソンはゴールドウォーターに接近を試みる[46]。

このとき、ニクソンはゴールドウォーターが関心を持つ労働権条項(right-to-work)を共和党の党綱領に盛り込むことを約束している[47]。ニクソンはゴールドウォーターと一九五二年には顔見知りになっており[48]、その翌年にゴールドウォーターが共和党上院選挙対策委員長に任命されて全国的知名度を集め始めると、ニクソンは「ご存知のように、政治のゲームでは真の友として信頼できる人はそうはいません。あなたと真の友になれて幸運です」という手紙を送るなど、比較的友好な関係を築いていた(Goldberg, 1995, 110)。

一九五九年の春、ゴールドウォーターは共和党保守派のグループと会合を開き、翌年に控えた選挙の対策を協議していた。ゴールドウォーターの周辺には、ニクソンがセントラル高校事件で見せた対応、あるいは一九五七年公民権法の制定における役割などを挙げて、「公民権に熱心すぎる」[49]、「ニクソンは全国黒人地位向上協会のメンバーだ」、「真の保守を装う中道主義者」、「予測不能なこの上ない日和見主義者」と疑いのまなざしで見る者が多く[50]、ゴールドウォーター自身に大統領選挙に出馬するよう促した[51]。

こうした要望に対して、ゴールドウォーターは軽々しく大統領選挙への出馬を口にすることを慎んではしいと周囲を戒めている[52]。ゴールドウォーターは一九五九年一二月、自らを大統領選挙に擁立しようとする人々とカリフォルニアで会談し、将来大統領を目指して立候補する可能性自体は否定しないものの[53]、現時点では上院議員に留まる意志が強く、来年の選挙で正副大統領のいずれも目指す考えはない、と出馬を強く否定した。

ただし、ゴールドウォーターは政府支出、均衡予算、官僚主義などの争点について明確な姿勢を打ち出すように再三要求したにもかかわらず、ニクソンがそれらの政治的争点に対する自らの立場を一向に旗幟鮮明にしようとしないことを訝《いぶか》しんでいた(Edwards, 1997, 133)。

このような不信感も手伝ってか、ゴールドウォーターは一九六〇年一月に地元アリゾナ州で開催された「アイゼンハワー＝ニクソンを讃える晩餐会」に主賓として招待されながらも、スピーチでニクソンの政治姿勢に疑問を感じている旨を公言している[54]。

大統領選挙はどうなるのだろうか。友よ、リチャード・ニクソンは真の保守であると信じたい。彼がアメリカの国民と真摯に向き合うならば、曖昧な言葉で自己を偽るのを止めるならば、人気のある争点に合わせてその場を取り繕う誘惑に抗するならば、リチャード・ニクソンは次期大統領に選ばれるに違いない。

この点に関しては、『ナショナル・レビュー』編集長であったウィリアム・ラッシャー、フランク・メイヤーなどの共和党の保守派知識人も同様の疑念を抱いていた。ラッシャーは、ニクソンは保守派の前では保守らしく振舞いつつ矛盾した言動を取ることも多いので、「保守を装う日和見主義者」ではないかと感じていた。そしてメイヤーは、ニクソンは「大統領になることしか考えておらず、他の全てのプリンシプルはそのための手段に過ぎない」と見ていた(Rusher, 1984, 87; Gifford, 2009, 113; Frisk, 2012, 147)[55]。

選挙が近づくにつれ、ニクソンに対する疑念は、保守派の間でますます大きなものとなりつつあった。ゴールドウォーター自身には大統領選挙への出馬要請を拒絶されたものの、クラレンス・マニオンやクラレンス・ケランドといったゴールドウォーター周辺の人々は「アイゼンハワーに毒されていない真の共和党候補者」を擁立する必要性を感じ[56]、一九六〇年一月シカゴで極秘会合を開いてゴールドウォーター擁立の可能性を模索し続けた。

この会合では、「ニクソンは似非保守」、「ニクソンは共和党現代路線の追従者」とする見方が大勢を占め、可能であればニクソン以外の人物(すなわちゴールドウォーター)を大統領候補に据えるべきであるとする意見で一致した。本人に出馬の可能性を強く否定されたにもかかわらず[57]、マニオンらは全米の知己に手紙を書きまくり、ゴールドウォーター擁立運動を水面下で粘り強く展開していくことになる[58]。

他方、ゴールドウォーターは当時の日記に「ニクソンは奇妙な回り道をしている("The Strange Detour of Richard Nixon")」と記しており、ニクソンは本心では保守のプリンシプルに配慮する気がないのではないかとの疑念を払拭できずにいた(Goldberg, 1995, 142-143)[59]。

急速に、そして興味本位に、全国の人々が私にニクソンはどのような政治姿勢の持ち主なのかを聞いてくるようになった。彼は保守なのか。それとも、新たな追従主義者（"me-tooer"）なのか。ニクソンはわが党のプリンシプルを認めない共和党員なのか、それとも共和党の信奉するプリンシプルを守るためには敗北も辞さぬ男なのか……私は、ますます多くの「ニクソンの立場はどのようなものなのか」という疑問を耳にする……もしニクソンが真の保守ならば、自らの哲学にかけて、あのような政治姿勢を取るはずがない。

ゴールドウォーターは穏健なロックフェラーと馬が合わず、彼が共和党の大統領候補になることには「猛烈に反対」であり、「ロックフェラーが指名されれば共和党は破滅する」とまで考えていた[60]。だが、ゴールドウォーターはニクソンの政治姿勢についても不信感が募る一方であることを周囲に打ち明けており、ニクソンに圧力をかけて保守の立場に引き付ける必要があることを訴えていた[61]。

他方、「ニクソンは沈黙を守り続け、精彩を欠いている。ロックフェラーが出馬してくれれば、君が出るしかない」とゴールドウォーターに出馬を促す声は日増しに強くなりつつあった[62]。自身の出馬を促す声に対しては、ゴールドウォーターは自分がユダヤ系であること、そして世論調査の結果でも自分に対する支持率は一％程度しかないことをあげて、あくまでニクソン支持を貫くとし、マニオンら擁立運動を進める人々に同調することはなかった[63]。

こうして、ゴールドウォーター擁立の動きが水面下で進み、ゴールドウォーター本人はあくまで事態を静観する構えを示す一方、ロックフェラーは動きを見せつつあった。

ロックフェラーはアイゼンハワー政権で公職に就いていたこともあり、政権初期にはアイゼンハワーを支持して一時はその路線の継承者を自認したほどである[64]。アイゼンハワーもロックフェラーの資質を高く評価し、自らの有力な後継候補の一人として当初は大いに期待していた様子が史料からも窺える[65]。

しかし、一九五八年の中間選挙以降、状況が変わり始めた。ロックフェラーは選挙後、徐々に国政への野心を露わなものとし、アイゼンハワー政権と距離を置く姿勢を見せ始めるのである。

ロックフェラーがニューヨーク州知事に当選まもない一九五八年一一月、ジェイコブ・ジャビッツ下院議員の呼び掛けでアイゼンハワーと近い主要な共和党議員とニクソン副大統領を招いてニューヨークで晩餐会が企画されていた。ロックフェラーの側近はこのようなイベントに参加することは「ロックフェラーの国政への第一歩」として相応しいものではなく、特にニクソンを支援するかのような言動を慎むべきであるとする意見を具申し、ロックフェラーは参加を取りやめた[66]。

その直後の一一月二六日には、ロックフェラーは知人に今後は大統領を目指して活動することをほのめかし、この直後に行われたロックフェラーの当選祝賀会の演説でロックフェラーはアイゼンハワーに一言も言及せず、意図的にアイゼンハワーと距離を置いているかのような演出をした[67]。

このようなロックフェラーの行動の背後には、アイゼンハワー政権やアイゼンハワー路線を踏襲しようとしているニクソンとは戦略的に一線を画すべきであり、さもなければ「リチャード・ニクソンのカーボン・コピーのようになってしまう」として、アイゼンハワー政権から相対的に自立した立場で選挙に臨むべきとする側近の助言が作用していた[68]。

① 大統領が喜ばしいと思わない言動をすることのリスクを受け入れることが必要だ。このリスクを避

けようとした場合、もたらされる結果は明らかに一つしかない。すなわち、リチャード・ニクソンのカーボン・コピーのようになってしまうであろう。これは我々の望むところではない。

② ニクソンが気づいているであろう自分が抱える潜在的に最も深刻なジレンマは、好むと好まざるとにかかわらず、自分の全てをアイゼンハワー政権との関連で捉えられてしまうということだ。これがニクソンの決定的な問題点である。同じ問題を貴方が抱えるべきではない……アイゼンハワー政権から相対的に自立することが貴方の強さの源の一つである。これを枯渇させるべきではない。

続いてロックフェラーは一九五九年八月、プエルトリコで行われた共和党州知事会議で他の共和党州知事と水面下で接触し、翌年の大統領選挙に自分が出馬した場合の支持を打診した。しかし一四名の共和党州知事のうち明確にロックフェラー支持を表明したものは少数にとどまり、大勢は既にニクソン支持に傾いていた[69]。

支持が予想よりも低いことに落胆したロックフェラーは同年一〇月、翌年の大統領選挙に出馬せず、共和党の公認候補を支援する立場に回る意向を表明した[70]。

かくしてロックフェラーは選挙戦から撤退し、問題は収束するかに思われた。来る選挙でゴールドウォーターの擁立を画策していた人々は、「ロックフェラーの撤退は爆弾のような衝撃であったが、爆煙は晴れつつあり、かすかな希望が見えて来た。これは僥倖だ」と述べた[71]。彼らはロックフェラーが撤退すれば、ニクソンはゴールドウォーターの出馬を抑えるために保守派の要求を呑むと考えたのかもしれない[72]。

ところが翌一九六〇年の四月、一転してロックフェラーは再度出馬を検討すると発言し、再びその動向に注目が集まるようになった[73]。

アイゼンハワーはロックフェラーと直接会見して出馬を検討し直した動機を探ろうと試みたが、ロックフェラーはニクソンの政治姿勢に疑問があるという趣旨のことを口にしたのみで本心を明らかにしなかった(Eisenhower, 1965, 592)。アイゼンハワーとの会見後、かえってロックフェラーはアイゼンハワー政権やニクソンを批判する言動を強めるようになり、アイゼンハワーはロックフェラーに行動を自重するよう強く求めるとともに、ニクソンに状況を憂慮している旨を伝えている[74]。

たとえ同じ大統領職を目指そうとするもの同士であっても、私が大統領であったときに私を支えてくれた忠実な部下が無意味な出来事をめぐって公然と仲違いすることを私は懸念する。政治的野心があるのは良いが、それが許されるのは、むやみに他人と衝突しないときだけだ。私はネルソンに繰り返し、君が副大統領として自発的にどれほど貢献してくれたかをわざわざ説いている。おそらく、君やネルソンの周りにいる熱狂的な人々が物事を事実に基づかない形で見ているのだろう。

ロックフェラーが再度大統領職への色気を示し始めたと見るや、一九五六年の大統領選挙の際、共和党内でニクソン副大統領を別の伴走候補にいれかえる、いわゆる「ニクソン降ろし」を主導したハロルド・スタッセンは、大統領候補にはニクソンよりも「より進歩的」な人物が相応しいとロックフェラーに告げ[75]、そのためにはどのような努力でもすると述べて[76]、ロックフェラーを焚きつける動きを見せた[77]。

今後三年間にわたって共和党とこの国が必要とする指導力を発揮できる人士は多くいると信じています。貴方もカボット・ロッジもそこに含まれますが、私の判断ではニクソン副大統領はそこに含まれません。

同時にスタッセンはペンシルベニアの代議団に全国党大会でロックフェラーを支持するように根回しをはじめ[78]、共和党の全国党大会でロックフェラーが率いるニューヨーク州の共和党代議団やスタッセンの根回しを受けたペンシルベニア州の代議団が結託すれば、ニクソンの大統領候補指名における大きな障害となる可能性が出てきた。ニクソンがこれを危惧したのは当然といえる。

全国党大会まで一カ月を残すのみとなった一九六〇年六月、ロックフェラーは、自らの政治理念や政策プログラムを曖昧なままにしているとニクソンに更に激しい口撃を加えた。ロックフェラーは政治信念や争点の不明確な政治家が共和党を率いる資格はないとまで言い放ち、ニクソンに直ちに自らの政治理念や政策プログラムを明確化するよう強く迫った[79]。ニクソンはこれに対して一応の反論を試みたものの大きな効果はなく、ロックフェラーと話し合って互いの政策的相違を埋める必要があると感じ始めていた。

そこでニクソンはロックフェラーに近いハーバート・ブラウネルの仲介で七月二二日、単身ニューヨークへ飛び、ロックフェラーの五番街の自宅で彼と会談した(Nixon, 1962, 313-314)。

この会談でロックフェラーは独自の党綱領案を準備して臨んでおり、ニクソンにその内容を来たる共和党全国党大会で党綱領に反映させるよう要求した。ニクソンはそれについて概ね合意可能と判断したが、アイゼンハワー政権の国防政策に対する批判など若干の箇所については議論の余地があるとも考えた(Nixon, 1962, 315)。最終的に、ニクソンはロックフェラーが主張する国防支出の増額や公民権への積極的支持などの項目について、その意向を取り入れて党綱領に反映させることを「検討する」ことで合意した[80](Nixon, 1962, 314-315)。

ニクソンには会談で提示されたロックフェラーの党綱領案について検討する時間を与えられているはずで

あった。ところが、ニクソンが検討を終えるより早くロックフェラーが無断で自らの政策綱領案の原文を最終合意として公表してしまった。そのため、あたかもニクソンがロックフェラーと裏取引をし、彼らの言い分に「降伏」したかのような印象を世間に与えることになった(Eisenhower, 1965, 596)。

ニクソンに無断で公表された「合意文書」にはアイゼンハワー政権の軍事予算削減や地下核実験など、アイゼンハワー政権の外交安保政策を正面から非難する項目が原案のまま記載されていた。加えて、内政面では公民権問題に対しても南部における差別や人種分離政策を廃するためにより積極的な行動をとることが謳われており、全米各地で行われていた座り込みストライキを全面的に支持する項目もあった[81]。

ゴールドウォーターに対してロックフェラーとは党大会が終わるまで会わないと約束していたにもかかわらず(Perlstein, 2001, 85)、ニクソンがその約束を反故にしてロックフェラーと密会したことを知ったゴールドウォーターは激怒した。彼はニクソンが保守派を裏切って共和党左派と「ミュンヘン協定」を結んだとして、ニクソンを厳しく非難した[82]。

党綱領の内容を変更することは重要な問題ではない。より重要なことは党の大統領候補となるであろう人物が党左派の指導者に言い寄ったということだ……これは反道徳的な政治的裏切りであり、自滅的行為だと思う。政治家のご都合主義や政治腐敗にうんざりしている全国民からの嘲りを免れ得まい……「合意文書」がこのままになれば、共和党の歴史におけるミュンヘン協定になろう。プリンシプルを政治的妥協のために軽視したという点で、許されざる悪徳を許容したという点で。

アイゼンハワーはニクソンに、ロックフェラーとの合意をめぐって党内に様々な憶測が乱れ飛んでいることを告げた上で、特に公民権に関する項目をめぐって南部保守派に反発が生じており、ニクソン支持を放棄しゴールドウォーターを擁立しようとする動きが加速化していると告げた[83]。確かにアメリカ各地の大学などを中心に、青年層を母体とするゴールドウォーター擁立運動が広がりを見せつつあったことは史料からも確認可能である[84]。

ゴールドウォーターはニクソンに対して激怒する一方、ニクソンに代わって自らを擁立しようとする勢力に対しては、自分が大統領・副大統領の座のいずれを目指す気持ちもないことを説明し、党内に亀裂を生じさせないよう説得を試みていた[85]。

他方、このような状況に至ってもロックフェラーは自らが率いるニューヨーク州代議団の票をニクソン側に振り向ける条件として、全国党大会で採択される共和党綱領にニクソンとの会談で自らが要求した項目全てが反映されることを譲らなかった[86]。

とくに公民権に関する項目については、ロックフェラー案とジョン・タワーが起草した保守派案のどちらを採用するかで保守派と穏健派間の対立は全国党大会が始まってもなお解消しなかった。やむなく、ニクソンは両派の間に割って入り、ロックフェラー案を呑むよう保守派を説得にかかった。

ゴールドウォーターも「共和党の結束を保つため」、自らを擁立しようとする動きには同調せず、あくまでニクソンを支持する方針を堅持し続けた(Goldwater and Casserly, 1988, 119)。全国党大会で、ゴールドウォーター支持を表明していたサウス・カロライナ州等の代議員を全てニクソンに譲る声明を発するとともに[87]、なおも不満をくすぶらせる保守派には以下のような言葉で結束を呼びかけた(Goldberg, 1995, 145)。

保守派よ、大人になれ……いつの日か共和党を取り戻したいと考えるなら、今なすべきことをなそうではないか。

この発言を聴いた保守派の共和党代議員は以下のような感想を記している[88]。

全国党大会でのデモンストレーションで、共和党のリベラル派にも保守派にも、この〔ゴールドウォーター という〕人が保守主義とそれを信じる者のチャンピオンであることが広く知れ渡っただろう。そうに違いない。ゴールドウォーターが演説で我々に要求したように、我々は皆、ニクソンに投票すべきときだ……我々は最も欲しいと思ったものを得らえなかったが、それでも戦いに負けたわけじゃない。最高に強力な保守派の人士〔ゴールドウォーター〕を得たのだから。

こうして、両者の対立は一応の決着を見(Critchlow, 2007, 51-52)、最後まで党内に結束を促し続けたゴールドウォーターは「偉大な無私のヒーロー」として大きく株を上げた[89]。ちなみに、ゴールドウォーターは後にこのときのニクソンの対応を回想して以下のように述べている[90]。

一九六〇年の共和党全国党大会まで、私にはこの男がどのような男かを知る機会が無かった。このとき、私はこの男がどういう男かを学べばよかったのだが、そうしなかった……重要なのは、私はもっと早くに、この男がとんでもない桁外れの嘘つき(a two-fisted, four-squared liar)であるということを学ぶべきだったということだ。

ニクソンが一九六〇年の大統領選挙で自らの意に反する形で公民権に積極的な項目を掲げた党綱領の採択に同意せざるを得なくなった理由は、当時の共和党内部に激しい対立が存在しており、特にニクソンがロックフェラー率いる党内穏健派の意向に（少なくとも全国党大会で大統領候補指名を確保するまでの僅かな期間だけは）配慮する必要性に迫られたからであった。いわば、共和党内部に存在していた対立が、ニクソンの位置を本来の選挙キャンペーンの狙いとは異なる方向へと振り向ける役割を果たしたといえよう。

5　ロッジ発言とキング事件へのニクソンの対応

前節の最後で見た党綱領の起草と並行して、ニクソンは全国党大会開催中に共和党各会派の代表と会合を持ち、副大統領候補の選出について討議した。

有力な候補はヘンリー・カボット・ロッジ国連大使、シュラストン・モートン上院議員、ウォルター・ジャッド下院議員の三人であったが（Kleindienst, 1985, 4）〔91〕、ニクソンは自らの伴走候補にロッジを選んだ。副大統領候補の選定にあたっては地理的条件、政治信条、信教、人種・社会階級、性別、学歴・軍歴、知名度、或いは私生活など様々な条件が考慮される。ロッジが選ばれたのは彼が東部出身であり、西部出身のニクソンとのバランスがよいこと、国連大使を務めており知名度があること、そしてアイゼンハワー、デューイ、ブリッカーといった党内の重鎮がロッジを副大統領候補に強く推していたことを考慮にいれてのことであった（Nixon, 1962, 317; Kleindienst, 1985, 27）。

ロッジは副大統領候補として、特に北部や東部の大都市や工業地域を演説して回ることになった（Nixon, 1962, 349）。

ロッジは公民権に大きな関心を寄せており、共和党は公民権の一層の拡大と促進に取り組むべきであると考えていた。ロッジはアメリカとアジア・アフリカ諸国との関係を考える上で、アメリカ国内で人種分離が事実上放置されていることは問題であることをかねてより訴えていた（Lodge, Jr., 1973, 251）。例えば、一九六〇年当時、アメリカの外交官三五〇〇名のうち黒人はわずか二〇名を数えるのみであった。こうしたデータをあげつつ、ロッジは黒人外交官の数を増やすことは、アメリカが建国以来の伝統である自由や機会の平等といった理念実現に真剣に取り組んでいる証左として世界に向けて絶好のアピールになると訴えたのである[92]。

以上のような信念に従って、ロッジは一〇月七日に黒人を連邦政府高官に積極的に登用すべきと発言したのを嚆矢に[93]、翌々日CBSの『フェイス・ザ・ネイション』に出演した際にはニクソンが大統領に当選すれば、黒人の閣僚登用を積極的に検討する主旨の発言をした[94]。

リー：黒人の閣僚がいれば、今おっしゃったことの説得力が増すとお考えでしょうか。
ロッジ：ええ。
リー：ニクソン氏にも黒人の入閣を勧めますか。
ロッジ：黒人の入閣をこの目で見たいですね。この目で見たいのですよ。ためらうことなく、適切なときを見計らってニクソン氏に黒人の入閣を勧めると思いますよ。
（中略）
ロッジ：これは私の個人的な見解ですが、黒人閣僚をこの目で見たいと心から願っています。

さらに一〇月一二日にニューヨークで行われた演説においてロッジは人種分離政策を強く批判し、ニクソンの許可を得ることをせずに[95]、ニクソンが大統領に当選した暁には黒人の閣僚起用をニクソン新政権の公約にすると踏み込んだ発言を行っている[96]。

ロッジの発言に保守派は一斉に反発を強め、ニクソンは南部を中心に激しい反対運動に直面することになった[97]。ニクソンはロッジに対して、「当選した暁には閣僚のポストに人種、信条、あるいは肌の色を問わず、『最適な者』を任命する努力をする」という発言を自分がしたことは事実だが、それは直ちに黒人を閣僚に任命するという意味ではないと自らの真意を正すとともに、ロッジに抗議している。

ロッジは慌てて発言は私的見解を述べたものに過ぎないとして事態の収束をはかった(Nixon, 1962, 317)。ニクソンはこの一件に関して、側近に向かってロッジのことを「無責任な間抜け野郎("knuckleheaded gutless wonder")」と痛罵した史料が残っている[98]。

このような中、選挙本番まで僅か数週という一〇月一九日にキングがジョージア州アトランタで座り込みストライキ参加中に不当逮捕され、投獄されるという事件が発生した(Gifford, 2009, 86)。ロッジはキングに対する宣告刑を不当なものとみて[99]、キングの早期釈放が叶えられるように働きかけて欲しいという要望に対し、ニクソン陣営は必ず助力すると力強く返答している[100]。

> アメリカの市民がこのような仕方で迫害されているのを見ると、心から不快な気がします。私は自分が出来る限り、どのような手段によっても彼らの持つ合衆国憲法上の権利が侵害されないように助力します。当てにしていてください。

ロックフェラーはアイゼンハワーとニクソンの両方にキング釈放のために手を打つように進言し[101]、ジャッキー・ロビンソンもまたキングを釈放するように求める声明を発表するようニクソンに働きかけた(Robinson, 1972, 139)。フレデリック・モローはニクソンにキングの即時釈放を求める電報文案を起案し、ケネディ陣営に先んじてジョージア州当局に送付するべきだと意見した。

だが、ニクソンはこのような周囲からの強い勧告を全て退け、キングに救いの手を差しのべることを拒絶する。このニクソンの拒絶の理由は、「トラブルに巻き込まれたくない」というものであった[102]。

一方、ケネディはこの問題に素早く対処し、側近の勧めに従ってキング夫人に電話で直接同情の言葉を伝えるとともに、ロバート・ケネディが判事に話を付け、キングが早期に釈放されるべく手を尽くした。この経緯はメディアでも大きく取り上げられ、両候補の人種問題に関するイメージ転換につながったとされる(Rorabaugh, 2009, 168)。

キングはケネディを公民権に関する関心が希薄で大統領になることしか眼中にない人物と見ていたが、この一件でキングのケネディに関するイメージは一変したようである(Carson, 1998, 143-148)。キングは釈放後、ケネディの尽力を評価する発言をし、反対にニクソン陣営は何も手を打ってくれず、連絡も一切なかったと発言している[103]。

私はニクソンをより長い間知っていた。ニクソンは私とより近い関係にあるはずだった。ニクソンは私にちょくちょく電話してきては色々な話をし、私に助言を求めた。だが、このような事態に至ってニクソンは私とまるで全く面識がないかのように振舞った。

キングは釈放後に出した声明文の中で、一九六〇年選挙においては特定の政党・候補者を支持することはせず、無党派で望む方針にあくまでかわりはないとしつつも、声明文には明らかにニクソンに対する失望の色が滲んでいた[104]。

ニクソン陣営の中からも「マーティン・ルーサー・キングに関する問題ではケネディ陣営に先手を取られ、民主党を大いに利する結果になった」という声もあがった[105]。これについては、ジャッキー・ロビンソンも以上の人々と同意見であった[106]。

ニクソン氏の行動には当惑した。一九六〇年選挙時、黒人問題に対するニクソン氏の誠実さを信じて疑わなかったからこそ、私は休職してまでニクソン氏と一緒に旅して、彼の選挙を助けた。私は幾度もニクソン氏に公民権問題に抑制的な立場をとることで敗北の道を辿りつつあると忠告したが、無駄だった。ニクソンはニューヨーク市を訪れたときもハーレムで話そうとしなかった。マーティン・ルーサー・キング博士がジョージア州で投獄されたとき、ニクソンは彼のために談話を発して圧力をかけることを拒んだ(ケネディ大統領はその状況を巧みに利用した)。ヘンリー・カボット・ロッジが黒人を閣僚に登用すると語ったときのニクソンの対応もまずかったし、ニクソンはジェームズ・F・バーンズ前最高裁判事のような筋金入りの人種分離主義者と一緒に写真に写りたがった。このような行動の全てが、ニクソンに対する黒人票の喪失につながっていった。

ニクソンはロビンソンには以下のような弁明を試みている[107]。ニクソンは、現役副大統領という立場ではキング事件のような微妙な問題には触りがたかったと言い訳したつもりであったのであろうが、ロビンソンは納得しなかった[108]。

ワシントンのオフィスから、なぜマーティン・ルーサー・キングの一件に関与しなかったのか、問い合わせが殺到していると連絡がありました。そのような問い合わせは私がキング博士にしばしば助言を仰ぎ、彼を尊敬していることが広く知られていることに刺激されたものでしょう。われわれの良き友人ジョー・ルイスが言うように、政権にいない人間は「スタンド・プレー」をすることが容易です。公民権の領域における進歩とは、堅実なプリンシプルを首尾一貫して適用していくことで、日々達成されていくものです。

以上の経緯を見ていくと、ニクソンは選挙キャンペーン全体を通じて、公民権という争点について、一見錯綜した対応を見せている。

だが、ニクソンの選挙キャンペーンの狙いがそもそもアイゼンハワー路線の継承と分裂的争点の回避にあり、それがロックフェラーの存在によって党大会においていわば偶発的に本来の戦略志向とは異なる形で公民権に積極的なスタンスを(一時的にせよ)取らざるを得なくなったことを想起すれば、大統領候補に指名され、ロックフェラーの脅威から解放されたニクソンがロッジ発言やキング問題に一転して冷淡な対応を見せたことは何ら矛盾ではない。ニクソンは本来選挙キャンペーン戦術で狙っていた戦略的位置に回帰しただけである。

6　結論

◆分析の総括

本章では一九六〇年の大統領選挙の事例を再検証し、それを通じてニクソンの公民権問題に対する位置の変化の説明について考察を加えてきた。

「顕著な争点」による説明が想定してきたように、ニクソンが極めて合理的に自らの戦略的位置を決定しようとしていたことは本章の再検証でも確認できた。しかし、それは「黒人票の獲得」という単純な得票最大化の動機のみに基づく決定ではなかった。

ニクソンの位置決定には、アイゼンハワーの後継者としてのニクソンの立場や共和党内の対立などの要因も重要な影響を与えていた。従来までの説明からは、理論的に想定された因果メカニズムに影響を与えていた時代環境や文脈の存在やその重要性が見落とされていたのではないだろうか。

◆含意と展望

一九六〇年の大統領選挙でニクソンが敗北した後、ロッジの発言を共和党敗北の主要因にあげる党員もいたほどで、ニクソンも回顧するようにロッジの発言は公民権運動に懐疑的な（特に南部の）保守票を失う結果につながったとも考えられる（Nixon, 1962, 351）。アイゼンハワーが一九五二年に黒人票の二一%、五六年には三八%を獲得し、黒人からの共和党支持は着実に伸びつつあるかに思われたが[110]、この年の黒人票の伸びは期待されたほどではなく、五六年選挙と比べて黒人票の獲得率は七%も低下した。このほか、黒人人口の多い全米の大都市圏でも黒人の共和党支持は軒並み大幅に低落する結果となっている[111]。

表3-1 南部有権者の投票傾向[109]

年度	総票数	民主党	共和党	その他
1960	10,272,007	5,179,368	4,723,753	368,886
1956	8,624,380	4,120,019	4,218,564	285,797
1952	8,553,426	4,428,163	4,113,543	11,720
1948	5,112,974	2,557,412	1,361,752	1,193,810
1944	4,741,230	3,396,083	1,195,280	149,867
1940	4,675,255	3,654,092	1,012,343	8,820
1936	4,176,760	3,366,134	797,476	13,150

ニクソン陣営は選挙前には黒人票の六〇%から七五%は獲得できるという非常に楽観的な見通しを抱いていたが、選挙結果は、期待を大きく裏切るものであった[112]。

選挙終了後の一九六〇年一二月一五日、アイゼンハワー、ニクソン、シュラストン・モートン共和党全国委員長、ウィルトン・パーソンズ大統領首席補佐官は大統領執務室に集まり、反省会を行っている[113]。

その席で、ニクソンは誰にでも過ちはあると前置きした上、ロッジの発言は「共和党を南部で殺してしまった」と結論付けた。この発言に続けて、アイゼンハワーも過去八年間、公民権の問題に政権を上げて取り組んできたはずであるのに、黒人はそのような共和党政権の努力と成果を「見ようともしない("don't give a damn")」とこぼし、共和党に対する黒人の支持は増えるどころか減ってしまったと慨嘆した。

一方で、ロッジの発言があったにもかかわらず、ニクソンは南部票全体の四八%を獲得しており、大統領選挙と並行して行われた南部の地方知事選挙においても共和党は票を伸ばしている。このことから、前章で触れた、アイゼンハワー政権が南部での共和党の勢力伸長を期して行ってきた南進作戦(Operation Dixie)は確実に効果を上げているとする評価も出ていた[114]。

このように、一九六〇年選挙の結果を受けて共和党内部に広がった認識は、第一に、公民権について共和党がどれほど尽力しても（北部都市圏で）黒人の共和党支持は増えないという諦観であり、第二に、伝統的に民主党の支持基盤であった南部で共和党躍進の機会が広がりつつあるという希望的な観測であった。以下に示すゴールドウォーターの発言はこのような認識を端的に表すものといえる[115]。

一九六四年（の大統領選挙）も一九六八年（の大統領選挙）も、まとまった黒人票は期待できないだろう。ハンティングをやるなら獲物のいるところでやった方がいい。

「ハンティング」が選挙運動を、「獲物」が南部の白人票を指すことは言うまでもないであろう。

と同時に、ニクソンの敗北が一九五二年以来、アイゼンハワーが主導してきた穏健主義路線の終焉を意味すると受け取ったものも少なくなかった。ニクソンに対して、アイゼンハワーの後継者の地位にこだわるあまり穏健すぎ、ゆえに選挙に敗北したとする見方は少なくなかった[116]。

ニクソンはあまりにも「追従主義的（"Me-toosim"）」であり過ぎたのではないか。民主党の理念と比べれば国民にアピールするような明確に定義された政治目標が欠けていたのではないか。

かくて共和党内部の保守派は、ニクソンの敗北はアイゼンハワーの穏健主義路線の限界を露呈したものと総括し、共和党内部でその活動をいっそう活発化させていくことになる（Bowen, 2011a, 198-199）。

例えば、ゴールドウォーターは一九六〇年選挙の敗北によってニクソンの政治生命は尽きたと見て[117]、

「ニクソンが民主党の政治姿勢を猿真似したことが最大の敗因だ」と断じた（Goldberg, 1995, 147）。彼はニクソンの敗戦をもってアイゼンハワー路線が終焉を迎えたことを機に、共和党は保守政党としてのアイデンティティを自覚し、保守政党としての信念や哲学を国民に広めていくべきであると考えていた。ゴールドウォーターはロックフェラーに次のような私信を送っている[118]。

民主党の主張を真似することで我々の党が直面している懸念は、アメリカの二大政党の一翼を担う政党としての独自のアイデンティティを失ってしまうことである。多くの共和党員は伝統的な保守のプリンシプルを再び主張する必要があり、保守的プリンシプルを積極的に実行に移すための新たな受けの良いアプローチが必要だと感じている。

ゴールドウォーターの穏健派に対する批判は、アイゼンハワー在職中はまだ抑制されたものだったが、ニクソン敗北後は激しさを加えるようになった[119]。例えば、「いつもトラブルを起こすのはあの〔穏健派の〕人々だ。あの人々が再度我々を政治的破滅へと導く機会はないと信じたい」とアイゼンハワーによる中道路線の維持・穏健派の結束強化の試みを批判し（Klinkner, 1994, 67）、折々、次回の大統領選挙への出馬の可能性すら仄めかすようになった（Goldberg, 1995, 147）。

一九六四年、私は出馬したいと思う。最有力候補になれるかどうかはわからないが、ロックフェラーを最有力候補にするぐらいなら自分が出た方がまだよい。

他方、ロックフェラーもニクソン敗戦の数週間後に側近を集めて会合を開いており、大統領選挙への出馬を虎視眈々と狙って動き始めつつあった(Goldberg, 1995, 147)。

このようなゴールドウォーターやロックフェラーの動向を尻目にアイゼンハワーは、共和党はあくまで中道路線を維持するべきであると考え、退任後も共和党幹部に助言を送り続けた。一九六二年には引退先のゲティスバーグで「共和党市民委員会(the Republican Citizens' Committee)」を結成するなど、中道路線の維持と穏健派の結束強化を試みていた(Klinkner, 1994, 67)。

穏健路線について、アイゼンハワーは以下のような手紙を残している[120]。

政治を道路であると表現するなら、その道が一方通行であることをまずは自覚しなくてはならない。その道は未来のみに向かって伸びており、過去に向かっては伸びていない。「中道主義」は常識に照らして定義されるべきである。常識とは、道路の利用可能な部分を表現するものである。我々は実現可能な政治哲学のみに関心を持つのだから。我々が常識の範囲外に達するとき、右だろうが左だろうが、側溝に落ちる。無論、それらの側溝を支配する少数の者は、側溝の幅と深さを広げようと願うだろう。不思議なことに、そのような極端主義を両方とも外側に拡張しすぎると、両者は円のように一周して一点で符合する。その一点とは独裁体制である。共和党のポリシーは常識に従うものでなくてはいけない。何が言いたいのかというと、適切な共和党の哲学とは、現代の基本的争点を考える上で非常に多くの様々に異なる要素を受け入れられるほどに広範なものでなくてはならない。

このような情勢を見たモートンは、一九六〇年選挙の敗北を契機に、共和党がロックフェラー率いるよりリベラルな路線を追求する共和党左派、アイゼンハワー穏健主義路線の維持を求める中道派、そしてゴールドウォーター率いるより保守的路線への転換を要求する保守派の三派に深刻な形で分裂してしまったと考えた。

モートンは些細なことでこの三派の力の均衡は崩れ、いずれかの一派が党内での覇権を狙って他派に対する攻撃的行動(quick power play)に打って出る可能性があるとみて、一触即発の事態に至ることを憂慮しつつあった[121]。

そしてこのモートンの「危惧」は、一九六四年の共和党予備選挙で現実のものとなる。

註

1——ニクソン、一九八六、三六二。

2——Roy Wilkins to Loren Miller, October 9, 1956, *NAACP Papers III*: A 239 General Office File (Richard Nixon), Manuscript Division of Library of Congress, Washington, D.C. (以下*NAACP III*と略記)

3——Roy Wilkins to Gertrude Gorman, October 9, 1956, *NAACP Papers III*: A 239 General Office File (Richard Nixon).

4——Nixon to Richard Harding, November 29, 1960, *Campaign 1960: Post Election Correspondence, Acknowledgements and Thank You's* (*PPS 57*), Box 5, Richard Nixon Presidential Library and Museum, Yorba Linda, California. (以下*PPS 57*と略記)

5——"Confidential—Cabinet, 2/13/56," *The Papers of Sherman Adams*, Box 10, Rauner Special Collections Library, Dartmouth College, Hanover, New Hampshire.

6——*The Gallup Poll*, Volume III 1959-1971 (New York: Random House, 1972), pp.1611, 1650.

7——"The White House Press Release, October 5, 1960," *Fred Seaton Papers*, Republican Party Series, 1960 Subseries, Box

5 (Campaign Issues—Civil Rights), Dwight D. Eisenhower Library, Abilene, Kansas. (以下*Seaton Papers*と略記)

8——*The Gallup Poll*, Volume III 1959-1971, pp.1598-1599, 1616.

9——Campaign Memo from H. R. Luce, November 6, 1959, *Campaign 1960: Subject File (PPS 77)*, Box 14, Richard Nixon Presidential Library and Museum, Yorba Linda, California. (以下*PPS 77*と略記)

10——William H. G. FitzGerald, October 21, 1960, *Robert E. Merriam Papers*, in Nancy Beck Young (ed.) *Documentary History of the Dwight D. Eisenhower Presidency, Volume 9: The 1960 Election and Eisenhower's Farewell Address* (Bethesda: UPA, 2008), p. 342.

11——Nixon to Clarence B. Kelland, May 10, 1960, *PPS 77*, Box 4.

12——Campaign Memo from H. R. Luce, November 6, 1959, *PPS 77*, Box 14.

13——"Vice President Nixon in response to a Question by Students at Stanford University in Palo Alto, April 11, 1960," *PPS 77*, Box 4.

14——Campaign Memo from Henry R. Luce, January 12, 1960, *PPS 77*, Box 14.

15——Martin Luther King to Nixon, January 11, 1957, *Vice Presidential Papers* (*PPS 320.105*), Box 22, Richard Nixon Presidential Library and Museum, Yorba Linda, California. (以下*PPS 320.105*と略記)

16——King to Nixon, February 15, 1957, *PPS 320.105*, Box 22.

17——Nixon to Maxwell Rabb, February 15, 1957, *PPS 320.105*, Box 22.

18——Kwame Nkuruma to King, January 22, 1957, in Clayborne Carson (ed.) *The Papers of Martin Luther King, Jr., Volume IV: Symbol of the Movement, January 1957 – December 1958* (Berkley: University of California Press, 2000), p.112.

19——Interview by Zenas Sears on "For Your Information," November 6, 1960, in Clayborne Carson (ed.) *The Papers of Martin Luther King, Jr., Volume V: Threshold of a New Decade, January 1959 – December 1960* (Berkley: University of California Press, 2005), p.223.

20——Memorandum, April 11, 1957, *PPS 320.105*, Box 22.

21——King to Nixon, May 15, 1957, *PPS 320.105*, Box 22.

22——Address by Dr. Martin Luther King, May 17, 1957, *PPS 320.105*, Box 22.

23——Nixon's handwritten Memo, Undated, *PPS 320.105*, Box 22.

24——Statement of Meeting with Richard M. Nixon, June 13, 1957, in *The Papers of Martin Luther King, Jr., Volume IV*, p.223.

25——King to Nixon, August 30, 1957, *PPS 320.105*, Box 22.

26——Nixon to King, September 17, 1957, *PPS 320.105*, Box 22.

27——King to Earl Mazo, September 2, 1958, in *The Papers of Martin Luther King, Jr., Volume IV*, pp.481-482.

28——Incident recalled by Harrison McCall, January 3, 1959, *Jackie Robinson Papers*, Box 5, Richard Nixon File, Manuscript Division of Library of Congress, Washington, D.C. (以下*Robinson Papers*と略記)

29——Jackie Robinson to Nixon, March 9, 1957, *Robinson Papers*, Box 4, NAACP Files (Political Issues).

30——Nixon to Jackie Robinson, January, 23, 1958, *Robinson Papers*, Box 5, Richard Nixon Correspondence File.

31——Jackie Robinson to Nixon, February 5, 1958, *Robinson Papers*, Box 5, Richard Nixon Correspondence File.

32——Memorandum to Senator Humphrey from Frank D. Reeves, February 3, 1960, *Robinson Papers*, Box 5, Hubert Humphrey File.

33——Jackie Robinson to Nixon, January 22, 1969, *Robinson Papers*, Box 5, Richard Nixon Correspondence File.

34——"re: Civil Rights, October 13, 1958," *Campaign 1958*, Box 2, Richard Nixon Presidential Library and Museum, Yorba Linda, California.

35——E. Frederick Morrow to E. Washington Rhodes, January 6, 1958, *E. Frederick Morrow Records*, Box 10, Files of Administrative Officer – Special Projects, Civil Rights Clippings and Data (3), Dwight D. Eisenhower Library, Abilene, Kansas.

36——"Off the Record," Undated, *PPS 77*, Box 4.

37——"Agenda: Campaign Planning Sessions, August, 1960," *PPS 57*, Box 4.

38——"Vice President Nixon in response to a Question by Students at Stanford University, April 11, 1960," *PPS 77*, Box 4.

39——Jackie Robinson to Nixon, May 11, 1960, *Robinson Papers*, Box 5, Richard Nixon File.

40——Nixon to Jackie Robinson, June 3, 1960, *Robinson Papers*, Box 5, Richard Nixon File.

41——"Goldwater or Rockefeller? Confidential Memorandum," June 1963, *William A. Rusher Papers*, Box 155 (National Draft Goldwater Committee Correspondence and Memoranda File), Manuscript Division of Library of Congress, Washington, D.C. (以下*Rusher Papers*と略記)

42——Jackie Robinson Press Conference Statement, Undated, *Robinson Papers*, Box 13, Addresses and Speeches File.

43——"Abstract of Minutes Taken at Goldwater Meeting," January 23, 1960, *Barry M. Goldwater Papers*, Series I: Personal, Box Unidentified, Arizona Historical Foundation, Hayden Library, Arizona State University, Tempe, Arizona. (以下*Goldwater Papers*と略記)

44——"Republican Platform of 1964," July 13, 1964, the American Presidency Project. <http://www.presidency.ucsb.edu/ws/index.php?pid=25840#axzz1YAiNaM6A> Accessed August 8, 2013.

45——William F. Buckley, Jr., to Nixon, December 26, 1957, *William F. Buckley, Jr. Papers*, Box 3, General Correspondence, General Correspondence, Manuscripts and Archives, Yale University Library, New Haven, Connecticut. (以下*Buckley Papers*と略記)

46——Elmer J. Sherman to Robert P. Burroughs, January 6, 1960, *PPS 57*, Box 5.

47——Goldwater's Recollections, July 18, 1977, John W. Dean and Barry M. Goldwater, Jr., *Pure Goldwater* (New York: Palgrave Macmillan, 2008), pp.198-199.

48——Goldwater's Recollections, July 18, 1977, Dean and Goldwater, Jr., *Pure Goldwater*, pp.198-199.

49——J. K. Patrick to Eisenhower, April 19, 1959, *Eisenhower Paper as President*, *White House Central Files: General File*, in *Documentary History of the Dwight D. Eisenhower Presidency, Volume 9*, p.33; Journal Entry, March 27, 1960, Dean and Goldwater, Jr., *Pure Goldwater*, p.206.

50——Clarence Manion to William F. Buckley, Jr., September 28, 1959, *Clarence E. Manion Papers,* Box 68 (Conscience of a Conservative, 1959 March - 1960), Chicago History Museum, Chicago. (以下*Manion Papers*と略記)

51——Fred C. Koch to Goldwater, June 1, 1959; Clarence Manion to Goldwater, June 3, 1959, *Goldwater Papers*, Series I: Personal, Box 111 (Writings Series).

52——Goldwater to Clarence B. Kelland, July 13, 1959, *Goldwater Papers*, Series I: Personal, Box 111 (Writings Series).

53 ——“Confidential Draft: Barry Goldwater for President,” December 1, 1959, *Manion Papers,* Box 70 (Goldwater, November 20 – December 31, 1959).

54 ——“Speech delivered by Senator Barry Goldwater at the Eisenhower-Nixon Dinner,” January 27, 1960, *Goldwater Papers*, Series VI: Media, Box 553 (Speeches, Statements, and Remarks Files).

55 ——William A. Rusher to William F. Buckley, Jr., October 5, 1960, *Rusher Papers*, Box 121 (Staff Correspondence and Memorandum – William F. Buckley, Jr.).

56 ——Clarence Manion to Clarence Kelland, July 20, 1959, *Goldwater Papers*, Series I: Personal, Box Unidentified.

57 ——“Abstract of Minutes Taken at Goldwater Meeting,” January 23, 1960, *Goldwater Papers*, Series I: Personal, Box Unidentified.

58 ——Clarence Manion to C. J. Burny, May 27, 1959, *Manion Papers,* Box 69 (Goldwater, January – May 1959).

59 ——Journal Entry, March 24, 1960, Dean and Goldwater, Jr., *Pure Goldwater*, p.202.

60 ——Goldwater to Eugene Pulliam, August 15, 1959, *Goldwater Papers*, Series I: Personal, Box 111 (Writings Series).

61 ——Goldwater to William H. Rehnquist, March 31, 1960, *Steven Shadegg/Barry Goldwater Collection*, Box 3H506, 1960 Presidential Campaign, Briscoe Center for American History, the University of Texas Austin, Austin, Texas.（以下*Steven Shadegg/Barry Goldwater Collection*と略記）

62 ——Bonner Fellers to Goldwater, May 11, 1960, *Goldwater Papers*, Series I: Personal, Box Unidentified.

63 ——Bud Kelland to Clarence Manion, July 16, 1959, *Manion Papers,* Box 69 (Goldwater, July 1-20, 1959).

64 ——Nelson A. Rockefeller to Ike, November 17, 1959, *Nelson A. Rockefeller Papers*, RG 4, Series J.1, Politics, Box 6, Folder 39, The Rockefeller Archive Center, Sleepy Hollow, New York.（以下*Rockefeller Papers*と略記）.

65 ——Eisenhower to Rockefeller, November 5, 1958, *Rockefeller Papers,* RG 4, Series J.1, Politics, Box 6, Folder 39.

66 ——Francis A. Jamieson to Rockefeller, November 25, 1958, *Rockefeller Papers*, RG 4, Series J.1, Politics, Box 7, Folder 52.

67 ——Robinson to Eisenhower, February 10, 1959, *Paper as President, Ann Whitman File, Name Series*, in *Documentary History of the Dwight D. Eisenhower Presidency, Volume 9*, p.16.

68——"Memorandum: Some Comments on Basic Strategy (Personal and Confidential)," October 15, 1959, *Rockefeller Papers*, RG 4, Series J.2, General Correspondence, Box 54, Folder 338.

69——Reports on Political Contacts made at Governor's Conference, August 1-5, 1959, *Rockefeller Papers*, RG 4, Series J.2, General Correspondence, Box 54, Folder 338.

70——Speech Draft of Rockefeller, October 15, 1959, *Rockefeller Papers*, RG 4, Series J.2, Political Subseries 1, Box 54, Folder 338.

71——Clarence Manion to J. Evetts Haley, Jr., January 6, 1960, *Manion Papers,* Box 68 (Conscience of a Conservative, 1959 March - 1960).

72——Clarence Manion to Frank Brophy, January 18, 1960, *Manion Papers,* Box 70 (Goldwater, May 1960).

73——Bonner Fellers to Barry Goldwater, May 11, 1960, *Manion Papers,* Box 70 (Goldwater, January – April 1960).

74——Telephone Calls, June 11, 1960, *Paper as President, Ann Whitman File, Eisenhower Diary Series*, in *Documentary History of the Dwight D. Eisenhower Presidency, Volume 9*, pp.86-87.

75——Stassen to Rockefeller, March 11, 1960, *Harold Stassen Papers*, Box 107, Minnesota Historical Society, Saint Paul, Minnesota. (以下*Stassen Papers*と略記)

76——Stassen to Rockefeller, April 1, 1960, *Stassen Papers*, Box 107.

77——Stassen to Rockefeller, May 16, 1960, *Stassen Papers*, Box 107.

78——Stassen to Pennsylvania Delegates, June 14, 1960, *Stassen Papers*, Box 107.

79——Bulletin of Rockefeller, June 1960, *Seaton Papers*, Republican Party Series, Box 1, 1960 Campaign Subseries.

80——Interview with Meade Alcorn, May 17, 1976, *The Thruston B. Morton Oral History Project (760H38 TMOR47),* Nunn Center for Oral History, The University of Kentucky Library, Lexington, Kentucky, p.28. (以下*Morton Oral*と略記)

81——"Statement of New York Executive Chamber, Albany," *Robert E. Merriam Papers*, in *Documentary History of the Dwight D. Eisenhower Presidency, Volume 9*, pp.155-156.

82——"Draft Statement," Undated, *Goldwater Papers*, Series VI: Media, Box 553 (Speeches, Statements, and Remarks Files).

83——Eisenhower Diary, July 24, 1960, *Papers as President, Ann Whitman File: Eisenhower Diary Series*, in *Documentary*

History of the Dwight D. Eisenhower Presidency, Volume 9, pp.158-161.

84 ——"Goldwater for Youth Chief asks open GOP Convention," July 7, 1960, *Goldwater Papers*, Series I: Personal, Box 96 (Politics Series).

85 ——Goldwater to Aubrey B. Barker, July 12, 1960, *Steven Shadegg/Barry Goldwater Collection*, Box 3H505, 1960 Presidential Campaign Correspondence.

86 ——"Washington: Add Nixon," *PPS 77*, Box 26.

87 ——"Speech of Senator Goldwater at the Republican National Convention," July 27, 1960, *Goldwater Papers*, Series I: Personal, Box 93 (Politics Files).

88 ——A. B. Barker to D. H. Allen, August 6, 1960, *Steven Shadegg/Barry Goldwater Collection*, Box 3H504, 1960 Presidential Campaign General Correspondence.

89 ——"Gina's Notes," Undated, *Manion Papers*, Box 70.

90 ——Goldwater's Recollections, July 18, 1977, Dean and Goldwater, Jr., *Pure Goldwater*, pp.198-199.

91 ——Thruston Morton to Katherine Neuberger, February 2, 1960, *Thruston B. Morton Collection*, National Republican Committee Series, Box 39, Political File 1958-1968, University of Kentucky Library, Lexington, Kentucky. (以下*Morton Collection*と略記)

92 ——Statement of Henry C. Lodge, Jr., October 7, 1960, *Henry Cabot Lodge, Jr., Papers*, Paper 2, Reel 4 Massachusetts Historical Society, Boston, Massachusetts. (以下*Lodge Papers*と略記)

93 ——Statement of Henry C. Lodge, Jr., October 7, 1960, *Lodge Papers*, Papers I, Carton 10.

94 ——"Face the Nation," as Broadcast over the CBS Television Network, October 9, 1960, 18:00-18:30 PM, *Lodge Papers*, Papers I, Carton 10.

95 ——Memorandum, March, 12, 1964, *Seaton Papers*, Post Eisenhower Administration Series, Box 9.

96 ——Statement of Henry C. Lodge, Jr., October 12, 1960, *Lodge Papers*, Papers I, Carton 10.

97 ——Fred W. Keene to Thruston Morton, October 7, 1960, *Seaton Papers*, Republican Party Series 1960, Box 6, Campaign Subseries (Negro in Cabinet).

98——Memorandum, March, 12, 1964, *Seaton Papers*, Post Eisenhower Administration Series, Box 9.

99——Lodge to Republican Headquarter, November 12, 1960, *Lodge Papers*, Papers I, Carton 8.

100——Lodge to NAACP, Undated, *Lodge Papers*, Papers I, Carton 8.

101——Jackie Robinson to Rockefeller, November 15, 1960, *Robinson Papers*, Box 5, Nelson A. Rockefeller File.

102——Morrow to Eisenhower, October 4, 1962, *Dwight D. Eisenhower: Post-Presidential Papers, 1961-69 (1962 Principal File)*, Box 39, Dwight D. Eisenhower Library, Abilene, Kansas.

103——Interview after Release from Georgia State Prison at Reidsville, October 27, 1960, in *The Papers of Martin Luther King, Jr., Volume V*, p.535; Clayborne Carson (ed.) *The Autobiography of Martin Luther King, Jr.*, p.148.

104——Statement of Presidential Endorsement, November 1, 1960, in *The Papers of Martin Luther King, Jr., Volume V*, p.537.

105——Bill Safire to Bob Finch, Len Hall, and Pat Gray, November 11, 1960, *PPS 77*, Box 29.

106——"The Conservative Challenge," *Robinson Papers*, Box 13, Addresses and Speeches File.

107——Nixon to Jackie Robinson, November 4, 1960, *Robinson Papers*, Box 5, Richard Nixon File.

108——Jackie Robinson to Nixon, December 8, 1961, *Robinson Papers*, Box 5, Richard Nixon File.

109——以下の史料から作成・引用。"Notes on Chart: Presidential Voting in the Solid South," Undated, *Rusher Papers*, Box 155 (National Draft Goldwater Committee Correspondence and Memoranda File).

110——Roy Wilkins to Nixon, April 21, 1959, *NAACP Papers III*: A 239 General Office File (Richard Nixon).

111——"The 1960 Elections: A Summary Report with Supporting Tables, April 1960," *Papers as President, Ann Whitman File: Campaign Series*, in Nancy Beck Young (ed.) *Documentary History of the Dwight D. Eisenhower Presidency, Volume 9: The 1960 Election and Eisenhower's Farewell Address* (UPA, 2008), p.613.

112——"The Negro Vote," Undated, *PPS 77*, Box 29, Yorba Linda, California.

113——Memorandum for the Record, December 28, 1960, *Papers as President, Ann Whitman File: Eisenhower Diary Series*, in Nancy Beck Young (ed.) *Documentary History of the Dwight D. Eisenhower Presidency, Volume 9: The 1960 Election and Eisenhower's Farewell Address*, pp.484-485.

114——"The 1960 Elections: A Summary Report with Supporting Tables," April 1960, *Papers as President, Ann Whitman File:*

Campaign Series, in Nancy Beck Young (ed.) *Documentary History of the Dwight D. Eisenhower Presidency, Volume 9: The 1960 Election and Eisenhower's Farewell Address*, p.625.

115 ——"The Public Record of Barry Goldwater," *Walter H. Judd Papers*, Box 210, Hoover Institution Archives, Stanford, California.

116 ——Paul Biederman to Knowland, January 29, 1964, *William F. Knowland Papers*, Goldwater Campaign File, Carton 156, Bancroft Library, University of California, Berkley, Berkley, California.

117 ——Shadegg to Goldwater, December 20, 1960, *Steven Shadegg/Barry Goldwater Collection*, Box 3H506, 1960 Presidential Campaign.

118 ——Goldwater to Rockefeller, November 17, 1964, *Rockefeller Papers*, RG 4, Series J.2, Hinman Files, Box 20, Folder114.

119 ——Bryce D. Harlow to Eisenhower, July 15, 1963, *Goldwater Papers*, Series I: Personal, Box 6 (Alpha Files).

120 ——Eisenhower to Ashford Manka, November 1, 1963, *Dwight D. Eisenhower: Post-Presidential Papers, 1963 Principal File*, Box 33, Dwight D. Eisenhower Library, Abilene, Kansas.

121 ——Morton to Sinclair Weeks, March 13, 1961, *Morton Collection*, National Republican Committee Series 1958-1968, Box 40, Political File.

第4章 二重の敗戦
――ゴールドウォーターと穏健派の戦い（一九六四年）

私たちは同じプリンシプルを信奉しています。小さな政府、自由企業体制、そして個人の責任です。
――マーガレット・サッチャー宛てのバリー・ゴールドウォーターの私信より〔1〕

1 はじめに

一九九八年五月三〇日、ワシントンポスト紙は「一九六四年の大統領選挙で共和党に革命を起こした保守主義のチャンピオンが逝去」という見出しを掲げ、バリー・ゴールドウォーターの訃報記事を掲載した。記事も指摘するように、ゴールドウォーターは一九六四年の大統領選挙に敗北したものの、彼の立候補は共和党内部の指導権が穏健な東部エスタブリッシュメントから保守的な西部・南部の共和党員に移行する潮目になったと考えられてきた〔2〕。

現在でも、ゴールドウォーターは共和党の保守化に重要な役割を果たした政治家の一人と見られている。序章でも述べたようにゴールドウォーターの共和党大統領候補指名をイシュー・エボリューションと捉え、その後の共和党の保守化の原点とする見方を多くの論者が支持し続けている(Carmines and Stimson, 1989; Brennan, 1995; Perlstein, 2001; Thurber, 2013a, 32; Thurber, 2013b)。

これらの研究では共和党の保守化を促した契機として、ゴールドウォーターの大統領候補指名獲得が共和党に与えたインパクトを強調する傾向があった。しかし、共和党の保守化はゴールドウォーターのみを要因に説明しうるものではない(Edwards, 1997)。一九六四年の選挙は五二年のアイゼンハワー登場以降、一二年という時間的な幅のなかで継起してきた構造的変化のクライマックスであり、共和党の主流を形成してきた穏健派と新たに台頭してきた保守派との対立の終着点であった。それ自体が、単独で何かの原因となったわけではない、というのが本書の見方である。

こうした視点に立ち、本章では一九六四年の共和党予備選挙においてゴールドウォーターと穏健派候補との間に生じた政治的対立について分析を加えていく。

2　ゴールドウォーターの生い立ちと思想

◆経歴と思想

ゴールドウォーターがタフト死後に共和党保守派に生じたリーダーシップの空隙を埋め、タフトに代わる保守派の中心となり(Volle, 2010, 8)、アイゼンハワーの中道路線を批判する急先鋒となったことは第二章・三章で見たとおりである。

特に一九六〇年に『ある保守主義者の良心』を出版してからというもの、ゴールドウォーターはアイゼンハワーの中道路線から共和党を解放し、共和党に「保守的パラダイム転換」をもたらす存在として、保守派の期待を一身に集めていった(Volle, 2010, 9)。

第二章三節では、ゴールドウォーターの思想について『ある保守主義者の良心』の内容を中心に紹介したが、本節では先に触れなかったゴールドウォーターの生い立ち、政治的キャリア、思想、立法行動について論及する。

バリー・モリス・ゴールドウォーターはアリゾナが未だ準州であった一九〇九年一月二日、同地フェニックスで誕生した。

祖父はミヒャエル・ゴルドバッサー(一八二三年、ポーランドのコニン生まれ)というポーランド系ユダヤ人であった。ミヒャエルはユダヤ人に対する迫害に耐えかね、ポーランドを去ってフランスやイギリスを転々とした後、一八五二年に大西洋を渡ってサンフランシスコに移住した。

ミヒャエルはサンフランシスコに酒場を構えたものの経営は思わしくなく、結局、店は債権者に差し押さえられてしまう。弟ヨゼフとともにロサンジェルスに出て働き始めたミヒャエルは、ゴールドラッシュに沸くアリゾナへ家族を引き連れて移住することを決意する。この際、ゴルドバッサーという姓をアメリカ風に「ゴールドウォーター」に改めた(Goldwater, 1979, 18-19)。

後年、ゴールドウォーターはこの祖父について以下のように回想している(Goldwater, 1979, 20)。

> 祖父が亡命移民として地球を半周し、アメリカで商人になったのは、富を求めるためでも権力を求めるためでも安楽な人生を求めるためでもなかった。祖父は困難と窮乏に耐えたのだ……祖父が求めたのは自由と独立である。祖父はアメリカの地にそれを見出した。

アリゾナで小売業をはじめたミヒャエルとヨゼフはやがて事業を軌道に乗せ、これがゴールドウォーター家の家業となった。一八九六年、ミヒャエルの末息子バロン・ゴールドウォーターが、当時人口が増えつつあったフェニックスに支店を出し、この店舗を発展させていった(Goldwater, 1979, 21)。

バロンは自宅を不在にしがちで、バロンの長男であるバリー・ゴールドウォーターは父よりも、中西部出身で野外活動を好む率直で活発な母ジョゼフィンや、アリゾナ民主党創立の立役者でアリゾナの州昇格に多大な貢献をした叔父モリス・ゴールドウォーター(プレスコット市長やアリゾナ州上院議長などを歴任したアリゾナの名士)の影響を強く受けて育った(Goldwater, 1979, 22)。

モリスは甥であるゴールドウォーターに、「人があることについて確信を持ったなら、勝ち目がなかろうと、どんなに批判を受けようと、それを信じ続けなければいけない」と語って聞かせ、これはゴールドウォーターの終生の人生訓の一つになったという(Edwards, 1997, 10)。

ゴールドウォーターはモリスの勧めに従って、エドマンド・バーク、トマス・ジェファソン、ジェームズ・マディソン、ジョン・アダムスの著作に親しむようになり、人間の本質や社会・統治機構の理想像について、それらの思想家から影響を受けたという。

ゴールドウォーターいわく、社会にとって悪しきものは漸次あらためていく必要がある。だからといって、性急すぎる「変化のための変化」は常に善であるとは限らず、それが進歩であるとも限らない。なぜなら、人間は不完全であり、人間が作り出す制度や人間の営みが完全無欠であることなどあり得ず、「我々は地上に天国を作ることなどできない」のだから(Goldwater, 1979, 20)[3]。

ゴールドウォーターは加えて、人間が自らの労働で作り出した成果は当人の所有となるべきであるとし、他者の所有物に損害・危害を与える場合を除けば、公権力による強制や強要を受けるいわれはないとする

（「支配権力層は信用できない。歴史とは彼らによる権力濫用の見本であり、今もそうであるからだ」）。

ゴールドウォーターは上記の思想家以外にも、ジョン・ロックやジョン・スチュアート・ミルから思想的影響を受けたことを明らかにしている[4]。

ゴールドウォーターは、ロックの著作のどの部分に影響を受けたかまでは明らかにしていない。しかし、ゴールドウォーターが人間は自然状態において等しく平等であり、生命・身体・財産を自由に所有しうる。そこでは何人も生命・身体・財産を理由なく害されるいわれはなく、侵害者に正当に反抗する場合を除いて他者のそれを害することもない。政府の権力はこの所有権の不可侵を保障するという公共善に適った行動を取ることに限定されるべきと考えていたことは、ロックの影響ではないか。また、政治家になってからのゴールドウォーターが政府による介入政策にことごとく反対票を投じたことからも明らかなように、政府が憲法に定められた範疇を超えて権力を行使することに極めて敏感かつ抑制的であったことにも、同じくロックの思想的影響が認められないだろうか（ロック、二〇一〇）。

ロックに比べると、ミルの影響はより明確である。ゴールドウォーターは書簡の中などで、度々ミルの『自由論』、それも「五章　自由の適用」から引用を行っているからである。他者の自由に干渉することが許されるのは自衛など正当な理由が成り立つ場合に限られ、「相手のため」という口実で何かを他者に強制することはできない、他者の自由を侵害しない限りにおいて、人は内面の自由・目的追求の自由・団結の自由などを思うように追求することが可能である、などの点をゴールドウォーターが重視していたことからも、『自由論』からの影響は明らかであろう。

晩年のゴールドウォーターは、女性の人工妊娠中絶の権利や同性愛者の権利を積極的に擁護し、宗教右派と激しく対立したことで知られるが、これもミルの影響ではないかと思われる（ミル、二〇一二）。

ゴールドウォーターはロックやミル以外にも、フリードリヒ・ハイエクの『隷属への道』[5]、ラッセル・カークの『保守の精神』からも影響を受けたと述べている(Goldwater, 1988, 140)。ゴールドウォーターはハイエクやカークの著作から、政府による中央集権化は家族、個人、共同体の役割を損なうとする視点を得、宗教、家族、私有財産、そして法と秩序(特に憲法)は社会の基礎であり、これらを墨守することが重要であることを確信したという。

他にも、「我こそが自己の運命の支配者、我こそが自己の魂を導くもの」という一節で結ばれるアーネスト・ヘンリーの「インビクタス」という著名な詩(ネルソン・マンデラが獄中生活の中、愛誦したことで知られる)も幼少期のゴールドウォーターにインスピレーションを与えた(Goldwater, 1979, 101)。

この詩は私の自立心に訴えるものがあった。我々の多くは人生を生きることを望み、人生に支配されることを望むものではない。ヘンリーの詩は永遠について詠っているが、我々の人生など、はかないものだ。

以上からも明らかなように、ゴールドウォーターの核心的価値観の萌芽は、祖父ミヒャエルや叔父モリスの影響を通じて様々な思想に触れることで育まれたものである。いわば、「家族」こそがゴールドウォーターの最も重要な想源だったといえるのではないだろうか。

◆人物像と政治的キャリア

クレア・ブース・ルースはゴールドウォーターの人となりを表現する際に、エドマンド・バークの有名な一節、「悪が栄えるためには善人が黙るだけでよい（“All that is necessary for the triumph of evil is that good men do nothing.”）」を引きつつ、ゴールドウォーターの物怖じしない率直さや勇気を誉めそやしている[6]。ウィリアム・バックリーも「ゴールドウォーターは、どのような理由があっても人前で自己を取り繕ったりせず、これまでの大統領候補者の中で最も率直にものをいう人……こんな政治家が未だかつていただろうか」と述べている[7]。

ゴールドウォーターの夫人、ペギーはゴールドウォーターがあまりに率直にものをいい過ぎるため、政治家に向いていないと考え、政界進出にも難色を示したという（Goldwater, 1979, 50; Edwards, 1997, 22）。

このようなゴールドウォーターの遠慮なく発言し行動する「直言居士（“Straight Talk”）」ぶりは、政治家に多く見られる、計算を尽くして物事を曖昧なままにする態度とは無縁のものであり、彼の人気の一因となった（Matthews, 1997, 662-678）。ただし、選挙参謀すら「口を開くたびに政敵に反撃の余地を与える」、「しばしば考えなく思ったことを何でも口にする」と苦言を呈することもあり[8]、「頑固」、「融通が利かない」、「浅慮・単純」といった否定的な世評も常に付きまとった[9]。

ゴールドウォーター自身、自己の性格的「欠点」から思わぬトラブルに巻き込まれることも少なからずあり、上院議員三年目の一九五五年には弱気になり、政界引退を考えたこともあったほどである[10]。

ゴールドウォーターの学業成績は決して芳しくなく、高校を中退してストーントン陸軍士官学校に編入、一九二八年にアリゾナ大学に進学するものの結局大学も中退し、急死した父親のあとを継いでデパート経営者となった（Goldwater, 1979, 23）。

その後、ゴールドウォーターは第二次世界大戦中には空軍中佐として従軍し、インドに勤務して空輸任務に就いている。この勤務経験を活かして、戦後、ゴールドウォーターはアリゾナ空軍州兵（Arizona Air National

Guard）の創設に貢献、一九四五年から一九五二年まで空軍州兵の参謀長を務めた（Volle, 2010, 7-8）。

ゴールドウォーターは一九四〇年代末にフェニックス市議会議員に選出され、地方政界入りを果たし、アリゾナ州が労働権法を制定するのに貢献している。次いで、一九五二年にはスティーブン・シャデッグを選挙参謀に雇い入れて連邦上院議員に立候補した。この選挙でゴールドウォーターが争点にしたのは、①官僚制国家による州・地方政治への介入反対、②社会保障制度の効率化、③政府支出の抑制、④タフト＝ハートレー法支持（特に労働権条項の支持）などである（Edwards, 1997, 44-45）。

ゴールドウォーターはアイゼンハワーの人気に便乗して、民主党の大物アーネスト・マクファーランド上院院内総務を破って連邦議員に初当選を果たした（Goldwater, 1979, 52）。この後、ゴールドウォーターは一九五八年、六八年、七四年、八〇年に上院議員に再選され、八七年に政界を引退するまで同職を務めた。

◆立法行動

ここではジェフリー・ボルの研究とゴールドウォーターの立法行動をまとめた一次史料（表4－1）に基づきつつ[11]、ゴールドウォーターの一九五五年から六四年までの主要な立法行動を分析する。あわせて、これらの立法業績に関する各利益団体のレイティング・スコア（表4－2）、および投票行動データ（表4－3）を下記に示す（Volle, 2010, 24）。

上記の投票記録からも、ゴールドウォーターが社会保障の拡大、連邦主導の大型公共事業、失業救済事業、農業補助、公共住宅・都市再開発、教育補助金、地方自治体への補助金、連邦債務上限引き上げ、貧困との戦いなどにことごとく反対していたことが明らかである（表4－3を見ればわかるように、連邦政府の役割を拡大する法案に対するゴールドウォーターの賛成率は0％である）。

表4-1 ゴールドウォーターの立法行動(1955～64年)… **1**

議会	法案内容とゴールドウォーターの投票結果
第84議会 (1955.1.3.～1957.1.7)	:(1953年)男女平等憲法修正条項の提案→賛成 :老齢遺族年金の適用年齢を65歳から50歳に修正する法案(HR7225)→反対 :TVAを「社会主義である」と発言、民間への売却を提案 :困窮地域における失業を緩和するために政府が適正なプログラムを設ける法案(S2663)→反対 :高度障害給付を社会保障制度に付加する案→反対 :女性に対する社会保障給付年齢を65歳から62歳に引き下げる案→賛成 :主要作物に対するパリティ価格の90%での強制的固定価格支持から82.5%～90%水準での柔軟な価格支持への切り替え法案(1954年農業法)→賛成 :パリティ価格の90%固定価格支持の復活案→反対 :土壌銀行の導入案→賛成
第85議会 (1957.1.3.～1959.1.3)	:1957年公民権法(HR6127)→賛成 :コミュニティ施設への連邦補助金の減額に関する法案→賛成 :公立学校建造に10億ドルの政府支出を許可する案→反対 :失業補償の適用範囲拡大、金額増額、全国一律の支給基準を設定する法案→反対 :連邦政府によるヘルズ峡谷ダムの建設案→反対 :60億ドルの減税法案→賛成 :社会保障給付の10%増額→反対 :中小企業対象の減税・大企業への新規課税案→賛成 :タフト=ハートレー法が規定する二次ボイコット禁止を強化する案→賛成 :ケネディ=アービン労働改革法案→反対 :組合員が組合費の不正利用を発見した場合、告発する権利を付与する法案→賛成 :組合員のNLRBへのアクセスを保証するため非共産主義者宣誓書に署名を要求する案→賛成 :公共住宅を20万戸新規に増建する法案→反対 :農業価格補助・作付け割当緩和の無期凍結→反対
第86議会 (1959.1.3.～1961.1.3)	:汚水処理プラント建設への連邦補助金増額法案→反対 :公共事業への政府支出を8000万ドル減額→賛成

表4-1 ゴールドウォーターの立法行動(1955～64年)… 2

議会	法案内容とゴールドウォーターの投票結果
第86議会 (1959.1.3.～1961.1.3)	：都市再開発への連邦補助金4億500万ドルを今後4年間延長する法案→反対 ：公立学校建造に9億ドル超の政府支出を許可する案→反対 ：1955～1963年の軍隊除隊者に教育補助を付与する案→反対 ：配当所得への4%税控除の廃止→反対 ：ガソリン1ガロンに対して1.5セントの物品税の増税案→反対 ：石油・ガスの減耗控除基準の減額案→反対 ：電話・電報税の撤廃→賛成 ：老齢者向け医療保険に社会保障税を財源として供給する案→反対 ：低所得老齢者向け医療保険供給のため制度の導入に賛成する各州に補助金を配分する案(カー＝ミルズ案)→反対 ：1958年緊急失業補償法を1960年まで延長する案→反対 ：最低賃金拡大の適用範囲を ：最低賃金の額と範囲を拡大 ：連邦公務員への昇給案→反 ：1960年公民権法(HR8601)成 ：社会保障改革法案(HR125 68歳以上の人々に対する公的医療費補助に新規税金を財源とし 導入する法案→反対
第87議会 (1961.1.3.～1963.1.3)	：教育補助法案(S1021)、25億500 連邦政府 助金として給付する法案→反対 ：公立学校建造と学校教員の給与に25億ドルを支出する案→反対 ：高等教育に連邦政府が毎年27億ドルを補助する案→反対 ：公立学校建造のための税控除と大学生を持つ親に対する減税の導入案→賛成 ：公共住宅の新規増建数を10万戸から3万7000戸に削減→賛成 ：失業率が高い地域に失業解消目的で公共事業を展開する案→反対 ：公共事業への政府支出を2億ドル削減する案→賛成 ：大量輸送機関労働者が連邦補助金を受領する権限を廃止する法案→賛成 ：郵便料金の値上げ案→反対 ：連邦債務上限引き上げ案→反対 ：所得税の上限を60%に引き下げ、代わりに減耗控除基準を27.5%から20%に引き下げる案→賛成 ：社会保障税を財源とする連邦主導の老齢者向け保険制度の導入案→反対

表4-1 ゴールドウォーターの立法行動(1955～64年)… 3

議会	法案内容とゴールドウォーターの投票結果
第87議会 (1961.1.3.～1963.1.3)	：社会保障税を財源とする連邦主導の老齢者向け保険制度ではなく、老齢者向け保険制度を導入する各州にマッチング・グラントを供給する案→賛成 ：アメリカ国立衛生研究所への補助金を減額する案→賛成 ：公共住宅に60億ドルを連邦が補助する案、同じく48億ドルを補助する案→共に反対 ：都市再開発への連邦補助金を7億ドル削減する案→賛成 ：連邦政府による地域再開発融資と補助金3億9400万ドル支出法案→反対 ：6億5500万ドルを失業者の訓練に支出する法案→反対 ：人種分離を容認している公立学校への連邦援助保留措置案→賛成 ：学校での人種統合法令を遵守する州のみに連邦補助金を給付する案を廃止する案→反対 ：公民権委員会の設置年限を2年間延長する案→賛成 ：選挙に際して人頭税納入を義務付けることを廃止する憲法修正→賛成 ：サーグッド・マーシャルを第2巡回区連邦控訴裁判所判事に任命→賛成 ：小麦や飼料穀類への厳格な生産制限案→反対 ：農務長官に対して農業価格補助・生産制限を廃止する計画を要求する案→賛成
第88議会 (1963.1.3.～1965.1.3)	：1964年公民権法案(HR7152)→反対 ：大都市圏の公共交通への連邦補助金削減案→賛成 ：公共事業への政府支出を2億ドル削減する案→賛成 ：経済機会法案(S2642)。「貧困との戦い」に9億4700万ドルを連邦政府の予算に計上→反対 ：連邦債務上限引き上げ案→反対 ：内国歳入庁に2000万ドルの新規予算を増額し、税の取り立てを促進する案→反対 ：青年環境保全部隊(Youth Conservation Corps)の創設案→反対

表4-2 ゴールドウォーターに対する利益集団のレイティング・スコア[12]

	ADA	COPE	NFU	AFBF	CAA	ACA
第86議会	0	0	11	92	100	98
第87議会	0	0	0	91	100	100

註：ADA (Americans for Democratic Action); COPE (Committee on Political Education); NFU (National Farmers Union); AFBF (American Farm Bureau Federation); CAA (Civic Affairs Associates); ACA (Americans for Constitutional Action).

表4-3 投票傾向[13]

議会	大統領支持		政党投票		保守連合		連邦政府の役割	
	支持	不支持	多数	少数	支持	不支持	拡大	縮小
第83議会 (Eisenhower)	63%	17%	89%	N.A.	N.A.	N.A.	N.A.	N.A.
第84議会	66%	23%	81%	11%	N.A.	N.A.	N.A.	N.A.
第85議会	57%	20%	70%	7%	N.A.	N.A.	N.A.	N.A.
第86議会	52%	18%	67%	11%	67%	3%	0%	93%
第87議会 (Kennedy)	18%	57%	76%	17%	61%	3%	0%	100%

ゴールドウォーター自身、「私が中央政界で目指したのは、法案を通すことではなく潰すことだった」と述べていたことはあながち誇張ではなく、自らのプリンシプルと合致しない法案の成立・継続に断固反対していた(Goldwater, 1988, 96)。他方、ゴールドウォーターが積極的に賛成票を投じたのは減税案や連邦補助金の削減案である。表4-2に明らかなように、利益団体の多くも、ゴールドウォーターの立法実績を「保守的」であると認知していた。ボルはゴールドウォーターの立法行動には一貫性があり、憲法をプリンシプルとする信念に基づき、一貫して「小さな政府」を志向する投票を続けたと指摘するが、これは妥当な評価といえよう。

ちなみに、このゴールドウォーターの「大きな政府」に対する嫌悪感の源泉は一九三〇年代に遡る。大恐慌の最中にあって、ゴールドウォーターが経営するデパートはゴールドウォーター自身を含む従業員の給与削減を断行して支出を切り詰め、一人の従業員も解雇することなく恐慌の荒波を乗り切ったという（Goldwater, 1979, 26）。また、ゴールドウォーターのデパートは、三〇年代には早くも週五日四〇時間労働制を採用しており、従業員に疾病保険、生命保険、病気休暇、利益配分制度を提供し、早い時期に黒人を従業員に採用したことでも有名であった（Goldberg, 1995, 51）。

ゴールドバーグが指摘しているように、このような経営上の実績は、企業家は何物にも強制されずに経営方針を自分で決める権利を持っており、民間企業は政府に頼らずとも社会保障、失業、人種差別・性差別の問題を自主的に克服することが可能であるという彼の強靭な個人主義的信念を支える土台となった（Goldberg, 1995, 52）。

フランクリン・ローズヴェルト政権の最初期には全国産業復興法に協力したゴールドウォーターであったが、同法による価格、賃金、労働時間等に対する規制が強まると、一転して反発するようになり、政府による規制や重税、政府の赤字支出を批判するようになった（Goldberg, 1995, 48）。一九三七年、ゴールドウォーターはローズヴェルト政権が恐慌打開策と称して民間事業に様々な規制を設け、当初の公約であったはずの財政均衡や減税を反故にし、五年間で自分の税金を二五〇倍にして行政機関を乱立、政府支出を増やし、結果的に景気・雇用を好転させることに失敗していると憤った[14]。

一九三〇年代のアリゾナは民主党の勢力が強く、ゴールドウォーターの父バロンも叔父モリスも熱心な民主党員であった（中西部出身の母ジョゼフィンのみ、熱烈な共和党員だったという）。だが、以上のようなニューディールに反発する感情から、有権者登録に際して、ゴールドウォーター本人は敢えて共和党員に登録することを決したという（Goldwater, 1979, 45）。

私の政治哲学の基礎はニューディールに対する怒りに根差すものだと思う。しかし、それは理性に基づくものというよりも、本能的なものだった。

ゴールドウォーターは、初めて連邦上院議員に立候補した一九五二年の時点で、政府支出削減・減税、タフト＝ハートレー法支持、連邦政府の権限拡張反対など、基本的政治姿勢を既に確立していたことは指摘した通りである。社会保障については、基本的なプログラムを支持するとしつつも、政府による効率的かつ透明な運用を求めるとしている。また、政府支出の削減に関して、当初は軍事支出も例外とせず、削減対象に含めると言明していた点も興味深い事実であろう[15]。

表4－2からも明らかなように、ゴールドウォーターに対する労組からの支持は極めて低いが、これはゴールドウォーターが、労組が支持する法案にことごとく反対したことによるものである。

二章でも指摘したが、ゴールドウォーターは単独では十分な力を持てない労働者が団結し、企業と交渉することは善いことであると考えていた。だが、労働組合はあくまで自発的結社であるべきとも考えており、組合への強制加入、組合費の強制徴収、政治活動・政治的支持や献金の強制、クローズド・ショップ制度などの制度を問題視し、アメリカの労組のあり方はいまや大企業によるカルテルと同じで、アメリカの自由社会の価値を損なう側面については批判的であった(Goldwater, 2007, Goldberg, 1995, 38-51)。

ニューディール期から第二次世界大戦期にかけて、アリゾナでも労働組合の組織勢力が伸展し、組合員以外の雇用を行わない(クローズド・ショップ制度)企業が増えつつあった。このような労組の動きに対抗して、経営側や労組に所属していない復員軍人らが労組メンバーでなくとも企業が従業員を雇用する権利を保障する、「労働権法」の制定を求めていた。ゴールドウォーターは労働権法制定の先頭に立っていたが、ゴールドウォーターが労働組合に対抗して労働権法の旗振り役になったのには複数の理由が存在する。

第一に、ゴールドウォーターにとって労働組合に加入していない労働者の雇用を認めない制度は、労働者が労働組合に加入しない自由を侵害しているように見えたこと。第二に、自身も復員軍人であるゴールドウォーターは労働組合に未加入であることを理由に働き口を見つけることができない復員軍人の境遇に同情したこと。第三に、クローズド・ショップ制度の拡大はアリゾナ州への外部からの企業誘致を脅かすのではないかという経営者的観点からの懸念。第四に、労組が民主党の組織基盤になっているという共和党員としての不満であった。ゴールドウォーターの尽力もあり、一九四七年、アリゾナ州憲法には労働権を保障する項目が修正条項として付加されている（Goldberg, 1995, 70）。

公民権に関する投票行動は評価が難しい。

ゴールドウォーターは全国黒人地位向上協会の会員でもあり、一九五五年に地元アリゾナの全国黒人地位向上協会で行った演説では人種平等を訴え、能力のある黒人を連邦政府に積極登用することを主張するとともに、アイゼンハワー政権が連邦施設やワシントンＤＣで人種統合の実現に取り組んでいることを評価していた[16]。さらに、彼は一九五七年公民権法・一九六〇年公民権法に賛成票を投じている。

ゴールドウォーターは一九五七年公民権法に賛成した理由を、投票の自由は人種や肌の色を問わず保障されるという憲法の規定を重視したからであるとしつつも[17]、最後まで賛否いずれを投じるか迷っており[18]、「投票する権利が公民権ならば、労働権の保障も公民権に含まれるはずである」との論理から労働権に関する修正条項を付加すれば賛成票を投じるなどの妥協を模索していた。結局、側近に労働権を公民権として連邦政府が強制することは州権や地方自治にもとるのではないかと諭されたため同条項の提案は断念している[19]。

地元の親しい友人に宛てて一九五七年公民権法に投票する直前に書かれたと思われる手紙では、以下のように述べている[20]。

公民権〔法案〕に対する私の立場をお知りになりたいことは理解しました。上院で公民権法案に賛成票を投じるつもりです。公民権法案を支持していますし、これまでも支持してきました。その証拠に、私はフェニックス市の人種分離教育や空港の食堂の人種分離、州兵の人種分離に反対してきました。私は自分の隊に黒人を入隊させた初めての将官でした。

◆小括

一九六四年の大統領選挙においてゴールドウォーターは、①「小さな政府」の追求、②政府支出削減・政府赤字解消、③労働権法支持、④均等課税導入・累進課税反対、⑤理念上は人種差別反対・人種統合賛成（ただし、人種統合の推進は政府の施策による強制ではなく州権に従って決定すべきとし、一九六四年公民権法には反対）、⑥連邦政府による教育補助金反対、⑦連邦政府による農業補助金廃止、⑧社会保障は民間主体の自発的制度であるべき（政府による強制的制度としての社会保障に反対）などを公約に掲げることになる[21]。

ここで重要な事実は、一九六四年以前にゴールドウォーターが核心的価値観や政策的争点に対する態度を確立していたということであり、それが家族の影響や大恐慌・ニューディールの時代経験によって涵養されたものであったことであろう。

3　一九六四年大統領選挙直前の共和党

◆ゴールドウォーター擁立運動

一九六一年一〇月八日、ウィリアム・ラッシャー、ジョン・アシュブルック、そしてF・クリフトン・ホワイトら二二名の保守派共和党員がシカゴで会合を行い、ゴールドウォーターを一九六四年の大統領選挙に擁立する勝手連運動を始めようとしていた。

この三人は一九四〇年代に共和党青年部の同期として知り合った。彼らは共和党員でありながら一九五〇年代の半ばにはアイゼンハワーの中道路線に幻滅し、これを批判するようになっていた点(White, 1994, 93; Frisk, 2012, 137)、そして一九六〇年選挙でニクソンを支持して熱心に選挙キャンペーンに参加したという共通点があった。しかし第三章でみたように、ニクソンがロックフェラーとニューヨークで秘密会談を持ったり、穏健なロッジを副大統領候補に指名したりしたことに失望し、一九六四年の大統領選挙では保守的なゴールドウォーターを大統領候補に担ぎ出すことを目指すようになった(Goldwater, 1979, 162)。

F・クリフトン・ホワイトによれば、この勝手連の目標は「選挙にゴールドウォーターを擁立することで、共和党を乗っ取って保守的な政党に作り変えること」であった[22]。

ラッシャーは、一九六四年選挙で保守の存在感を世に示し[23]、共和党穏健派から南部・西部の共和党保守派へと共和党の支配を移すことに成功すれば、たとえゴールドウォーターが選挙に敗北しようとも出馬の意義は大きいと感じていた[24]。ラッシャーは「保守的共和党員は勝利しうるか」と題するメモの中で、以下のように述べている[25]。

共和党は東部の大都市で「穏健派」や「リベラル」にアピールすることで、大統領選挙に勝利しようと試みてきた……共和党はすべてしくじってきた……「穏健派」や「リベラル」にアピールする戦略が失敗したいま、共和党は全国政党としては永続的マイノリティと化して破滅してゆくのか。答えは「ノー」でなくてはならない。なぜなら、共和党が大統領選挙に勝利する戦略があるからである。保守的な全国の地域の大統領選挙人を融合させ、多数化する戦略があるからである。それは中西部、山岳部諸州、南部である……この基幹的地域に加え、共和党と保守派の勢力が強いニュー・ハンプシャーとバーモントの二州で勝利すれば、大統領選挙人の多数確保は可能である。

勝手連は全米で行われていた試験投票（Straw Voting）の結果を集める、あるいは一九六〇年の共和党全国党大会に参加した代議員に「一九六四年の大統領選挙ではだれを支持するか」というアンケートを行うなどのデータ収集を行った結果、ゴールドウォーターは代議員に多数支持を得ており、特に南部での支持の強さは出色であることを掴んでいた[26]。

F・クリフトン・ホワイトは一九六一年一二月までに四二州を訪問し、ゴールドウォーター支持を堅実に拡大することに成功している[27]。翌年には全米各州で共和党全国党大会に参加する代議員選出に影響力を有する有力者を組織化し、資金を募り、選挙運動員をリクルートしていった[28]。ホワイトは富豪ロジャー・ミリケンを説得し、勝手連の活動費用の五〇%を拠出する算段をつけ[29]、他にも複数の大口資金提供者を見つけることに成功している[30]。ホワイトの尽力によって、勝手連は組織面・資金面で急速に伸長しつつあった。

次なる課題は、ゴールドウォーター本人から出馬の言質を取ることであった[31]。

同年一一月、ホワイトを通じて勝手連の動向がゴールドウォーターに伝達され(Rusher, 1984, 106)[32]、その後もゴールドウォーターに対する説得工作が続けられたが[33]、ゴールドウォーターは「私を擁立するな。大統領選挙には出ない」と出馬に否定的であったという[34]。ゴールドウォーターは勝手連が展開している擁立運動を歓迎せず、親しい友人に「F・クリフトン・ホワイトのような輩が私を無理やり袋小路に追い詰めようとする」と不満を漏らしていた[35]。こうした理由から、ゴールドウォーターは一九六一年から翌年にかけて、公の場で何度も出馬を否定する発言を繰り返した[36]。

一九六二年一二月、ホワイトら勝手連の運動がCBSニュースにスクープされても、出馬を躊躇するゴールドウォーターの姿勢に変化はなかった(Goldberg, 1995, 168)。

この頃、ゴールドウォーターは大統領選挙に出馬するか否かをディーン・バーチに内密に相談していたが、バーチは、①現職の正副大統領が優位であること、②資金や組織面で優位に立てていないこと、③負けた場合にゴールドウォーターが現在保持している上院の議席を失って無職になる可能性があることを挙げ、「国家や共和党のために出馬する義務がある」などと口車に乗せられ、「生贄の豚」にされるべきではないと助言した。

バーチは併せて、ゴールドウォーターはまだ若いので、一九六四年の大統領選挙を逃したとしてもいずれ大統領職を狙う機会に恵まれると告げ、リスクを避けて慎重に対処することを勧めた[37]。ゴールドウォーターはバーチの助言を「私自身の考えと一致している」と感謝し、上院議員への再選を目指して大統領選挙出馬を見送る決意を固めつつあった[38]。

ゴールドウォーターは一九六三年九月の時点でも、クレア・ブース・ルースに以下のように胸中を打ち明けている[39]。

クレア、私が大統領候補になろうと思わないのは、天に輝く太陽のごとく明らかだ。決断を下さなければならない状況が差し迫りつつあるのだが、私の判断はほぼ一時間単位で移り変わっている。この国のために最善と思えることをしたい。もし私の心が大統領候補になることを欲するなら、私はそうするだろう。もし私の心が上院議員になることを欲するなら、それが私の選択になるだろう。

一九六三年二月、出馬に否定的なゴールドウォーターを尻目に、勝手連は「ゴールドウォーターを大統領にする会(National Draft Goldwater Committee; 以下「大統領にする会」)」の発足を決定(公式の発表は四月八日)[40]、ピーター・オドネル前テキサス州共和党委員長を会長に据えてゴールドウォーターを大統領に出馬させる運動を文字通り「勝手に」進めていった[41]。ホワイトは全米を九地域に分けて組織設置と人員配置を進め、一九六四年の共和党予備選挙に向けて票固めする運動を本格化させていく(Goldberg, 1995, 163)。

ホワイトら勝手連の動きとは別に、上院議員再選を控えていたゴールドウォーターは一九六三年三月二〇日には上院議員再選を目指すことを表明し[42]、デニソン・キッチェルを本部長、ディーン・バーチを同副部長とする「上院選対本部(Goldwater for Senate Committee)」をアリゾナに設置した(Kleindienst, 1985, 31)。

◆ゴールドウォーターの出馬宣言

一九六一年春の時点の世論調査によると、次の選挙で共和党大統領候補と目される有力政治家の中では、ゴールドウォーターよりもロックフェラーが優位に立っていた。しかし、一九六一年に入って南部の大学での黒人学生受け入れをめぐる暴動の発生やフリーダム・ライド運動の開始など、人種に関連した社会問題が相次いで発生すると、共和党内で公民権問題に最も積極的と考えられていたロックフェラーの優位は揺らぎ始めた[43]。

一九六二年一一月のニューヨーク州知事選挙でロックフェラーは圧倒的票差で再選されたものの、五八年の初当選時より二〇万票近く民主党候補との票差が縮んだことなどから、ケネディに対する有力な対抗馬になりえないのではないかという見方も出始めていた[44]。

そのような情勢下にあった一九六三年一一月九日、ロックフェラーはゴールドウォーターに先駆けて翌年の大統領選挙出馬を公式に宣言する[45]。

しかし、この頃ゴールドウォーターの党内支持率は四五％に達し、ロックフェラーの党内支持率（二三％）を凌駕しており[46]、特に南部ではケネディの支持率すら二〇％も上回っていた（Goldberg, 1995, 176）。さらに、F・クリフトン・ホワイトらの草の根レベルでの地道な選挙組織構築の成果もあり、ゴールドウォーターは二三州で他の候補に先駆けて選挙組織を構築することに成功しており[47]、組織面でも優位に立ちつつあった[48]。

ラッシャーによれば、「大統領にする会」の選挙戦略は、二章でも触れた共和党の「南進作戦」に沿って、南部の保守的白人にアピールするというものであった[49]。南部では地方選挙レベルで保守的な共和党員が当選する例も出始めており、「大統領にする会」は南部で優位に選挙戦を進め、これに中西部、境界州、西部の一部の州を併せれば、ゴールドウォーターは十分選挙に勝利しうるという目算を立てていた[50]。「大統領にする会」は、穏健なロックフェラーが候補になった場合は南部や中西部での共和党の苦戦が予想され、ニュー・イングランドや西部で比較的善戦したとしても総合的にはケネディに勝てないと考えていた[51]。

一九六三年の晩秋、上院におけるゴールドウォーターの同僚たち、ノリス・コットン議員、カール・カーティス議員、ウィリアム・ノーランド元上院院内総務などがゴールドウォーターに出馬を決心するように説得を行っており、ゴールドウォーターは大いに心を動かされた様子であった(Kleindienst, 1985, 31)。コットンらと面会後、ゴールドウォーターはキッチェルに意見を求めた上で、遂に大統領選挙出馬の意思を固めた(Kleindienst, 1985, 31)。

しかし、同年一一月二二日、ケネディ大統領がダラスで暗殺者の凶弾に倒れると状況は一変する。ボストン出身のリベラルなケネディ大統領に対抗して、共和党が南西部アリゾナ州出身の保守的なゴールドウォーターをぶつければ、南部民主党の白人保守層の吸収効果が見込めるとする声は党内に少なくなかった。例えば、ある南部民主党員は以下のような手紙を残している[52]。

私は民主党員である……我々は自党の中にニューディール、ニューフロンティアを支持する人々を抱えている。ゆえに、政党を超えてまでほとんどかわり映えしない共和党候補を支持する気にはならない。共和党の大統領候補が私の支持を得られるかどうかは、誰が候補になるかにかかっている。私はゴールドウォーターなら支持するだろうが、共和党の他の誰であっても私も私の友人も支持しないだろう……我々保守的民主党員はプリンシプルにのっとって投票する。しかし、我々はいわゆる穏健派共和党員には投票しない。

ケネディ暗殺後、その後を継いだリンドン・ジョンソン副大統領はゴールドウォーターと同じ南西部テキサス州の出身であった。これでは候補者間に差異が期待できないとする声が共和党内に高まっていった[53]。

ケネディ暗殺以前はゴールドウォーターを熱心に支持していたある有力党員は、南部票はジョンソンに奪われるであろうから、ニューヨークやカリフォルニアのような大都市を抱える州でマイノリティ層の票獲得を目指す方針に戦術転換を図ることが望ましく、穏健派の候補者を擁立する方が望ましいのではないか、として支持を撤回した[54]。

例えば、フランク・カールソン上院議員はケネディが対抗馬であれば、ゴールドウォーターは少なくとも保守的な中西部や南部ではある程度の支持を得られるものとみていた。ただし、カールソンはそもそもゴールドウォーターが東部や西部諸州で優勢を保つことは不可能であると考えており、ゴールドウォーターで大統領選挙に勝利できるかどうかについては当初から疑問視していた[55]。

ケネディ暗殺後、カールソンはゴールドウォーターの戦略的優位はほとんどゼロになったとみていた。カールソンはゴールドウォーター陣営から支持表明を要求された際、以下のような返答を与えている[56]。

ゴールドウォーター上院議員はとても良い候補になることでしょう。私は彼を大統領候補として強い自信を持って支持しようと思います。現時点では、実際にゴールドウォーター議員がまだ先頭を走る候補ですね。しかし、〔ケネディ〕大統領が亡くなったことで、彼が著しく不利になったことも確かでしょう。これは勿論、ゴールドウォーター議員は南部の全州を獲得することを確実視する人が多かったのが、ジョンソン大統領の方が南部では明らかにより有利であり、ゴールドウォーターの優勢はなくなったのではないかという観測に基づくものです。

また、ケネディ暗殺を保守的狂信者の仕業と思い込んだ者が多かったらしく、「大統領にする会」本部にも抗議の手紙や電話が殺到し、身の危険を感じる程であったという(Tower, 1991, 166-167)。リック・パールスティンがいうように、まさに「ゴールドウォーターという通貨はたった一晩で暴落した」のである(Perlstein, 2008b, xxxviii)。

このような状況を目の当たりにして、再びゴールドウォーターの決意は揺らぎ、不出馬を宣言しようとさえした。しかし、すでに手遅れであるというコットンやノーランドの諫止を受け(Middendorf II, 2006, 65)、ゴールドウォーターは一九六四年一月三日、地元アリゾナで大統領選挙への出馬宣言を行った(Goldwater, 1979, 165)。

出馬宣言において、彼は自らの選挙戦を「小さな政府と個人の責任を守るための戦い」と位置づけ(Goldberg, 1995, 181)、「真の選択肢」を国民に提供すると周囲に語った[57]。このゴールドウォーターが発した「付和雷同ではなく、選択せよ(“A Choice, Not an Echo”)」は選挙戦のスローガンにもなった[58]。いわく[59]、

「あなたはどのような共和党員ですか?」と聞かれたら、私は今でも追従主義者(me-too Republican)ではないと答える。選挙に勝利するために信念を曲げることはしない。私は付和雷同ではなく、選択肢を与える。この選挙はパーソナリティの戦いではない。プリンシプルの戦いである。

◆大統領選対本部の設置と内部対立

出馬宣言に続いて、ゴールドウォーターは自らの上院選対本部をそのまま公式の大統領選対本部(Goldwater for President Committee; 以下「選対本部」)に改組し、「大統領にする会」はそこに吸収合併された[60]。ゴールドウォーターは勝手連を結成して選挙運動を展開していたF・クリフトン・ホワイトらを「よそ者」

とみて信用せず、できる限り距離を置こうとした(Goldwater, 1988, 207)。

ゴールドウォーターは「大統領にする会」出身組をもっと活用するべきとする進言を退け[61]、ラッシャー、アシュブルック、ホワイトらを無視し、「選対本部」をキッチェル、バーチ、リチャード・クラインディィエンストなど、地元アリゾナ出身のスタッフで固めた(表4-4参照)。これらの人々はそもそも選挙に携わった経験を全く持たないか、あるいは経験があってもアリゾナの地方選挙に携わったことがある程度だった(彼らは「アリゾナ・マフィア」、「インナー・サークル」などと揶揄された)[62]。

選対本部長に抜擢されたキッチェルによれば、「スタッフは自分が何をしているのかも理解できない状態」だったという(Goldwater, 1988, 200)。

キッチェル、バーチ、クラインディィエンストはホワイトらを「選対本部」から締め出し、ワシントンDCのシンクタンクであるアメリカン・エンタープライズ・アソシエーションからウィリアム・バルーディ、カール・ヘスといった人々を政策アドバイザー、スピーチ・ライターとして招き入れた[63]。バルーディは一九五八年からゴールドウォーターのブレーンとして活躍していたが、彼がアドバイザーに就任後、ホワイトら「大統領にする会」出身組のアイディアはことごとく無視されるようになったという(Middendorf II, 2006, 50-51)。

このアマチュア中心の「選対本部」を、「大統領にする会」出身組は「ゴールドウォーターの鞄持ちは務まっても、選挙の運営などとても務まらない素人集団」であるとみていた[64]。事実、このアマチュア集団中心の「選対本部」に練達した選挙戦術があろうはずもなく、指揮命令系統に混乱が生じつつあった[65]。

更に、「大統領にする会」出身組のラッシャーやウィリアム・バックリーらと、ゴールドウォーターの強力な支持基盤である草の根反共保守団体のジョン・バーチ協会を率いるロバート・ウェルチの間にも、深刻

表4-4 ゴールドウォーター選対の陣容[66]

選対本部長(General Director)	デニソン・キッチェル(56歳)
選対副部長(Assistant Director)	ディーン・バーチ(37歳)
野外活動部長(Field Operations)	リチャード・クラインディエンスト(41歳)
女性部長(Women's Division)	アン・イブ・ジョンソン(56歳) ジョーン・ハリントン(57歳)
青年部長(Youth for Goldwater)	バリー・ゴールドウォーター・ジュニア(26歳) ジェイムズ・ハーフ(24歳)
特別活動部長(Special Activities)	トム・バン・シックル(26歳)
広報部長(Public Information)	リー・エドワーズ(32歳)
調査部長(Research)	エドワード・マッケイブ(47歳)
運営部長(Administration)	ジェイムズ・デイ(年齢情報なし)
地域別選対統括部長	ウェイン・フッド(51歳) ジョン・グレニエ(34歳) ディック・ハーマン(43歳)

な意見の相違が目立つようになっていた。

ジョン・バーチ協会は一九五八年一二月、キャンディ製造会社の元社長で全米製造業者協会(National Association of Manufacturers)の副会長を務めたウェルチとその仲間によってインディアナポリスで創立された。ウェルチは共産主義の陰謀がアメリカ政府の隅々にまで浸透しており、これを暴露することで国家を救い出す必要があると考えていた(Schoenwald, 2001, 66)。ジョン・バーチとは第二次世界大戦直後、中国共産党に殺害されたアメリカ人バプティスト宣教師であり、アメリカの保守主義者の間では殉教者と見られている。それが協会の名称に採用された理由である。

同協会はパンフレットなどの刊行物を大量に製造、全米各地の市町村のPTAや教会組織などに潜り込んで一〇人から三〇人程度の人員を擁する活動支部を多数形成、一〇〇万人の組織化を目標とする草の根反共保守運動を進めた(Bjerre-Poulsen, 2002, 190-191)。その結果、発足から五年後の一九六三年までの間に、同協会はカリフォルニア、テキサス、アリゾナ、テネシーなどの南西部を中心に六万人以上（一説には一〇万人とも）ともいわれる会員と二〇〇万ドル以上の政治資金を持つ勢力へと急成長を遂げた（Schoenwald, 2001, 64; Bjerre-Poulsen, 2002, 192; Philips-Fein, 2009, 59）。

一九六二年のカリフォルニア州知事選挙では共和党予備選挙でバーチ協会が支援するジョー・シェル候補が善戦し、同州におけるバーチ協会の資金力・集票力を見せつけた。同年の共和党カリフォルニア州知事予備選挙を制したのはニクソンであったが、彼は本選挙で民主党候補ブラウンの前に惜敗した。これはニクソンが予備選挙でバーチ協会を批判したため、会員たちが本選挙でニクソン支持を拒絶したことが敗因ではないかと囁かれた（McGirr, 2001, 119-120）。

このようにバーチ協会がその存在感を増す一方で、同協会の主義主張は物議を醸すことが多かった。ウェルチが主張する共産主義陰謀論では、フランクリン・ローズヴェルト、トルーマン、アイゼンハワーなど歴代の大統領やその閣僚・側近、アール・ウォーレン最高裁長官など、アメリカの有名政治家の多くは、密かに祖国を裏切り共産主義の拡張に協力するソ連のシンパやエージェントであるとされていた。また、国連やNATOのような国際機関は共産主義者に乗っ取られており、「アメリカの六〇％から八〇％は既に共産化されている」とされるなど、根拠のない主張が繰り返されていた（Bjerre-Poulsen, 2002, 193）。

ウェルチは、ニューディール以降のアメリカの福祉国家化も全て共産主義者の国際的陰謀の一部であると決めてかかっており（McGirr, 2001, 75）、こうした主張ゆえに同協会は一般には極めて奇矯な過激主義団体と見られていた。

こうした根拠不明の陰謀論に対して、「大統領にする会」の中心メンバーの一人であったラッシャーは「（ジョン・バーチ協会は）全米の狂人（crackpot）のメッカだ」と批判を加えた（Bjerre-Poulsen, 2002, 196）。元来はラッシャーが編集長を務める『ナショナル・レビュー』に資金援助をしていたウェルチであったが[67]、ラッシャーに続いてバックリーもジョン・バーチ協会を不正確な情報に基づく陰謀論をもって国民を扇動していると批判したため、彼らの関係は急速に悪化していった[68]。バックリーらはバーチ協会を「有害な存在」であると見て、早急に選挙組織の支持母体から排除するようゴールドウォーターに迫った。

他方、ゴールドウォーターの草の根組織に参加して熱心に選挙活動を展開するものの中には、バーチ協会員やバーチ協会と連携している保守系政治集団(For America; Independent American; American for Goldwaterなど)のメンバーも少なくなかったため、彼らを排除すれば支持組織の弱体化が懸念された。

前述のように、特にカリフォルニア州でバーチ協会は強固なネットワークを誇っており、協会の構成員がゴールドウォーター選挙組織支部の中核を担う存在となっている場合すらあった(Bjerre-Poulsen, 2002, 201)。こうした理由から、ゴールドウォーター陣営はバーチ協会を排除することが難しかったのである(Rae, 1989)。といって、バーチ協会を積極的に支持すれば、ゴールドウォーターがウェルチの過激な主張を是認していると受け取られかねず、ゴールドウォーターはバーチ協会に関して深刻なジレンマを抱えていた。

バーチ協会員以外のゴールドウォーター支持者は、バーチ協会について問われると「何も知らない」と無知を装うか[69]、自らはバーチ協会員ではないとしつつも、協会の哲学自体は一概に間違っているとは決めつけられず、愛国的で献身的、誠実な団体であるとして消極的に擁護するのみであった[70]。

ちなみに、ゴールドウォーター本人は「自由を求めるアメリカ青年団(Young Americans for Freedom)」や「マニオン・フォーラム(Manion Forum)」など複数の極めて保守的な政治団体と近しい関係にあったこともあるが、バーチ協会員であった事実はない。むしろ、ウェルチがウォーレン最高裁長官を「隠れ共産主義者」として弾劾する運動を展開し始めた際には、「こんな馬鹿げた運動を耳にした例がない」としてウェルチを批判していた。ゴールドウォーターいわく、「私とウォーレンは二%ぐらいしか意見が合わないが、それでも弾劾の対象になるようなことをウォーレンがしでかしたとは思わない」として、ウェルチにバーチ協会の会長を辞するように警告し、「そうすればバーチ協会はウェルチの呪縛を逃れ、より多くの善を為すだろう」と述べていた[71]。

ゴールドウォーターはウェルチを「浅はか」で「節度がない」人物であると批判しつつも、ロックフェラーなどにバーチ協会を拒絶するよう勧められた際はこれに同意しなかった。いわく、「ウェルチの無責任な言動や極端な主張には同意しかねるが、自分の選挙に協力してくれるバーチ協会員は善良な人々である」と、あくまでバーチ協会とウェルチ個人は「別物」であるとすることで、この問題の解決を図ろうとしたのである[72]。

ゴールドウォーターはジョン・バーチ協会から戦略的に距離を置こうとする一方で、ラッシャーやバックリーのような保守派のインテリ知識人にも馴染めなかった[73]。

バックリーはゴールドウォーターに欧州への外遊旅行を勧め、ペレグリン・ワースソーンやレイモン・アロンといった保守的知識人と国境を越えた交流を持つことを勧めた[74]。国内でも、バックリーはミルトン・フリードマンやアンドリュー・ライトル、ヒュー・ケナーなどの知識人や芸術家をゴールドウォーター陣営に引き入れ、更にジョージ・スティグラー、フランク・ナイト、レオ・シュトラウスなどの知識人を陣営に引き入れようと努力していた[75]。

だが、ゴールドウォーターはこのようなバックリーの努力をありがたく思わず、むしろ「ビル・バックリーはいわゆる『エッグ・ヘッド』だ」、「大学教授になって、周囲の人に自らと同じ知能を持ち合わせていないのを申し訳なく思わせるような奴」であると煙たがるようになった[76]。他方、バックリーやジェームズ・バーナムなど保守派知識人の方でも、内心ゴールドウォーターの知的能力に疑問を抱いていたという

(Edwards, 1997, 113)。

こうした行き違いもあって、ゴールドウォーターはラッシャー、バックリーなどを「選対本部」から遠ざけた(Goldwater, 1988, 188)。

また、ゴールドウォーターの政策アドバイザーの一人であったウィリアム・バルーディとF・クリフトン・ホワイトとの関係は険悪で、彼らは互いをけなし合った。その結果、ゴールドウォーターはホワイトの「大統領にする会」以来の努力を大いに評価しつつも、彼とも距離を置くようになったのである[77]。

4 共和党穏健派の動向

◆ネルソン・ロックフェラー

クリフォード・ケース、ヒュー・スコット、ケネス・キーティングなど、共和党穏健派の有力議員は、一九六四年大統領選挙において共和党は北部の大都市圏・大都市の郊外を中心に無党派層や民主党浮動層の票を狙うべきであり、そのために「適切な候補者」を選ばねばならないと考えていた[78]。

彼ら共和党穏健派が推すゴールドウォーターの最有力対抗馬は、ニューヨーク州知事ネルソン・ロックフェラーであった。ロックフェラーが大統領の座を狙っていたことは三章で述べたとおりであり、彼は一九六四年の選挙に再出馬する準備を着々と進めていた(Goldberg, 1995, 161)。

ロックフェラーは現代においては国民の基本的ニーズを充足するために連邦政府の規模を拡大することは必要不可欠だと考えていた。

例えば、ロックフェラーは、連邦政府はインフレ抑制、経済成長、雇用維持のために公共事業や公営住宅建造を実施すべきであり、財政政策・金融政策を活用して市場に介入することは正当化されると考えていた[79]。アイゼンハワー政権で保健教育福祉省次官を務めたロックフェラーが社会保障の拡大に一役かったことは周知の事実であったし[80]、ロックフェラーが公民権法に賛成するだけではなく、私財を投じて黒人学童への教育支援を行ったり、南部で黒人教会が爆破された際には修繕費用を寄付したりするなど、公民権問題に積極的な立場を取っていたことはすでに指摘した通りである[81]。

ロックフェラーは公民権法を可決することはアメリカが自由と平等を達成するために不可欠であり、リンカーンが奴隷を解放して以来の共和党の宿願でもあるとして、一九六四年には以前に増して公民権法に積極的な姿勢を見せるようになっていた[82]。

これはロックフェラーの選挙戦術の一環でもあり、公民権法を強く支持することで自らを強靭なプリンシプルの持ち主であり、道徳を重んじ勇気を持った候補者であることを印象付けようと考えていたのである[83]。

ロックフェラーは社会保障、公共住宅制度、教育補助、公民権法などは「松葉杖」だと説いていた。すなわち、現代社会には松葉杖がなくては生きられない社会的弱者が確かに存在しており、それらの人々を助けるための政府機関と政策プログラムは必要である。ロックフェラーはこのような考えに沿って、州知事として低所得階層向けの州営住宅の拡充(Connery and Benjamin, 1979, 260)、公共交通網の整備(Connery and Benjamin, 1979, 290)、州立高等教育機関の設立(Connery and Benjamin, 1979, 315)などの政策を熱心に進めていた。

その結果、ロックフェラー治下のニューヨーク州は財政拡大の一途を辿り、一九五八年に一八億ドルであったニューヨーク州政府の支出は一九六三年には二八億ドルに拡大、税率も跳ね上がった。

政策別支出の推移をみても、ロックフェラーの治世で教育、環境、社会保障、住宅など、多くの領域で州政府支出が軒並み数百パーセントも上昇していることが確認できる(Connery and Benjamin, 1979, 201)。これに伴って州の財政赤字が深刻化し、ロックフェラー州政の末期にはニューヨーク州の累積財政赤字は三四億ドルを超え、全米最悪になった(Connery and Benjamin, 1979, 222)。これは保守派がロックフェラーを財政均衡に関心のない無責任な支出拡大論者とみなす一因になった[84]。

もっとも、ロックフェラー自身、松葉杖を必要としない人々までもが杖にすがって生きようとすればそこに歪みが生じるゆえに、杖に頼る生き方が標準だと思われるような事態に陥ることは避けるべきであると留保条件を付けていた[85]。

特に、ロックフェラーは民主党政権下で貧困対策、教育政策、住宅政策、社会保障などの領域で、連邦政府は州レベル以下の政府や個人の自立を損なう形で無軌道な拡張を続けてきたと批判しており、過剰な連邦補助金や無駄な政策プログラムの削減・廃止、州レベル以下の政府ができる限り連邦政府に依存することなく、自主的に財源を確保できるような税制改革を訴えていた[86]。

ロックフェラーは一九六二年に長年連れ添った妻メアリーと離婚、翌年五月にマーガレッタ・マーフィーと再婚している。ロックフェラーと交際していたマーフィーには夫と四人の子がおり、この有名政治家の不倫・再婚劇に、全米の聖職者や女性は「不道徳である」として抗議の声を寄せた。この一件の後、大統領候補ロックフェラーの支持率は四三%から二九%へと急落する(Goldwater, 1988, 179)。

こうして、ケネディ暗殺後、ゴールドウォーターが党内での支持拡大に苦慮する一方、離婚問題で世を騒がせていたロックフェラーに対しても、「道徳的規準に照らして支持できない」という声があがった[87]。

重要な時期に離婚スキャンダルを引き起こしたことで、ロックフェラーは「自分で自分の可能性を潰した」、「ロックフェラーを指名すれば共和党は道徳的に破綻する」など、不名誉な評価を蒙らざるを得なくなった[88]。

ロックフェラー陣営は、一九六四年春の共和党予備選挙を優位に押し進めることで、ロックフェラーを有権者に強く印象付け、離婚問題で生じたマイナスイメージを払拭する戦略を推進する。一九六三年一二月には多額の宣伝費用を予備選挙に注ぎ込み、テレビ広告などを利用した大規模な広告活動・世論誘導を実施して、ロックフェラーの基本的政治思想やプリンシプルの売り込みを図った[89]。

◆スクラントン、ニクソン、ロムニー

一九六三年一二月、出馬を明言していなかったゴールドウォーターと離婚問題を抱えたロックフェラーは、共に党内で思うように支持を伸ばすことができず、共和党幹部の間では両者が共倒れになった場合の「ダーク・ホース」として、ウィリアム・スクラントン、ジョージ・ロムニー、シュラストン・モートン、あるいはリチャード・ニクソンなどの名前が取り沙汰されるようになっていた[90]。

これらの候補者間に政策的差異はほとんど存在しなかったが、強いていえばスクラントンは三者の中で公民権問題への取り組みなどに最も熱心であり、最も「リベラル」であるといってよかった[91]。スクラントンはアイゼンハワー政権で国務長官特別補佐官として病身のジョン・フォスター・ダレス長官を支え、ダレス没後は後任のクリスチャン・ハーター長官を補佐した経験を持つ(Wolf, 1981, 49)。

スクラントンは国務長官特別補佐官辞任後、連邦下院議員に当選するが、その際自身の政治姿勢について「公民権ではリベラル、財政政策では保守、外交的には国際派」であると説明していた。これは第一章で確認したアイゼンハワーの政治姿勢そのものである。実際に、連邦下院議員時代には財政均衡を重視しつつも、窮乏地域救済のための公共事業法案を提案したり、最低賃金上昇案、社会保障の適用範囲拡大案、児童扶養

世帯補助案に賛成票を投じたりするなどの行動が見られた（Wolf, 1981, 55）。

以上のダーク・ホース候補者とゴールドウォーターの間には、労働権法（ゴールドウォーターは賛成、他は反対）、一九六四年公民権法（ゴールドウォーターは反対、他は賛成）、税制（ゴールドウォーターはフラット・タックス導入を主張[92]、他は累進課税を支持）、最低賃金法（ゴールドウォーターは賃上げ反対、他は賛成）、社会保障（ゴールドウォーターは民営化を主張、他は現行制度の維持・拡大を主張）、教育への連邦補助（ゴールドウォーターは連邦補助の廃止を主張、他は制度を支持）など、幾つかの領域で決定的な差異が存在した[93]。

ゴールドウォーターは、これらダーク・ホースの中で有力な候補者はロムニーであると考えていた[94]。「革新的穏健派（"progressive-moderate"）」を自称するロムニーは[95]、共和党内では「超党派の支持を得ているミシガン州知事」、「モルモン教徒で、勤勉かつ革新的ビジネスマン」という評価を得ていた[96]。

アメリカ国内の社会経済問題について、ロムニーは連邦政府への過剰な権限の集中は避けるべきであるとし、個人の責任を強調し、基本的には州以下のレベルの政府が解決にあたるべきであると考えていた[97]。例えば、公民権問題に対しても、ロムニーは基本的には個人の自発的努力や自助によって黒人の権限拡大や偏見の克服を目指すべきであると考えていたが、個人の自助努力で解決が著しく困難である領域については連邦政府による積極的な対応が必要であることも認めていた[98]。

ロムニーはアイゼンハワー中道路線の支持者であることを公言しており、アイゼンハワーの政治姿勢や政策プログラムを継承していきたいと語っていた[99]。このようにロムニーとゴールドウォーターの間では政治姿勢の違いが大きく、さらに一九六三年の末におきた事件をきっかけとして深刻な亀裂が生じていた。

発端は、ゴールドウォーターの熱心な支持者であるクレア・ブース・ルースがハースト系の新聞『ニューヨーク・ジャーナル・アメリカン』に「ロムニーは共和党のダーク・ホース」というコラムを寄稿したことであった。

このコラムでルースは、ロムニーが末日聖徒イエス・キリスト教会（モルモン教会）に所属していることを取り上げ、同教会は黒人を劣った存在であると考えて差別していると書いたのである。これに対して、まずリノア・ロムニー夫人が、モルモン書では人種や性別・信条などを超えて全ての人に福音が授かるよう説いていると反駁し、「そのような主張が全国に印刷配布されると、我々のプリンシプルを大いに損ないます」とルースに猛抗議した[100]。

夫人に続いてロムニー自身もルースに抗議しており、ルースが「黒人を差別するモルモンの教義は合衆国憲法の理念と矛盾する」と書いたことに特に反発し、モルモン教徒は人種・国籍・信条の分け隔てなく、黒人も他の男女と同じく神の子であると信じており、モルモンの教義と合衆国憲法の理念は矛盾しないと反論している[101]。


他人の宗教的信条や、そうした宗教的信条と基本的なアメリカのプリンシプルとの関係について、あなたが訳知り顔で誤った事実を述べるべきではないことは心得ておられるはずです……私は幼少時より、教会と両親から合衆国憲法は全ての人間にとって善なる不朽のプリンシプルを記載した聖なる文書だと教えられてきました。合衆国憲法は創造主が憲法を書くという目標を生み出し、創造主に鼓舞された人々によって書かれたものです。さらに言うと、われわれが国内で抱える喫緊の課題の一つは、アメリカのプリンシプルである権利と機会の平等の理念と、黒人が蒙っている差別的行為の落差を解消することだと思います。この課題を早く達成しなければ、独立宣言や憲法に謳われたアメリカに託された神意を実感することはできません。われわれに託された神意は「時代に合った新しい秩序の構築」です。

個々人が自分の才や能力を最大限に生かし、自らの選択と決定に基づいて他人の幸福に貢献することが可能になる秩序です。

ルースはこれに反論しており、自分の記事は用意周到なリサーチに基づいて書いたものであり、黒人の中にはモルモン教会を差別的だと感じているものは実際に多く存在し、現に同教会には黒人の司祭が一人もいないと指摘、記事の正当性を主張して譲らなかった[102]。

他方、ダーク・ホース候補のうち、ロックフェラーがその動向を要注意視していたのはニクソンであった。ロックフェラーは大学時代からの知己であるキャスパー・ワインバーガーを通じて、一九六二年の暮れ頃から、繰り返しニクソンの動向を探っている（Weinberger, 2001, 48）[103]。ロックフェラーは、一九六〇年大統領選挙の因縁からニクソンがゴールドウォーターと連携を図り、自分を孤立させようとするのではないかと恐れていたのである[104]。

だが、ニクソンは六二年のカリフォルニア州知事選挙に出馬して惨敗した後、「これが私の最後の記者会見だ」という演説をしており、事実上政界を引退したと見るものが多かった[105]。複数の消息通も、ニクソンが一九六四年の選挙に打って出ることはないとの観測を持っていたが、それでもなおロックフェラーはニクソンが予備選挙に突如として出馬してくる可能性は捨てきれないとみていた[106]。

5　共和党予備選挙の混迷

◆ニュー・ハンプシャー州予備選挙

混沌とした状況は一九六四年に入ってからも続き、全国の共和党組織や共和党指導者たちの多くは特定の候補に支持を一本化できないでいた。

このような状況の中で、ペンシルベニア州ゲティスバーグで引退生活を送っていたアイゼンハワー前大統領が誰を支持するのかにも注目が集まっていた。

アイゼンハワーの動静を探ろうと多くの政治家が彼のもとを訪れた。訪問者に対してアイゼンハワーは、今は回想録の執筆に余念がなく、また体調も思わしくないために今回の選挙で特定の候補に肩入れすることは避けたいと語った(Eisenhower and Eisenhower, 2010, 124)[107]。しかし、アイゼンハワーは水面下では実弟ミルトン・アイゼンハワー、スクラントン、ロッジ、アル・グルーエンサー、ハーバート・フーバー・ジュニアなどに大統領選への立候補を勧めていた(Eisenhower and Eisenhower, 2010, 125)[108]。

この水面下での動きの背後には、アイゼンハワーが繰り返し自分を批判してきたゴールドウォーターを嫌っていたという事実があったが、こうしたアイゼンハワーのはっきりしない態度も共和党内部の対立激化に拍車をかける遠因になったという[109]。

さらに、二月に入って行われた共和党内部の会合で、ゴールドウォーターが「自分が共和党の指名を勝ち取れるとは思えない」と気弱な様子をみせたことも[110]、党内の「ダーク・ホース探し」に拍車をかける結果となった。

ダーク・ホース候補のうち、ロムニーはメキシコ生まれでモルモン教徒という自らの出自や外交上の経験不足などを理由に大統領候補を目指す意思はないと述べた(Harris, 1967, 197)[111]。スクラントンに対しては出馬を促す声が高まりつつあったが(Wolf, 1981, 88)、彼もやはり立候補の可能性を否定した(Wolf, 1981, 91-96)[112]。スクラントンは二月一六日、『ミート・ザ・プレス』に出演し、自分を大統領候補に擁立する運動が起きれば、それを受諾する可能性は排除しないとしつつも、アイゼンハワーとの協議の結果、彼が自分を積極的に大統領候補として推したがっていないことが判ったと発言した[113]。この発言は、アイゼンハワーの後ろ盾を得ることに失敗したスクラントンが早々と大統領選挙出馬を諦めたものと受け止められた(Wolf, 1981, 101)。

共和党内の穏健派は、一九六〇年の共和党副大統領候補であり、ケネディ政権の南ベトナム大使としてサイゴンに赴任していたヘンリー・カボット・ロッジを担ぎ出すことを模索し始めた[114]。

ロッジが注目されたのは、離婚問題を抱えたロックフェラー、一九六〇年大統領選挙と一九六二年カリフォルニア知事選挙に相次いで破れたニクソン、全国的知名度に欠け出馬への意欲も低いスクラントンやロムニー、という状況下での消去法によるものであった[115]。民主党からジョンソン大統領が出馬してきた場合、共和党が南部で票を獲得することは望めず、むしろ黒人票や民主党の浮動票を狙うために共和党穏健派の候補を擁立した方がよいとの判断も働いており、一九六三年の暮れ頃からはアイゼンハワーもロッジに大統領選挙出馬を勧めていた[116]。

ただし、ロッジに対しては、アイゼンハワー政権で国連大使を務め、ニクソンが出馬した一九六〇年の大統領選挙では伴走候補として民主党外交を批判しておきながら、ケネディ民主党政権では一転してベトナム大使に就任しており、「言動が矛盾している」という声もあった[117]。このような批判を考慮してか、ロッジもまた「大統領に立候補する意思は全くありません。任地ベトナムで職務に励みたいと思います」と出馬の可能性を否定した[118]。

だが、ロッジ本人が不在のまま、一九六四年一月にはニュージャージー、ニューヨーク、マサチューセッツ、コネチカットなどの諸州で、当人の許可を得ないまま書き込み(write-in)でロッジを予備選挙で勝利させようとする勝手連的選挙運動が展開されていった[119]。このような運動からの出馬要請に答えて、ロッジ本人は以下のように返答している[120]。

外交官の職にあるものとして、私はベトナムでアメリカ大統領の個人的代表を務める身です。ご存じのように、政治的活動に参加したり、アメリカ本国で起きている政治的事件に公的に声明を発したりすることは外交官の服務規程からして無理なのです。

三月一〇日、このような状況下で行われたニュー・ハンプシャー州での予備選挙では、結局、ロッジが書き込み票で勝利を収め（得票率三六％）、ゴールドウォーター（得票率二三％）とロックフェラーはいずれも優勢を固めきれていない状況があらためて浮き彫りになった。また、ロッジ同様、出馬していないはずのニクソンも書き込み票でロックフェラーに肉薄する四位につけ、あらためてその存在感を示した。

ゴールドウォーター自身が「やってはいけない選挙の見本のようなものだった」と述懐したように(Goldwater, 1988, 202)、ゴールドウォーターの「選対本部」はニュー・ハンプシャーに選挙支部を展開できておらず、ゴールドウォーター自身も有効な選挙戦術を欠いたまま、手術後の思わしくない体調を押して現地入りするなど、同地での選挙戦は当初からはかばかしくなかった。

F・クリフトン・ホワイトは、「選対本部」にニュー・ハンプシャーにゴールドウォーターの選挙支部が十分に展開できていないこと、宣伝活動が不足していることを繰り返し警告したが、キッチェル本部長は「ニュー・ハンプシャーの選挙だから、アリゾナやテキサスとは違うのだろう。大丈夫だ」と応じるのみで、何も手を打とうとしなかった[121]。キッチェルとクランディエンストは、ニュー・ハンプシャーでの選挙戦術をどうするのかと問いただされた際、「よくわからない」という答えを繰り返すだけだったともいう[122]。

また、ニュー・ハンプシャー予備選挙でのゴールドウォーターのスピーチは、キッチェルが抜擢したウィリアム・バルーディが骨子となるアイディアを提供し[123]、それをもとにカール・ヘスが原稿を準備したものである[124]。スピーチの内容はベトナムで戦術核を使用する可能性、社会保障制度が根本的欠陥を抱えており部分的にでも民営化が望ましいとする見解、キューバ封鎖案やNTBT廃棄など、物議を醸す「過激な」内容が多かった(Goldwater, 1988, 183)。

更に、「貧困の原因」について質問されたゴールドウォーターは、「教育が無いから技術を身につけたり就職したりできないのではなく、知性に問題があり、意欲の低いものは技術も身につけられないし、教養も身につけられないのである」とトラブルの火種になりかねない回答をした(Goldwater, 1988, 184)。

以上の「失言」が、ライバル候補者やメディアの格好の餌食になったことは言うまでもない。

これらの「失言」によってゴールドウォーターが蒙ったダメージは大きく、ニュー・ハンプシャー選出の上院議員でゴールドウォーターに早くから出馬を勧めてきたノリス・コットン議員は、ゴールドウォーターを擁護する演説を繰り返したが[125]、ロックフェラーはライバルの「失言」を利用して、ゴールドウォーターは「貧困者を劣等者とみなして社会保障を民営化することを企て、核兵器による戦争を起こしたがっている過激な危険人物である」と大々的なネガティブ・キャンペーンを展開した(Goldwater, 1979, 21)。

AP通信の著名なジャーナリスト、ウォルター・ミアーズなども、「我々はゴールドウォーターを質問攻めにして叩けばいい。そうして彼が自滅するのを待てば、新聞の見出しが得られる」と周囲に語っていたという(Goldwater, 1988, 185)。

草の根組織の幹部からは、一連の発言を危険視してゴールドウォーター支持を留保する者が増えているとして、早急に発言を修正するなどの対応を取るべきであるとの意見が示された[126]。

　かくして、ニュー・ハンプシャーでの惨敗後、「選対本部」の素人ぶり・無策ぶりに対する風当たりが強くなり、ゴールドウォーター陣営は緊急会合を開いて選挙戦略の変更を決定し[127]、ようやく、それまで選挙組織から締め出してきた「大統領にする会」出身のメンバーを活用するようになった。

　F・クリフトン・ホワイトは州大会方式を採用している各州での代議員票のとりまとめに駆り出されるようになり、その尽力もあってゴールドウォーターは南部や中西部を中心に代議団票の組織化に成功し始める。ホワイトは南部各州の代議員二七八名のうち、二七一名をゴールドウォーター支持に振り向けることに成功した(Goldberg, 1995, 189)。

◆共和党予備選挙の混戦

　ニクソンはケネディが暗殺される以前(一九六三年九月頃)から、ゴールドウォーターとロックフェラーが共倒れになった場合を想定して、大統領選挙に出馬する意思の有無について、ダーク・ホースになり得る人物に探りを入れていた[128]。

　ニクソンは三月初め、フレッド・シートン元内務長官と会い、共和党予備選挙の趨勢を分析している。ニクソン＝シートン会合の目的は、予備選挙が混戦になった場合、ニクソン自らが漁夫の利を狙って(再)出馬するかどうかを検討するためのものであった。

　ニクソンは、緒戦のニュー・ハンプシャーで共に敗北を喫した二人のうち、ロックフェラーの命運はすでに尽きたとみていたが、ゴールドウォーターにとってこの敗北は致命傷になっておらず、カリフォルニア州の予備選挙に勝利すれば彼が指名を勝ち取る見込みは十分残っていると考えていた。他方、ニクソンはかつての伴走候補ロッジにベトナムから帰国して共和党予備選挙に飛び込む勇気はなく、ダーク・ホースにはなり得ないと見ていた。

シートンは、スクラントンに全国的知名度がないことを指摘し、党の有力者の支持や政治資金に乏しい彼もまたダーク・ホースになることはないとの見解を示した[129]。

以上からも明らかなように、ニクソンが隙あらば共和党予備選挙に打って出る野心を秘めていたことは疑いない。

ニクソンは直ちに予備選挙に飛び込む選択肢は軽挙妄動であるとしてキャンペーンを一切行わない方針を固めたが、予備選挙で自分への書き込み票(write-in votes)が増えたり、自分の出馬を求める声が党内で大きくなったりすることは自らの政治力回復につながるとみて、情勢を静観する構えであった[130]。

このような情勢の中、三月中旬ハロルド・スタッセンが突如選挙への出馬を目指して選挙運動を開始した。スタッセンはゴールドウォーターにジョン・バーチ協会からの支持を一切拒絶するなど、思い切った手段を取って穏健な立場に立つように助言していたが、それが顧みられないと分かると自ら選挙運動を始めたのである[131]。

スタッセンの狙いは六月初旬に行われるカリフォルニア予備選挙に勝利することで同州の代議団を支配し、全国党大会でキャスティング・ボートを握って優位を確保することであった[132]。

三月末、ニクソンから共和党の内情について説明を受けたロッジは、穏健派の候補者であるロックフェラーが思うように党内で支持を伸ばせていない状況を危惧し、このままではゴールドウォーターを阻止することは不可能だと考えた。ロッジは実弟ジョンに対して現時点での帰国は難しそうだとしつつ[133]、息子ジョージには、「ゴールドウォーターが指名されれば共和党にとっては災厄になるだろう。我々は地獄に一直線だ」と懸念を伝え、情勢を憂慮し始めていた[134]。

四月一四日のイリノイ予備選挙ではゴールドウォーターが勝利するものの（投票率六二%）、同月二一日に行われたニュージャージー予備選挙（得票率四一・七%）と二八日に行われたマサチューセッツ予備選挙（得票率七七%）ではロッジが勝利、また二八日にマサチューセッツと並行して行われたペンシルベニア予備選では立候補すら表明していないスクラントンが勝利を収めた（得票率五二%）。

この時点で、本国に不在で選挙戦も行っていないロッジや立候補していないスクラントンが勝利、同じく立候補を表明していなかったニクソンもニュージャージー予備選挙で二二%、ネブラスカ予備選挙で三一・五%の得票を獲得するなど「善戦」している。

他方、本命視されていたゴールドウォーターは予想外の苦戦を強いられ、ロックフェラーも宣伝費用に大金を投じながら四月に行われた予備選挙では一勝もできず、ダーク・ホースが有力候補者を圧倒するという構図になった。

五月に行われたテキサス（得票率七五%）、インディアナ（得票率六七%）、ネブラスカ（得票率四九%）の予備選挙ではゴールドウォーターが勝利を収めて劣勢をやや挽回し、ロックフェラーも五月半ばのウエスト・バージニア（得票率一〇〇%）とオレゴン（得票率三三・八%）の予備選挙でようやく勝利した。

このような情勢の下、五月二四日、ゴールドウォーターはABCとのインタビューで北ベトナムの補給路を断つためには戦術核の使用による森林伐採も選択肢の一つであると発言したが、UPI通信やAP通信はこの発言を「ゴールドウォーターがベトナムで核兵器使用の可能性を示唆」との大見出しで一斉に報道した。

ニューヨーク・ヘラルド・トリビューン紙に掲載されたコラムのなかで、アイゼンハワーは理想の共和党大統領候補とは、国際主義的者で一九六〇年の共和党綱領を支持しており、なおかつ公民権に積極的な姿勢をみせるものであるという見解を披露した（Eisenhower and Eisenhower, 2010, 130）。これらの条件がゴールドウォーターに全く合致しないことは明らかであり、アイゼンハワーが遂にゴールドウォーターの大統領候補指名を阻止しようと動き出したのではないかとの憶測を生んだ。

これを受けて、五月二四日にはニクソンがニューヨークのウォルドーフ・アストリア・ホテルで側近と会合を持ち、選挙について「重要な何か」を相談したことも報道された（Goldwater, 1988, 214）。しかし、この時点で公式的にはニクソンはどの候補を支持する言動も、自ら立候補する姿勢も見せていなかった[135]。

一方、ロッジは五月にベトナム大使を辞し、六月にアメリカに帰国すると発表した。ロッジは帰国の目的は大統領選挙のためではないとしつつも、「共和党が過激主義者の手に落ちようとし、危機に瀕している」ことを危惧し、「共和党はアイゼンハワー政権期のような穏健なイメージで前進を図っていかねばならない」とする声明を発表している[136]。ロッジはこの時点で自らが大統領候補に指名されるチャンスがほとんど残されていないことを悟っており[137]、カリフォルニアの予備選挙でゴールドウォーターがロックフェラーを破って優勢になるのを見て[138]、共和党の大統領候補をロックフェラーではなくスクラントンで一本化するための水面下の調整・根回しを開始した[139]。

六月二日、カリフォルニアの予備選挙は大接戦（得票率五一・五七％）であったもののゴールドウォーターが制し、六月初旬の段階でゴールドウォーターが勢いを増しつつあった。ただし、ゴールドウォーターは自分以外の候補者が誰も参戦しなかったフロリダ（得票率四二％）やサウス・ダコタ（得票率三二％）の予備選挙でも過半数を獲得できずに終わり、依然として「弱いフロント・ランナー」のイメージを覆すには至らなかった。ただし、ニュー・ハンプシャーなど四州の予備選挙では勝者の得票率が五〇％に届かず、ゴールドウォーター以外の候補者も決定打に欠ける状況に変化はなかった。

6　共和党全国党大会へ

◆全米知事会議とスクラントンの出馬

予備選挙で大混戦が続く中、六月初めに開催された「全米知事会議」(National Governors' Conference) は全国党大会に向けた駆け引きの場と化した。

知事会議に参加した一六人の共和党知事のうち、ゴールドウォーターを支持する者は三人にとどまり、知事の中にはロムニー、もしくはスクラントンを支持するものが多かった[140]。

会議において、ロックフェラーは自分より優勢な共和党穏健派の候補が現れない限り選挙から降りないと強気の姿勢を見せ[141]。ロムニーは周囲の出馬を促す声を尻目に出馬に慎重な姿勢を崩さなかった。ロムニーはゴールドウォーターに対して、「〔ゴールドウォーターは〕これまでの共和党の歴史や伝統に基づくプリンシプルに合致した候補ではない」とあらためて批判を加え、自分を納得させるほどの妥協をしない限り、「持てる力の全てを用いてゴールドウォーターが共和党の大統領候補になることを阻止する」と宣言した[142]。

この会議にはニクソンも参加していたものの、自分がゴールドウォーターに代わる穏健派のダーク・ホースとして全国党大会で指名される可能性が皆無であることを悟ると(Perlstein, 2001, 358)、会議後はゴールドウォーターを支持する姿勢を鮮明にし始めた(Perlstein, 2008b, xxxix)。

全米知事会議直後の六月八日、ゴールドウォーターは公民権を含め、TVA、国連、労働権法、社会保障の民営化など、幾つかの争点について穏健派と話し合ってもよいとの発言を報道陣に述べ、穏健派との妥協に含みを持たせた[143]。これを受けて、ロムニーは公民権や社会保障などの重要かつ基本的問題についてゴールドウォーターとの相違を埋めるべく、「座って議論をしようではないか」と持ちかけた[144]。

極めて重大だと思う基本的な幾つかの点について純粋に懸念を抱いているのだ……会って話すべき機会ではないだろうか。目立たぬよう、報道陣に悟られぬよう会うこともできるだろうと長い間考えていた。

だが、ゴールドウォーターは理由不明ながらも、この呼びかけに応じなかった。

一方、スクラントンは六月七日に出演した「フェイス・ザ・ネイション」で大統領選挙への出馬について問われると(Wolf, 1981, 106-107)、「誰かが自分を擁立しようというなら、その覚悟はある」と曖昧な表現を用い、出馬の可能性について明言を避けた。

ただし、スクラントンは番組で「選挙に打って出て、ゴールドウォーター議員を打ち負かすことは考えていない」とも述べた[145]。さらに、「ゴールドウォーター議員が一九六四年公民権法に反対していることを見て、彼は大統領候補に相応しくないと思うか」との問いに対して、スクラントンは「そうは思わない。一つの法案に反対したことで、ある人物の争点への姿勢全てが問われることになるとは思えない」と答えたが、この発言はスクラントンのその後の行動との整合性を問われることになる[146]。

「フェイス・ザ・ネイション」出演から僅か四日後、スクラントンは突如大統領選挙への出馬を宣言し、ゴールドウォーターへの挑戦を表明した。出馬宣言の前日に知事公邸で相談を受けたヒュー・スコット上院議員は、「共和党穏健派には未来がないかもしれない。勝つにせよ負けるにせよ、われわれは戦うべきである」とスクラントンの背中を押している[147]。

スクラントンはゴールドウォーターに送った電報の中で、以下のように出馬に至った理由を説明している[148]。

プリンシプルの問題から、私が決断に至ったことは君も解っていると思う。私の決断を尊重してくれるに違いない。君のことは人として尊敬しているが、政治姿勢には同意できない部分が多いことは君も同じだろう。人としての君に対する尊敬を損なうようなことは言わない。政治争点については、もてる限りの力を用いて、精力的に主張していく。人間性に関しては、私は何も言わない。

スクラントンの出馬宣言を受けて、ロックフェラーが六月一五日に選挙戦から撤退、スクラントン支持に回ることを表明したほか(Wolf, 1981, 112)、エベレット・ダークセン、クリフォード・ケース、ヒュー・スコット、ケネス・キーティング、アブナー・シバル、シルビオ・コンテなどの共和党穏健派の有力議員が次々とスクラントン支持を表明した[149]。

だが、スクラントンの側近でさえ「このような遅い時期に立候補することは共和党内に血で血を洗う過酷な戦争を引き起こし、一一月の選挙で自党を敗北に追いやる」、「そのような意味のない行動をとっても政治家としての輝かしい未来を危うくするだけである」と諫止する者が多かった事実からも窺われるように、スクラントンの土壇場での出馬は極めてリスクの高い行動であった[150]。

リスクを承知で、文字通り土壇場でスクラントンが出馬を決意するに至ったのには、以下に示すような幾つかの理由がある。

◆ゴールドウォーター、一九六四年公民権法に反対投票

スクラントンが出馬を決意した第一の理由は、ゴールドウォーターが議会で審議中であった一九六四年公民権法に反対票を投じる六人の共和党上院議員の一人に名を連ねたことであった。

ゴールドウォーターは一九五七年と一九六〇年の公民権法にはともに賛成していたが、六四年三月、公民権法案が下院を通過するとこれに反対する意向を公にし始めた（Donaldson, 2003, 88; Volle, 2010, 18）。ゴールドウォーターが公表した法案への反対理由は以下のようなものである（Volle, 2010, 20-22）。

- 肌の色や信条等に基づき人を差別することは道徳的に間違っている。
- 公民権の領域で連邦政府は非常に限定的な責任を有する。州政府や共同体、個人についても同じことがいえる。
- ある提案をする人々の態度が事態を複雑にしている。彼らは自分たちの言い分に一〇〇％賛成しないものは、あることに一〇〇％反対派であると決めつける。
- 昔、ゴールドウォーター・デパートは私の方針で、従業員の人種統合を行った。
- 一九四〇年代、アリゾナ空軍州兵も私の方針で、人種統合を行った。
- 私はアイゼンハワー期の一九五七年と一九六〇年、二つの公民権法案を支持した。
- 一九六〇年公民権法には、公民権の適用を免れるために州境を越えて逃げた場合、これを連邦罪とするというゴールドウォーター修正が盛り込まれた。
- 私は公の場では、南部を含めた全国で公民権に関する裁判所の命令には従うべきことを説いてきた。大統領が連邦軍をいわば最後の手段としてこの問題の適切な解決策として用いたことも支持してきた。

● いまの法案について、私が反対する部分は、個人事業と公的施設に関する部分だけである。その二つの部分は憲法に依拠しない強大で制御不能な権限を連邦政府に付与するものであり、良心の問題として、私は今のままの法案には賛成できない。

以上から窺われるように、ゴールドウォーターは公民権法が第二篇(Title II)で宿泊施設・食堂・劇場などでの差別規制を「州際通商条項」を根拠にしている点、第七篇(Title VII)で「二〇週以上にわたり、労働日一日につき一五人以上の被雇用者を使用する企業での人種差別を禁止する」点は共に憲法の正当な裏付けを欠いていると考え、これを自らの法案反対理由であると主張していた[151]。

第二章でも指摘したように、ゴールドウォーターは『ある保守主義者の良心』を刊行した一九六〇年から、一貫して人種問題は道徳的な悪であるとしつつも、連邦政府が主体となって法執行や軍隊導入といった強制的手段で人種問題を解決することは、合衆国憲法修正第一〇条に根拠を持つ州権の概念に抵触するのではないかとの見解を提示し続けていた。さらに、ゴールドウォーターはブラウン判決についても、憲法に教育に関する規定が存在しない以上、ブラウン判決は裁判官自身の私的見解を織り込んだものにすぎないとみなし、その有効性を疑問視していた[152]。

ゴールドウォーターは憲法で保障される投票権を差別撤廃の主体たる州が明確に侵害している場合や税金で運営されている公的施設で差別が行われている場合などは連邦政府が差別を是正するために介入する権限を有するとしつつも、私企業の人種差別は道徳的には間違ってはいるものの、企業主は顧客と自由に接する権限があるので州際通商を根拠に政府が私企業を強制執行対象に含めることは無理があると考えた。代わって、ゴールドウォーターは大統領が全米を遊説し、人種差別が道徳的悪であることを説いて説得を試み、人心に訴えれば差別根絶は可能であると主張した[153]。

かつてジョン・ディーンが筆者に教示してくれたところでは、公民権問題と州権の関係については、憲法の専門的知識が要求されるが、ゴールドウォーター自身は法曹家ではなく、法律を学んだこともなかったので、外部の専門家に依存する傾向が強かったという(その過程で、しばしば誤った助言を鵜呑みにすることも少なくなかったようである)[154]。

ゴールドウォーターは、憲法に定められた、「州に留保された権限」に相当する領域に連邦政府が介入すべきではないという考えを一九五二年の選挙時に既に表明していたが[155]、彼が一九六四年公民権法に反対する論拠として上記のような形で州権概念を持ち出すようになったのは、キッチェルを介して一九五八年前後ごろからロバート・ボークやウィリアム・レンクウィスト(キッチェルが経営する法律事務所で一時働いていた)といった法律家の助言を受けるようになったからではないかと考えられる[156]。

公民権問題については、ボークが著した七五頁からなる覚書があり、ゴールドウォーターの公民権問題と州権との相互関係に関する考えは、この覚書の内容を参考にしていたと考えられている[157]。

レンクウィストは、差別は差別をする側の悪意に基づくものである以上、法令で差別を禁止したところで、その原因である悪意そのものを取り除くことは不可能であると考えていた。レンクウィストは一九五二年に著した覚書の中で、ブラウン判決を無効であるとみる理由として、裁判官は人種差別を撤廃する目的のために自らの現代的価値観を憲法解釈の基準として読み込むべきではないことをあげていた(Jenkins, 2012, 38-40, 70)。

ゴールドウォーターはそもそもジェファソンなど建国の父から思想的影響を強く受け、法と秩序、特に憲法が社会の基礎であり、これを墨守することが重要であることを確信していたが、ボークやレンクウィストから受けた助言はゴールドウォーターに備わっていた憲法原意主義的性質をいっそう強めたものと考えられる。

アイゼンハワーは、理由はともあれゴールドウォーターが公民権法に反対したことで、共和党内部の反ゴールドウォーター勢力は彼を妨害する「大義名分」を得たと考えた[158]。

スクラントンは一九六〇年の党綱領で共和党が公民権に積極的姿勢を掲げたことを指摘し、ゴールドウォーターは共和党の理念を裏切っていると、その投票行動を批判した[159]。スクラントンの主張は以下のとおりである[160]。

公民権法に反対することは、アメリカ社会の白人と黒人の両方に対して、国家を揺るがし不和と不統一につながるような感情と態度を扇動してしまうでしょう。共和党の代議員が全米で一八〇〇万人に上る黒人を好きかもしれませんし、嫌いかもしれません。しかし、公民権法制定は断固たる運動に対して、議会が慎重に配慮を重ねた結果です。反公民権候補を擁立することで共和党に汚点を残せば、共和党はすぐには回復不能な打撃を蒙ることになるでしょう……共和党は善き伝統を持ち、中庸(moderation)と分別(wisdom)に導かれつつ、アメリカとともに前進していくのでしょうか。それとも「節度のない」手紙を他人に書いてよこすような権威主義的な思考を持った支持層にアピールするような候補者を指名し、アメリカの人民と乖離していくのでしょうか。「プリンシプル」を信じる人間のために、考えもなく常に「プリンシプル」に言及するような人に注意してください。政治というものは、あるプリンシプルに言及することで、複雑な課題に対して単純な回答が得られるような領域ではありません。政治は、さしあたっては妥協によってしか解決できないようなジレンマやパラドックスによって苛まれているのです。

ゴールドウォーターと彼の支持者は民主主義的な妥協と便宜主義(expediency)・日和見主義(opportunism)を取り違えるような思考を反映しています。彼らは道徳的争点を政治的争点であると考え、政治的争点を道徳的争点と間違えているのです。これは悪い政治であり、この国にとって善くないことです。この国は彼らの脅威を乗り切るでしょうが、共和党は乗り切れないかもしれません。

また、スクラントンは公民権以外にも「我が国の貧しい人々が貧しいのは彼らが怠惰であるからか、知性が無いからだ」という過去のゴールドウォーターの発言に対して[161]、「富裕層の中にも怠惰なものは存在し、貧困層であっても強い勤労意欲を持つものは多くいる」とし、ゴールドウォーターが言及した社会保障の民営化や核兵器の使用などに対しても、断固として反対すると語った[162]。

◆ストローム・サーモンドの共和党転向

スクラントンが出馬を決意した第二の理由は、第一の理由とも関連するが、南部民主党の動向である。南部民主党の指導者の間では、ゴールドウォーターが南部民主党の上院議員とともに公民権法案に反対したことを称賛する声が多かった。彼らは民主党内部で公民権法を推進するジョンソン大統領やヒューバート・ハンフリー上院議員は南部を敵視しているとみて、大統領選挙で彼らに投票すれば、ジョンソン大統領らを勢いづかせて選挙後も南部に対する敵対的法案がより多く導入されることを恐れたのである[163]。

ストローム・サーモンド上院議員(民主党、サウスカロライナ州選出)はかねてより、小さな政府を志向し個人の権利や自由を重視するゴールドウォーターの政治姿勢は「サウス・カロライナ人の多くが信奉するジェファソニアン流民主党の哲学に近い」[164]、「民主党のリベラルな主流派よりも、ゴールドウォーター共和党主義の方が平均的南部人の考え方に近く、共通点が多い」と考えていた[165]。逆に、民主党に対しては、サーモンドは一九六三年の春頃にはリベラリズムの原理は憲法を原理的に捉える人間の多い南部には馴染まないと考えるようになっており[166]、サーモンドの友人の中には「ヒューバート・ハンフリーやアデライ・スティーブンソンと同じ政党に、君のような偉大な保守者がどうして共存できるのか」とサーモンドに離党を勧めるものさえいた[167]。

しかし、サーモンドは民主党が左傾化しないよう歯止めをかける役割を果たす人間も必要だとして民主党にとどまる意向を示し、共和党への移籍案を峻拒した[168]。だが、その後もサーモンドは、①ゴールドウォーターに呼応して民主党を離脱する、②民主党に留まって南部民主党に近い立場の反ケネディ派候補の指名に注力する、③第三政党を結党して戦うという三つの選択肢の間で揺れ動き続けた[169]。

一九六四年四月までに、サーモンドの共和党移籍という選択肢はより現実味を帯びつつあった。彼は「人は自分のプリンシプルを超えてまで、どのような政党であっても支持し続けるべきではない。政党への忠誠心というのも存在することは確かだが、より多くの人の利益に適合する、より高次の忠誠心というものも存在する」と知己に語っており、ゴールドウォーターの保守的政治姿勢に共鳴し、これに呼応する形で民主党を離党することを検討し始めたことを窺わせていた[170]。

彼は二大政党を再編（realignment）すれば、両党にまたがって存在する保守勢力を合一することが可能であり、それが保守の哲学が統治を導く大きなきっかけになると考えていたのである[171]。

サーモンドはゴールドウォーターの議会での投票記録は他のどの議員よりも自己のそれに近いと評価しつつも、大統領選挙が近づけばゴールドウォーターが公民権に対して穏健な立場に変化していくのではないかと懸念していた[172]。だが、ゴールドウォーターが公民権法に反対したことでゴールドウォーターの政治姿勢に対するサーモンドの確信は深まり、九月一六日にサーモンドは民主党を離党して共和党に移籍、ゴールドウォーターを支持して彼の選挙運動に協力することを表明した[173]。

サーモンドは支持者に対して、「自由と憲法に基づく統治を守るために喜んでゴールドウォーター・リパブリカンになった。我々のために全てを賭してくれるゴールドウォーターのため、身命を賭して戦う」と離党理由を説明し[174]、ゴールドウォーターと共和党については「私が信じ続けてきたプリンシプルを体現している」と評価した[175]。

自身も民主党から共和党に鞍替えした経験を持つロナルド・レーガンは、『プリンシプルのために政党を移籍するものがいる一方で、政党のためにプリンシプルを曲げる者もいる』というチャーチルの言葉を引きつつ、「あなたがどちらの道を選んだかは明白だ。神の祝福を」とサーモンドの決断を称賛した[176]。また、古くからのサーモンド支持層には、サーモンドの決断に従ってともに共和党に移籍したものが多かった[177]。

◆共和党全国党大会

全国党大会まで僅か五週間を残す中、スクラントンは全米二五州、二万マイル以上を遊説して回り、ゴールドウォーターの戦術核使用や社会保障の民営化に関する発言、公民権法への反対を取り上げ、これを批判するキャンペーンを展開していた(Goldberg, 1995, 189)。

共和党全国党大会前日の七月一二日、「ゴールドウォーター主義とは、道理に反する危険な考え方を全て縫い合わせた主張のことである」など、挑発的な文言に満ち溢れたゴールドウォーター宛ての公開状がスクラントンの名前で発表され、大きな議論を巻き起こした。この公開状の中で、スクラントンはゴールドウォーターを極右の過激主義者に操られてアイゼンハワーの中道路線を放棄し、人種差別主義者で核兵器の無軌道な使用を主張する危険人物と断じていた[178]。

これに対して、ゴールドウォーター陣営は、スクラントンの公開状はゴールドウォーターの名誉を傷つけ、彼の支持者の尊厳や品位さえも損なうものであるとして強く抗議している[179]。後に、この公開状はスクラントンの選対メンバーが本人に無断で執筆したものであったらしいことが判明したものの（Wolf, 1981, 116）、ゴールドウォーターのスクラントンへの怒りは収まるところを知らなかったといわれる（Volle, 2010, 39）。ゴールドウォーター選対本部の調査部長であったエドワード・マッケイブはこの手紙を目にした感想を以下のように述べている[180]。

あの手紙！　あの手紙は酷かった。あれでスクラントンとゴールドウォーターが決裂したのだから。あれじゃ誰だって仲違いするよ。本当に酷い手紙だったから。あの手紙には〔スクラントンがゴールドウォーターに対して〕それまでに演説で言ったことが凝縮されていた。それらを全部まとめて、激烈な言葉で書いてあった。気分が悪かったね。

以上のような状況をみて、ロッジはスクラントンへの党内支持の一本化はもはや手遅れであると感じ、息子に以下のように忠告した[181]。

全国党大会に行かないほうがいい。行ったところでどうなるものか。ゴールドウォーターの支持者に多くの敵を作って帰ってくるのがオチだ。あの人々は民主党が正しいという認識をみんなが抱いている時分から、共和党は民主党に異議を唱えさえすればよい、とにかく共和党は民主党と違ってさえいればよい、そうすれば民主党に勝てる、と二五年にわたっていい続けてきたのだ。彼らは世界を実現可能な二つの原理でしか見ない。すなわち、一つは何もやらないということ、そしてもう一つは馬鹿なことをしでかすということだ。いま、彼らは何もやらない方向に動いているように思うが、馬鹿なことをやろうとしている側面もある。アメリカには未開拓の「保守票」が数多く眠っているというではないか。好きにさせておこう。私は一九六八年のことを既に考え始めている。

ロッジの予想通り、全国党大会は荒れ模様であった。ヒュー・スコットの回想録によると、党大会ではゴールドウォーター支持派による黒人代議団への露骨な嫌がらせが目立ったという(Scott, 1968, 5)。大会初日メリーランドの代議員であったニュートン・スティアーズが人種、肌の色、思想信条、国籍等を差別する目的で選ばれた代議員から代表資格を剥奪する修正事項を提案した。これはゴールドウォーター派の代議員の勢力を決定的な形で削ぐことを狙ったものであったが、否決に終わった(Curtis, 1986, 291)。

次に、党綱領をめぐっても対立が発生した。綱領起草委員会の委員長を務めたメルビン・レアード下院議員は対立するゴールドウォーター派と反ゴールドウォーター派に配慮して[182]、穏健派が重視する公民権法の遵守を明記し、その他の条項についてはゴールドウォーター派が支持する内容を盛り込んだ党綱領案を準備していた(Van Atta, 2008, 67)。しかし、ロックフェラーはレアード綱領案の内容に承服せず、①過激主義の影響力抑制、②核戦争防止、③一九六四年公民権法への支持を全て明記すべきであると修正案の採択を要求した。同様に、ロムニーやスクラントンも、「共和党は人種差別団体などの過激主義者の支持を一切求めない」とする修正条項案の採択を要求している(Lynch, 1997, 59; Van Atta, 2008, 67)。

これら修正案は党大会の議場で全代議員の投票にかけられることになったが、ロックフェラーの修正提案演説はゴールドウォーター支持者からの激しいブーイングでかき消され、何度も中断を余儀なくされた挙句、結局全ての修正案が否決に終わっている(Perlstein, 2001, 383-384)。

全国党大会にはアイゼンハワーも参加していたが、アイゼンハワーはゴールドウォーターが党綱領の内容で譲歩する代わりにスクラントンは立候補を辞退してゴールドウォーターを応援し、ゴールドウォーターはスクラントンを副大統領候補にすることで「手打ち」にしてはどうかと持ちかけたが、双方から拒絶された(Eisenhower and Eisenhower, 2010, 146)。

副大統領選びも難航を極めた。当初、ゴールドウォーターはスクラントンを自らの伴走候補に考えていたが、公開状の一件でゴールドウォーターの周囲はスクラントンへの憤懣やるかたなく、アイゼンハワーの提案を拒絶したことからも分かるように、スクラントンを指名することは不可能になっていた(Volle, 2010, 36)[183]。ゴールドウォーターが考えていた他の副大統領候補は、シュラストン・モートン、ウォルター・ジャッド、ウィリアム・ミラーである。アイゼンハワーは比較的穏健ながら保守派にも支持されており、国際派で、かつ全国的知名度のあるジャッドを推薦しており(Edwards, 1990, 247)、ロックフェラーの副大統領候補指名には反対するとの意向をゴールドウォーターに伝えていた[184]。

だが、ゴールドウォーターはアイゼンハワーの意向を完全に無視し、共和党全国委員長を務めるウィリアム・ミラーを伴走候補に指名した。同時に、ゴールドウォーターは「大統領にする会」出身のF・クリフトン・ホワイトを退け、ディーン・バーチ選対副部長を次期共和党全国委員長に抜擢したことも明らかにした(Middendorf II, 2006, 130)。

二章でみたように、ミラーは共和党全国委員長として南進作戦を軌道に乗せた実績もあり、一般的には保守派と見られていた。ミラーは社会保障の拡大や連邦政府による教育補助制度など政府による介入政策には原則反対[185]、公民権については法案の内容そのものに憲法の観点から懐疑的であったものの(Fitzgerald, 2004, 100-103, 226-276)、一九五七年、一九六〇年、一九六四年、いずれの公民権法にも反対していない[186]。

ミラーはカトリック教徒かつ東部(ニューヨーク州)出身であったため、地域的・宗教的バランスという観点から見れば、穏当な人選ともいえた(Middendorf II, 2006, 128)。しかしゴールドウォーターが、アイゼンハワーが強く推すジャッドを敢えて無視し、アイゼンハワーの現代的共和党路線を繰り返し批判してきたミラーを選んだことはアイゼンハワーや中道派への意趣返しという意図もあったのであろう(Donaldson, 2003, 178)。

党綱領の起草過程、副大統領の選出などで穏健派との間にわだかまりを残したまま、党大会の最終日、ゴールドウォーターは指名受託演説を行った。

ゴールドウォーターは、「自由を守るための過激主義は悪徳ではないことを忘れてはならない。正義を追求するための中道は善なるものではないこともまた忘れるべきではない("Let me remind you that extremism in the defense of liberty is no vice. And let me also remind you that moderation in the pursuit of justice is no virtue.")」の一節で知られる有名な指名受諾演説で党大会を締めくくった。

この一節は、演説原稿を準備したカール・ヘス、ハリー・ジャッファ、ウォーレン・ナッターの三人が原稿に盛り込んだものである。

これまでの経緯を考慮して、「表現が過激すぎるので削除すべきではないか」と文言の変更を促す声もあがったが、ゴールドウォーター本人の意向により、この一節は削除されずに演説本文に残された[187]。

◆共和党統一会議

ゴールドウォーターの指名受諾演説を、彼の「狭量さと排他性の表れ」であると受け取ったものは多かった[188]。「自由を守るための過激主義は悪徳ではないことを忘れてはならない。正義を追求するための中道は善なるものではないこともまた忘れるべきではない」の一節をめぐっては様々な憶測が流れ、ケネス・キーティング上院議員、シルビオ・コンテ下院議員、ジェームズ・フルトン下院議員、ジョン・リンゼイ下院議員などの党内穏健派はゴールドウォーターの指名受諾演説を聴いて、ゴールドウォーター支持を撤回すると言い出した(Donaldson, 2003, 180)。

アイゼンハワーも党大会終了後に直ちにゴールドウォーターと面会し、「過激主義」のくだりはKKK、バーチ協会、マッカーシーのような極右過激主義者・団体への礼賛にも解しうる一方、「中道」のくだりは共和党穏健派への当てつけのように聞こえるので、もっと慎重に言葉を選ぶべきであったと苦言を呈している[189]。

同様に、ニクソンも党大会後ゴールドウォーターに書簡を送って演説の一節の意図を問いただしている。ニクソンは、有権者の多くが上記の一節のみを読んで、ゴールドウォーターが政治的過激主義を容認し自由・正義を達成するのに非合法な手段を行使することすら是認したと誤解していると苦言を呈している[190]。

私は疑問を呈する人々に対して、あなたが非合法・不適切な手法を用いて自由と正義という偉大な目標達成をすることは絶対にないと説明しています……しかし、この問題について一度疑惑を晴らしておく必要があると感じています。あの二つの文章で何を言おうとしていたのかについて、より詳細なコメントを頂けると幸甚です。

ゴールドウォーターは「共和党のプリンシプルの統一と選挙での勝利を妨げるような誤解は解きたい」としつつも、問題視されている演説の一節は立憲主義、規律的自由、法の支配といった自らのプリンシプルの表明であり、一切の修正・変更を加えるつもりはないと断言した[191]。

このように、全国党大会を終えてなお、一向に止む気配のない党内対立を憂慮するアイゼンハワーは、ゴールドウォーターに以下のような助言を送っている[192]。

君が選挙の経験が豊富であることは知っているし、過去に国政選挙を経験した人々から助言を受けることを必要としていないかもしれない。ニクソン、ホール、ブラウネル、アルコーン、ロッジといった人々から助言を受けてはどうだろうか。それらの人々が公式に君の「顧問」のようなものとして認知されるようになれば、旧怨を忘れようとしている人々との間に橋渡しをし、皆で一丸となって選挙を戦いぬく一助になるだろう。

続いてアイゼンハワーは、全国党大会直後の八月一二日、ペンシルベニア州ハーシーで『共和党統一会議(Republican Unity Conference)』の開催を呼びかけ、党内融和を試みている[193]。

この会議の冒頭で発言を求められたニクソンは、共和党内には多様な勢力が共存しており、意見の相違が許されることこそ良いことであり、各派は互いの相違を理解し尊重すべきであると発言した。

その上で、大統領候補が確固たるプリンシプルを信じていることは強みであり、選挙戦術やアプローチの変更はできても候補者がプリンシプルまで変更することは不可能として、穏健派にたとえゴールドウォーターのプリンシプルが受容できずとも、せめて理解するように促した。他方、ゴールドウォーターに対しては、大統領候補はときとして自分の考えと異なるものを受けいれる努力もするべきであり、彼らのために献身する必要があると訴えた。

続いて口を開いたゴールドウォーターは、自分は常に社会保障を支持してきたと発言し、「ゴールドウォーター＝ミラー政権は連邦政府による思いやりのある、理解ある措置を全国民に対して講じる」と述べた。また、公民権についても「ゴールドウォーター＝ミラー政権は憲法の制約の範囲内で一九六四年公民権法及びその他の公民権法を『忠実に実行』することを誓約する」とし、同時に頻発する人種暴動や不法行動を抑えるために大統領としてあらゆる合法的で適切な手立てを尽くすとも述べた。

これに歩調を合わせて、副大統領候補のミラーも人種差別感情に訴える選挙戦術は絶対に採用しないと言明。ゴールドウォーターはこれを受けて、自分は「過激主義者」の支持を一切求めず、共和党は多様な意見を反映するべきであり、党をコンフォーミスト政党にはしないと言い切っている。

これに対して、穏健派のロムニーとスクラントンは、今回の選挙では、「共和党が核兵器を使用する戦争を計画している」、「人種マイノリティに差別的である」など否定的印象が根強く、それらの汚点は全てゴールドウォーター自身の軽率な言動が招いたものではないかと語勢を荒げた。

ロックフェラーも、実情はどうあれゴールドウォーターの軽率な言動が原因となって、共和党がＫＫＫやバーチ協会の支持すら受け入れるような「過激な反動勢力（backlash）というイメージ」を生み出してしまったことは問題であるとし、そうした過激団体からの支持を一切拒絶するなど、強力な声明を発表せよと迫った。

この後も、ゴールドウォーターとロックフェラー、ロムニー、スクラントンの間で公民権問題をめぐって口論が続いた。

議論に割って入ったアイゼンハワーは、ゴールドウォーターとミラーの主張は間違っていないとしつつも、ロックフェラーが指摘するイメージの問題も重要であるとして、仲裁を試みた。アイゼンハワーのもとにもゴールドウォーターに関する苦情が殺到しているが、そのような状況は共和党にとって決して望ましいものではなく、この会議に出席している全員が繰り返し正しいメッセージを国民に届けることで、否定的なイメージを改善することを心がけるべきだと述べた。

会議の最後に総括を行ったのはニクソンで、ニクソンは各人に向け、ゴールドウォーターとの間に政策的相違を見いだすといえども、彼は平和の人、至誠の人、勇気のある人、プリンシプルと理念を尊重する人であり、ジョンソンを上回る人格者であることに疑いを差し挟むものはないだろうと語り、今は私情を捨て、共和党のために結束するべきだと呼びかけている。

共和党統一会議が終了した後も、各人の対応は一様ではなかった。ゴールドウォーターは会議後の記者会見の場では、共和党の統一のために穏健派に譲歩する可能性を頑なに認めようとしなかった(Eisenhower and Eisenhower, 2010, 149)。他方、ニクソンはゴールドウォーターに積極的に協力して全国を遊説、スクラントンとロックフェラーも不承不承ゴールドウォーターを支持して選挙に協力、ロムニーはプリンシプルの不一致を理由に最後まで支持を拒否、デューイなどは民主党のリンドン・ジョンソン大統領支持に回るなど、分裂的対応を示した(Klinkner, 1994, 72)。

7 選挙敗北後

大統領選挙の結果、現職のリンドン・ジョンソン(民主党)が一般得票の六一・〇五%、大統領選挙人四八六人（獲得率九〇・三％）を獲得して圧勝を収めた。ゴールドウォーターは一般得票の三八・四七％、選挙人五二人を獲得するにとどまり、これは一九三六年の共和党大統領候補アルフ・ランドンに次ぐ歴史的な大敗となった。

ゴールドウォーターは深南部の五州を制して（ミシシッピ州では八七・一％もの一般有権者票を獲得）南部白人票の五五％を獲得することに成功したものの、上下両院選挙においても共和党は大きく議席を減らしている (Micklethwait and Wooldridge, 2004)。

ゴールドウォーターは敗北後の記者会見で、大敗を喫したとはいえ二五〇〇万人もの有権者が保守に共鳴したことは非常なことであると述べ、以下のような談話を発表した (Volle, 2010, 49)。

私に投票してくれた二五〇〇万以上もの有権者に感謝する。有権者は私に投票したのではなく、私が体現する哲学に投票したのだ。その哲学とは将来、共和党が執着し、強化していかなければいけない共和党の哲学である。

大統領選挙直後、ロックフェラーは記者会見を開いて声明を発表し、ゴールドウォーターの責任を追及している[194]。

ニューヨーク州の共和党組織のような州組織の努力にもかかわらず、ゴールドウォーター＝ミラー・チケットを指名したことで共和党はひどい分裂状況に置かれることになった。国民はゴールドウォーター＝ミラー・チケットを空前絶後の多数で拒絶したのだ。穏健派や進歩派や真正な保守派、ロバート・タフト・ジュニアやケネス・キーティングやチャールズ・パーシーのような優れた共和党リーダー、そして下院議員に立候補していた候補者たち、全国で州・地方レベルで選挙に立候補していた候補者たち——殺到する抗議の声によって、これら何百もの共和党政治家は敗北へと道連れにされてしまった。私や他の穏健派共和党員とゴールドウォーター議員との差異は個人的なものではない。それはプリンシプルに基づく差異なのである。ゴールドウォーター議員は社会保障を民営化し、国連から脱退し、核兵器を使用する権限を現場の指揮官に自由にさせようとし、公民権の問題を州権の問題としてミシシッピやアラバマのような州に任せて放置しようとし、TVAを売却し、農業補助金を即刻全廃しようとした。共和党はいまこそ結党時のプリンシプルに立ち戻り、共和党とアメリカを偉大なものとしてきたプリンシプルに立ち戻るときが来た。

このロックフェラーの声明は、公民権に非常に積極的な姿勢を取ってきたロックフェラーが不服ながらもゴールドウォーターを支持したことに対して、「ゴールドウォーターを支持することはロックフェラーの名が示す理想やプリンシプルを拒絶することのように思える」と批判されたことに対する「自己弁護」・「責任転嫁」でもあったと思われる[195]。

ロックフェラーの声明に対して、ニクソンは「ロックフェラーこそ他人の足を引っ張り、共和党を分裂させている」と応酬した(Eisenhower and Eisenhower, 2010, 151)。

ゴールドウォーターの支持者の中からも、むしろ敗北の責任はロックフェラーら穏健派にあると反論する者が続々と現れた。ただし、これらの人々の中では、ロックフェラーよりもむしろロムニーを責める声が強かった。

というのも、全国党大会がテレビ中継されている際、ゴールドウォーターは七〇回もの拍手喝采を受けたが、ロムニーは椅子から立ち上がることも拍手することもなく、終始白けた態度でいる様子が何度も映し出されていた。全国党大会後のラジオのインタビューでも、ロムニーが「地元に帰る」、「ゴールドウォーターには協力せず、あとは勝手にやる」などの「譲らない」発言をしたことを「傲岸不遜」だと感じたものも少なくなかった[196]。

このような全国党大会での振る舞いによって党員たちは、ロムニーが「一匹狼」、ないし「協調性のない人」であるとする見方を強めていった[197]。ある党員は以下のような感想を残している[198]。

ロムニーは良い知事だと思う。しかし、現実政治（practical politics）の技巧が欠けている気がするのだが、君もそう思うだろう。ロムニーが全国党大会に出てきたのは自分の政治的野心のためではないか。彼にとって自分の野心は全国党大会の決定や党の福利よりも重要なのだろう。自党の大統領候補を見捨てたり、「勝手にやる」などと述べたりすることはロムニーにとっては自殺行為ではないか。

ロムニー同様、スクラントンへの批判も根強くあった。ただ、ロムニーとは異なり、スクラントンは全国党大会で最終的にゴールドウォーター＝ミラー・チケットを支持したため、むしろ自らの支持者から「背信行為」を責められる結果になった。

これに対して、スクラントンはたとえ候補者の主張に全て同意できなくても、自党の大統領候補を支持することは二大政党を維持するためにはやむを得ない「責務」だったと自己の行為を弁明している[199]。だが、出馬までの経緯を見ていた人々は、スクラントンの弁明に納得せず、スクラントンの行為を彼の優柔不断さ・惰弱さの表れと受け取るものが大半であった[200]。大統領選挙に出馬しないと言い続けておきながら、土壇場になって急に出馬に踏み切ったことを責める声も多く、スクラントンの名声は損なわれ、彼の下を離れていった支持者も多かった[201]。

ゴールドウォーターの熱心な支持組織からも、スクラントンのゴールドウォーター批判が共和党の統一を阻害し、選挙を敗北に導いた要因であるという意見が提起された[202]。こうした意見に対して、スクラントンは「共和党州知事の会(Republican Governor's Association)」が発した声明文の中で、間接的にゴールドウォーター(並びに彼の支持層)に反論を試みている[203]。

声明文にいわく、「共和党の伝統としての公民権法への支持」、「狭隘な政治的過激主義の排除」、「生活水準の向上、社会保障・国民皆保険制度の制定と拡充、教育の拡充などの政策によって、連邦政府が人間ニーズへ適切な対応をはかること」が謳われていたが、これがゴールドウォーター批判であることは誰の目にも明らかであった。

さらに重要なことは、この声明文に、共和党の現執行部の入れ替えを勧告する項目が含まれていたことである。スクラントンはゴールドウォーターに対する私信の中でも、「現執行部は共和党を排他的かつ部分的な思想を代表する政党に変化させようとしている印象を与える」ことを理由に、就任から僅か半年しか経っていないディーン・バーチ共和党全国委員長の更迭を要求している[204]。

選挙が終われば、全国委員会が発する声明や行動のトーンも変わるだろうと思っていた。全国委員会の誰かが、共和党をより広範な層に支持され、選挙を勝利しうるような政党に変革していこうとする意欲を示すと思っていた。私はわざと共和党指導部の変革についてコメントすることを何週間にもわたって慎んできた。改革精神はいずれ現れるだろうと期待していたからだ。だが、そうならなかった。共和党指導部は以前と何も変わらず、それどころか第三政党を結党するという脅しを隠そうともしない有り様だ……共和党全国委員長は特定の候補や党内の特定の勢力に結びつくべきではない……共和党の目標はアメリカの多数党になることであって、排他的徒党と化すことではない……わが党に貼られた人種差別主義のレッテルは除去せねばならない……君は全国委員長の件で何らかの妥協を得ようと必死に働きかけているようだが、君が勝ち取るどのような妥協であっても、君の「中核的」支持者はそれを一切受け入れないだろう。そして、君は彼らには妥協が受けいれられないことが分かった、という結論に達するわけだ。党のどのような要素であっても、狭量な「中核」が共和党を強固で団結した全国政党にできるわけがないだろう。

スクラントン同様、ロムニーもアイゼンハワーへの手紙の中で、「共和党は人種差別主義の色を捨て、基本的プリンシプルを反復していく」、「全国委員会を改革することで、それを野党としての共和党を強化する核とする」ことを提案し、ゴールドウォーター派を党組織から一掃し、共和党全国委員会の改革を目指すと述べた[205]。

シュラストン・モートンやヒュー・スコット、ミード・アルコーンなど、バーチ解任の動きに同調した共和党穏健派は多かった(Klinkner, 1994, 73)。

ゴールドウォーターはバーチを解任することに意義や利益があるなら喜んで同意するとしつつも、納得できる理由なく解任に踏み切ることは「無条件降伏」であるとして、解任に抵抗した[206]。

アイゼンハワーはスクラントンやロムニーなどの党改革案に同調せず、むしろ敗戦の責任を全てゴールドウォーターやバーチに転嫁しようとするかのような言動に対して批判的でさえあった。アイゼンハワーは「共和党改革案」と称するものが選挙後あまりに夥しく、しかも性急に表明され過ぎていることを危惧し、共和党各派は自らの差異を主張しつつも他派の意見にも耳を傾け、慎重に討議を重ねることで相互に受容可能なプリンシプルを合意によって徐々に形成していくべきであると忠告を与えた[207]。

選挙終了後の一二月、ゴールドウォーターはロムニーに宛てた私信の中で、ロムニーに対して苛烈な反論を行っている。ゴールドウォーターは過激主義(extremism)という言葉を用いていること以外、自分とロムニーの主張に違いはないと述べている[208]。

「われわれは排他的にならず、開放的にならねばならない」という君の言葉には混乱する。一九六〇年に、思想的立場の違いにこだわることなく、共和党の名の下にディック・ニクソンを選出するため、党内に結束を訴えかけたのは誰か。君は覚えていないかもしれないが、それは私だ。では、一九六四年を見てみて、共和党内で私が妥協しなければ私は自分の望むような道を歩めないと言っているのは誰だ。そう言っている人々の一人は君だ。いったい誰が排他的で、誰が開放的なのか、という疑問が湧いてくる。君は「われわれは広範な支持基盤を持つ政党として選挙に勝利し、アメリカに奉仕する必要がある」とも言う。このような声明は、君やネルソン・ロックフェラーのようなリーダーがとった行動と一致しているのか。共和党のチケットを支持することを断固拒否してきた君が、どうやったら共和党を広範な支持基盤を持つ政党にしたいという感覚を持てるのだろうか。君はテレビのインタビューで自分のプリンシプルを妥協することは絶対にないと語っていた。その割に、君は私や他の人々には自分のプリンシプルを妥協することを期待する。ジョージ、君が自分のプリンシプルを誇りに思うのと同様に、私も自らのプリンシプルに誇りを持っている。君が自分のプリンシプルを妥協しないのと同じように、私も自分のプリンシプルを妥協しようと思わない。率直にいうと、君が私のプリンシプルのどこに同意できないのかが理解できない。

これに対して、ロムニーはゴールドウォーターが民主党保守派を共和党に引き入れて保守再編を狙っている点に自分は同意できないのだとして、これまた激しい反論を加えている[209]。

君はそれを善いことだと思っているのだろうが、私は同意しない。欧州でイデオロギーに先導された政党がどのような運命を辿ったかを一顧してみれば、大混乱が待ち受けているであろうことが認識できる。ドグマ的になってしまったイデオロギー政党は国家の社会組織や政治組織を分裂させてしまうものだ。それは統治の危機や統治の停滞を招き、自由を守り進歩を達成するのに必要な妥協を妨害するものだ……実際、君の選挙の進め方と選挙結果は、君の選挙キャンペーンが「南部の田舎の白人主導」の選挙と寸分違わなかったことを示している……哲学的、道徳的、そして戦略的理由から選挙時に君を支持することはできなかった。

ゴールドウォーターは、ロムニーは他者に異論を唱える権利を持っているとしつつも、いかにプリンシプルが異なるとはいえ、党の公式な大統領候補者が窮地に陥っている場合それを防護することも党員の務めであるとして、一九六四年のロムニーの行動は単なる自己中心的行動にすぎないと反論している[210]。ゴールドウォーターはロムニーが一九六四年に自らを支持しなかった恨みを長く忘れず、決して赦そうとしなかった[211]。

8 結論

一九五二年の選挙において確立された中道路線に沿う形で、大統領当選後にアイゼンハワーが共和党の改革に着手したこと、そしてその後継者たるニクソンが一九六〇年の選挙で敗れたことでアイゼンハワーの中道主義が退潮し、共和党内の保守派が勢いづいたことは前章までに述べたとおりである。

それを受けて、一九六四年の大統領選挙に向けた共和党の候補者争いにおいては、保守的なプリンシプルを持つゴールドウォーターと、穏健派候補との間で文字通り政治理念を巡る戦争が繰り広げられた。ゴールドウォーターは並み居る穏健派を制して大統領候補の座を手中に収めたが、本選挙では惨敗を喫している。他方、ロックフェラー、スクラントン、ロムニー、ロッジなど、アイゼンハワーの退任後も共和党内に根強く残っていた穏健派の主力政治家もゴールドウォーターとの闘争に敗れて零落し、党内での影響力を失っていった。

スクラントンは一九六六年にペンシルベニア州知事を引退、二度と公職に立候補する意思はないことを宣言した[212]。ロッジは一九六五年にジョンソン大統領によって南ベトナム大使に再任され、一九六八年には西ドイツ大使に転出、一九七〇年以降はパリ和平協定に関わるようになり、彼もまた中央政界に戻ることはなかった。ロムニーは一九六八年の大統領選挙に出馬するも振るわず、その年の二月には早々に選挙戦から撤退、ニクソン政権で住宅都市開発長官(一九六九～七三年)を務めたのが最後のキャリアとなった。そして、ロックフェラーも一九六八年の大統領選挙に再び出馬するも、マサチューセッツ州の予備選挙にかろうじて勝利したのみで（得票率三〇％）全国党大会ではニクソンに惨敗を喫する。これがロックフェラーにとって最後の大統領選挙となった[213]。

ゴールドウォーターの大敗と共和党穏健派の決定的な退潮――一九六四年の選挙戦は共和党にとっていわば「二重の敗戦」の意味を持つものだった。

一九六四年の選挙に勝者がいたとすれば、それはニクソンであろう。一九六〇年の大統領選、六二年のカリフォルニア州知事選で連敗したことにより、六四年の時点でニクソンの政治生命は終わったものと考えられていた。しかし、この選挙でゴールドウォーターと穏健派の双方が凋落したことを受けて、ニクソンは六八年の大統領選挙で共和党の大統領候補に指名され、民主党のヒューバート・ハンフリー候補を破って当選を果たす。ニクソンは不死鳥のごとく蘇ったのである。

ちなみに三章冒頭でも述べたように、一九六八年のニクソンは「法と秩序（Law and Order）」、「福祉の不正受給（Welfare Cheats）」、「慢性失業者（Hard-core Unemployed）」、「強制的統合（Forced Integration）」、「安全な近隣居住区（Safe Neighborhood）」などの言葉を用いて「サイレント・マジョリティ」に訴えかけるようになっており、明らかに右傾化していた（Mason, 2012, 212）。それはアイゼンハワーの後継者・中道路線の継承者であった一九六〇年のニクソンとは別人であった。

この右傾化した「生まれ変わったニクソン（"New Nixon"）」をゴールドウォーターやサーモンドなど、共和党保守派がこぞって支持したことはいうまでもない（Carmines and Stimson, 1989, 103-104）。

註

1——Goldwater to Margaret Thatcher, January 4, 1994, *Barry M. Goldwater Papers*, Series I: Personal, Box 22 (Alpha Files), Arizona Historical Foundation, Hayden Library, Arizona State University, Tempe, Arizona. (以下*Goldwater Papers*と略記)

2——Bart Barnes, "Barry Goldwater, GOP Hero, Dies," *Washington Post*, May 30, 1998. <http://www.washingtonpost.com/wp-srv/politics/daily/may98/goldwater30.htm> Accessed September 18, 2014.

3——Goldwater to Sanford Goeltz, August 4, 1961, *Steven Shadegg/Barry Goldwater Collection*, Box 3H506, 1960 Presidential Campaign, Briscoe Center for American History, the University of Texas Austin, Austin, Texas. (以下*Steven Shadegg/Barry Goldwater Collection*と略記)

4——Goldwater to Steve Shadegg, January 20, 1960, John W. Dean and Barry M. Goldwater, Jr., *Pure Goldwater* (New York: Palgrave Macmillan, 2008), p.112.

5——Russell Kirk to Clare Boothe Luce, August 8, 1964, *Clare Boothe Luce Papers*, Box 224, Correspondence File, Manuscript Division of Library of Congress, Washington, D.C. (以下*Luce Papers*と略記)

6——Clare Boothe Luce to William H. Anderson, September 8, 1964, *Luce Papers*, Box 219, Correspondence File.

7——William F. Buckley Jr., Memo on Goldwater, July 1, 1960, *William F. Buckley, Jr. Papers*, Box 10, General Correspondence, Manuscripts and Archives, Yale University Library, New Haven, Connecticut. (以下*Buckley Papers*と略記)

8——"Notes after having Breakfast with Peter O'Donnell," December 1964, *Steven Shadegg/Barry Goldwater Collection,* Box 3H510, 1964 Presidential Campaign.

9——Ed Murray to Shadegg, January 6, 1961, *Steven Shadegg/Barry Goldwater Collection*, Box 3H506, 1960 Presidential Campaign.

10——Goldwater to Shadegg, May 5, 1955, *Steven Shadegg/Barry Goldwater Collection*, Box 3H479, 1952 Senate Campaign File.

11——以下の一次史料・二次文献をもとにしている。Volle, 2012; "The Public Record of Barry Goldwater," *Walter H.*

Judd Papers, Box 210, Hoover Institution Archives, Stanford, California.（以下*Judd Papers*と略記）補足すると、“The Public Record of Barry Goldwater.” は*Congressional Quarterly*が一九六四年の大統領選挙に際してゴールドウォーターの過去の投票業績等を参考に作成した資料であり、以下の数値は全てここからの引用である。

12——“The Public Record of Barry Goldwater,” *Judd Papers*, Box 210. より作成。

13——“The Public Record of Barry Goldwater,” *Judd Papers*, Box 210. より作成。大統領とは法案に対する大統領の立場を支持した割合。政党投票とは法案の投票に際して自党の多数派の投票傾向に合致したか否かの割合。保守連合とは南部民主党と共和党保守派の連合の投票傾向への一致度。連邦政府とは連邦政府の役割を拡大するような法案に賛成している割合。

14——“A Fireside Chat with Mr. Roosevelt,” June 29, 1937, Dean and Goldwater, Jr., *Pure Goldwater*, p.17; “A Fireside Chat with Mr. Roosevelt,” Editorial in the Phoenix Gazette, June 23, 1938, Leonard Schlup and James Manley (ed.) *The Political Principles of Senator Barry M. Goldwater as Revealed in His Speeches and Writings* (New York: The Edwin Mellen Press, 2012), p.34.

15——Goldwater to Shadegg, July 10, 1952, *Steven Shadegg/Barry Goldwater Collection*, Box 3H475, 1952 Senate Campaign File.

16——“Address delivered by Hon. Barry Goldwater of Arizona before the National Committee Association of the Advancement of Colored People, Tucson, Arizona,” October 12, 1955, *Steven Shadegg/Barry Goldwater Collection*, Box 3H495, 1958 Senate Campaign General File.

17——Shadegg to Goldwater, July 8, 1957, *Steven Shadegg/Barry Goldwater Collection*, Box 3H485, 1958 Senate Campaign Telegrams.

18——Shadegg to Goldwater, July 8, 1957, *Steven Shadegg/Barry Goldwater Collection*, Box 3H480, 1952 Senate Campaign File.

19——Shadegg to Goldwater, March 7, 1957, *Steven Shadegg/Barry Goldwater Collection*, Box 3H480, 1952 Senate Campaign File.

20——Goldwater to Walter B. Scott, Undated, 1957, *Steven Shadegg/Barry Goldwater Collection*, Box 3H485, 1958 Senate

Campaign Telegrams.

21 ——“Taking a Stand on Issues,” Undated, *William F. Knowland Papers*, Goldwater Campaign: Printed Materials and Publications File, Carton 156, Bancroft Library, University of California, Berkley, Berkley, California. (以下*Knowland Papers*と略記)

22 ——F. Clifton White to Original Group, December 4, 1963, *Roger A. Moore Papers*, RSB 3, Ashbrook Center of Public Affairs, Ashland College, Ashland Ohio. (以下*Moore Papers*と略記)

23 ——William A. Rusher’s Memorandum, Undated, *William A. Rusher Papers,* Box 207 (Speaking Engagement Research Material File), Manuscript Division of Library of Congress, Washington, D.C. (以下*Rusher Papers*と略記)

24 ——William A. Rusher to Goldwater, June 28, 1984, *Rusher Papers*, Box 35 (Barry M. Goldwater File).

25 ——“Can a Conservative Republican Win?” Undated, *Rusher Papers*, Box 156 (National Draft Goldwater Committee, List of State Chairman and Volunteers File).

26 ——“Confidential Memo,” October 18, 1962, *Rusher Papers*, Box 155 (National Draft Goldwater Committee Correspondence and Memoranda File).

27 ——F. Clifton White to Roger Milliken, January 9, 1963, *Rusher Papers*, Box 155 (National Draft Goldwater Committee Correspondence and Memoranda File).

28 ——“Confidential Memo,” May 29, 1962, *Rusher Papers*, Box 155 (National Draft Goldwater Committee Correspondence and Memoranda File).

29 ——F. Clifton White to Roger Milliken, January 9, 1963, *Rusher Papers*, Box 155 (National Draft Goldwater Committee Correspondence and Memoranda File).

30 ——Interview with Cliff White by Steven Shadegg, December 1964, *Steven Shadegg/Barry Goldwater Collection,* Box 3H510, 1964 Presidential Campaign.

31 ——F. Clifton White to Original Group, January 29, 1964, *Moore Papers*, RSB 3.

32 ——Interview with Cliff White by Steven Shadegg, December 1964, *Steven Shadegg/Barry Goldwater Collections*, Box 3H510, 1964 Presidential Campaign.

33——F. Clifton White to Goldwater, January 31, 1964, *F. Clifton White Papers*, National Goldwater Committee File, Box 18, Cornell University, New York. (以下*White Cornell*と略記)

34——*Interview with F. Clifton White by James M. Cannon*, August 30, 1964, Ashbrook Center of Public Affairs, Ashland College, Ashland Ohio.

35——"Notes after having Breakfast with Peter O'Donnell," December 1964, *Steven Shadegg/Barry Goldwater Collection,* Box 3H510, 1964 Presidential Campaign.

36——"The Public Record of Barry Goldwater," *Judd Papers*, Box 210.

37——Dean Burch to Goldwater, January 14, 1963, *Goldwater Papers*, Series I: Personal, Box 2 (Alpha Files).

38——Goldwater to Burch, January 21, 1963, *Goldwater Papers*, Series I: Personal, Box 2 (Alpha Files).

39——Goldwater to Clare Boothe Luce, September 6, 1963, *Luce Papers*, Box 217, Correspondence File.

40——For Release, April 8, 1964, *White Cornell*, Box 9, National Goldwater Committee File.

41——*Interview with F. Clifton White by James M. Cannon*, August 30, 1964, Ashbrook Center of Public Affairs, Ashland College, Ashland Ohio.

42——"The Public Record of Barry Goldwater," *Judd Papers*, Box 210.

43——"Confidential Memorandum: Re. The 1964 Presidential Election," June 25, 1961, *Denison Kitchel Papers*, Box 4, Hoover Institution Archives, Stanford, California. (以下*Kitchel Papers*と略記)

44——"Goldwater or Rockefeller? Confidential Memorandum," June 1963, *Rusher Papers*, Box 155 (National Draft Goldwater Committee Correspondence and Memoranda File).

45——Rockefeller's Announcement, November 9, 1963, *White Cornell,* F. C. W. File, Box 9.

46——Peter O'Donnell to Goldwater State Chairman, September 10, 1963, *Rusher Papers*, Box 155 (National Draft Goldwater Committee Correspondence and Memoranda File).

47——Peter O'Donnell to Goldwater State Chairman, September 10, 1963, *Rusher Papers*, Box 155 (National Draft Goldwater Committee Correspondence and Memoranda File).

48——Goldwater to William F. Knowland, January 15, 1964, *Knowland Papers,* Goldwater Campaign File, Carton 156;

Scranton to Richard Rovere, September 4, 1964, *William Scranton Papers (MG 208)*, Box 67, Subject File, Pennsylvania State Archives, Harrisburg, Pennsylvania. (以下*Scranton Papers*と略記)

49——William A. Rusher's Memorandum, Undated, *Rusher Papers*, Box 207 (Speaking Engagement Research Material File).

50——William A. Rusher's Memorandum, Undated, *Rusher Papers*, Box 207 (Speaking Engagement Research Material File).

51——"Goldwater or Rockefeller? Confidential Memorandum," June 1963, *Rusher Papers*, Box 155 (National Draft Goldwater Committee Correspondence and Memoranda File).

52——James C. Beebe to William F. Knowland, June 15, 1964, *Knowland Papers,* Goldwater Campaign File, Carton 156.

53——An Anonymous Author to Henry C. Lodge, Jr., December 2, 1963, *Henry Cabot Lodge, Jr., Papers*, Box 10, Massachusetts Historical Society, Boston, Massachusetts. (以下*Lodge Papers*と略記)

54——Louis C. Wyman to Norris Cotton, Undated, *Norris Cotton Congressional Papers*, Box 17, Folder 29, Milne Special Collections, University of New Hampshire, Durham, New Hampshire. (以下*Cotton Papers*と略記)

55——Frank Carlson to Charles L. Bigler, June 13, 1963, *Frank Carlson Papers*, Box 308, P-File, Kansas State Historical Society, Topeka, Kansas. (以下*Carlson Papers*と略記)

56——Frank Carlson to Bill Guilfoil, December 16, 1963, *Carlson Papers*, Box 308, P-File.

57——Barry Goldwater to Norris Cotton, January 3, 1964, *Cotton Papers*, Box 17, Folder 33.

58——Karl A. Lamb's Draft of "Under One Roof: Barry Goldwater's Campaign Staff," Undated, *Goldwater Papers*, Series II: Campaign 1964, Box 120 (General Files).

59——"Announcement of Goldwater's Presidential Candidacy," News Conference from His Home, Suburban Phoenix, Arizona, January 3, 1964, in Schlup and Manley (ed.) *The Political Principles of Senator Barry M. Goldwater as Revealed in His Speeches and Writings*, p.182.

60——"Statement by Peter O'Donnell, Jr., Chairman, National Draft Goldwater Committee," *Wayne J. Hood Papers*, Reel 5, Frame 723, Wisconsin Historical Society, Wisconsin.

61——Peter O'Donnell to Goldwater, January 12, 1964, *Rusher Papers*, Box 155 (National Draft Goldwater Committee Correspondence and Memoranda File).

62——ゴールドウォーターにはスティーブン・シャデッグという一九五二年・一九五八年の上院選挙で参謀を務めた熟練の選挙戦略家がいたのだが、些細なことでゴールドウォーターと仲違いしており、「選対本部」には招聘されていなかった。Stephen Shadegg to Goldwater, January 7, 1963, *Harry Rosenzweig, Sr. Papers*, Box 4, Arizona Historical Foundation, Hayden Library, Arizona State University, Tempe, Arizona.

63——Interview with Cliff White by Steven Shadegg, December 1964, *Steven Shadegg/Barry Goldwater Collection,* Box 3H510, 1964 Presidential Campaign.

64——"Notes after having Breakfast with Peter O'Donnell," December 1964, *Steven Shadegg/Barry Goldwater Collection,* Box 3H510, 1964 Presidential Campaign.

65——Richard Durant to Arthur Summerfield, Undated, *Arthur E. Summerfield Papers*, Box 64, Politics File, Dwight D. Eisenhower Library, Abilene, Kansas.（以下*Summerfield Papers*と略記）

66——*Knowland Papers*, Goldwater Campaign Mechanic File, Carton 157. より作成した。

67——William S. Schlamm to Robert H. W. Welch, Jr., March 2, 1955, *Buckley Papers*, Box 10, General Correspondence.

68——William F. Buckley, Jr., to Robert H. W. Welch, Jr., October 21, 1960, *Buckley Papers*, Box 4, General Correspondence.

69——Donald Bruce to George and Nancy Downing, January 9, 1963, *Donald Bruce Papers*, Box 7, John Birch Society File, Indiana State University, Indianapolis, Indiana.

70——John M. Ashbrook to Gertrude M. Lytle, March 11, 1964, *John Ashbrook Papers*, Box 1, General Files (1966-1968), Ashbrook Center of Public Affairs, Ashland College, Ashland Ohio.

71——Goldwater to Clarence Manion, August 11, 1961, *Goldwater Papers*, Series I: Personal, Box Unidentified. ゴールドウォーター選対本部長のキッチェルはバーチ協会に加入していた時期があるが、同協会がアイゼンハワーなど歴代の大統領とその閣僚などを「共産党員である」として批判したことを不快に感じ、この批判が不正確な事実認識に基づいていると抗議し、同協会を脱退している。Dennison Kitchel to Robert Welch, Jr., *Kitchel Papers*, Box 3.

72——"RLN-PAR," Undated, *Rusher Papers*, Box 155 (National Draft Goldwater Committee Correspondence and Memoranda File).

73——Goldwater to William F. Buckley, Jr., March 8, 1961, *Buckley Papers*, Box 14, General Correspondence.

74——William F. Buckley, Jr., to Goldwater, November 14, 1963, *Buckley Papers*, Box 25, General Correspondence.

75——William F. Buckley, Jr., to Denison Kitchel, December 2, 1963, *Buckley Papers*, Box 25, General Correspondence.

76——Goldwater to J. O. McMurray, July 5, 1961, *Buckley Papers*, Box 14, General Correspondence.

77——Goldwater to William A. Rusher, June 8, 1984, *Rusher Papers*, Box 35 (Barry M. Goldwater File).

78——"Joint Statement by Senator Clifford Case, Senator Hugh Scott, Congressman Abner Sibal, Congressman Silvio Conte," July 5, 1964, *Nelson A. Rockefeller Papers*, RG 4, Series J.1, Folder 78, Box 8, The Rockefeller Archive Center, Sleepy Hollow, New York. (以下*Rockefeller Papers*と略記)

79——"Outline of the Study," Undated, *Rockefeller Papers*, RG 4, Series J.1, Folder 27, Box 4.

80——"Goldwater or Rockefeller? Confidential Memorandum," June 1963, *Rusher Papers*, Box 155 (National Draft Goldwater Committee Correspondence and Memoranda File).

81——Jackie Robinson Press Conference Statement, Undated, *Jackie Robinson Papers*, Box 13, Addresses and Speeches File, Manuscript Division of Library of Congress, Washington, D.C. (以下*Robinson Papers*と略記)

82——Rockefeller to Unspecified person, February, 1964, *Rockefeller Papers*, RG 4, Series J.2, Hinman Files, Folder 51, Box 10.

83——Harry O'Donnell to George OL. Hinman, July 11, 1963, *Rockefeller Papers*, RG 4, Series J.2, Hinman Files, Folder 51, Box 10.

84——"Goldwater or Rockefeller? Confidential Memorandum," June 1963, *Rusher Papers*, Box 155 (National Draft Goldwater Committee Correspondence and Memoranda File).

85——Rockefeller to Stacy May, July 23, 1952, *Rockefeller Papers*, RG 4, Series J.1, Folder 27, Box 4.

86——Rockefeller to Romney, June 22, 1964, *Rockefeller Papers*, RG 4, Series J.2, Subseries1, Folder 357, Box 57.

87——E. H. Taylor to Carlson, July 16, 1963, *Carlson Papers*, Box 308, P-File.

88——Charles L. Bigler to Carlson, June 13, 1963, *Carlson Papers*, Box 308, P-File.

89——Stuart Spencer and Bill Roberts to Nelson A. Rockefeller, December 22, 1963, *Rockefeller Papers*, RG 4, Series J.2,

Subseries1, Folder 339, Box 54.

90——Fred Scribner to Fred Seaton, December 7, 1963, *Fred Seaton Papers*, Post Eisenhower Administration Series, Box 9, Dwight D. Eisenhower Library, Abilene, Kansas.（以下*Seaton Papers*と略記）

91——Memorandum, Undated, *Rockefeller Papers*, RG 4, Series J.2, Subseries1, Folder 375, Box 59. ウィリアム・スクラントンは、植民地期の一六三〇年代にアメリカに移住してきたイギリス人ジョン・スクラントンの子孫である。ウィリアム・スクラントンは一九一七年七月一九日、先祖由来の地であるコネチカット州マディソンで生まれ、ペンシルベニア州スクラントン市で育った。同地は市名にスクラントンの姓がつけられていることからも窺われるように、一八四〇年代に同地に移住したスクラントン一族が鉄鋼業、石炭業、鉄道事業などを起こし、発展を支えてきた都市である（Wolf, 1981, 6-7）。

92——フラット・タックスとは累進性を否定し、所得額に関係なく一律の税率を課する制度のことをいう。

93——John D. Deardousff to Rockefeller, August 2, 1964, *Rockefeller Papers*, RG 4, Series J.2, Subseries1, Folder 339, Box 54.

94——Goldwater to William F. Buckley, Jr., January 2, 1963, *Buckley Papers*, Box 25, General Correspondence.

95——Perries, Cross, Bachelder to Governor, Hall, June 26, 1967, *George Romney Papers*, Box 44, Miscellaneous File, Bentley Historical Library, University of Michigan, Ann Arbor, Michigan.（以下*Romney Papers*と略記）

96——Memorandum of George Hinman, October 30, 1962, *Rockefeller Papers*, RG 4, Series J.2, Subseries1, Folder 357, Box 57.

97——Romney to Goldwater, December 21, 1964, *Romney Papers*, Box 45, Barry M. Goldwater File.

98——Romney to William Holmes Borders, June 30, 1967, *Romney Papers*, Box 44, Romney Associate Series.

99——Romney to Rockefeller, May 27, 1964, *Rockefeller Papers*, RG 4, Series J.2, Subseries1, Folder 357, Box 57.

100——Lenore Romney to Clare Boothe Luce, September 19, 1963, *Luce Papers*, Box 218, Correspondence File.

101——George Romney to Clare Boothe Luce, September 23, 1963, *Luce Papers*, Box 218, Correspondence File.

102——C. B. Luce to George Romney, September 28, 1963, *Luce Papers*, Box 218, Correspondence File.

103——Memorandum for Files by George Hinman, November 5, 1962, *Rockefeller Papers*, RG 4, Series J.2, Subseries1,

Folder 266, Box 43.

104——George Hinman Confidential Election File, May 29, 1964, *Rockefeller Papers*, RG 4, Series J.1, Folder 121, Box 15.

105——"Gentleman, this is my last Press Conference," November 6, 1962, Rick Perlstein (ed.), *Richard Nixon: Speeches, Writings, Documents* (Princeton: Princeton University Press, 2008), p.112.

106——Memorandum RRD to George Hinman, October 9, 1962, *Rockefeller Papers*, RG 4, Series J.2, Subseries1, Folder 266, Box 43.

107——Bryce Harlow to Eisenhower, July 15, 1963, *Goldwater Papers*, Series I: Personal, Box 6 (Alpha Files).

108——"Confidential: Plan of Action," January 10, 1964; Harold Stassen to Delegates, April 9, 1964, *Harold E. Stassen Papers*, Box 106, Campaign Material File, Minnesota Historical Society, Saint Paul, Minnesota. (以下*Stassen Papers*と略記)

109——Interview with Edward J. McCabe by Paul C. Hopper, September 5, 1967, *Eisenhower Administration Project*, Oral History Research Office, Columbia University, New York, pp.80-81. (以下*Eisenhower Administration Project*と略記)

110——Scranton to Richard Rovere, September 4, 1964, *Scranton Papers (MG 208)*, Box 67, Subject File.

111——Memorandum of George Hinman, November 5, 1962, *Rockefeller Papers*, RG 4, Series J.2, Subseries1, Folder 357, Box 57.

112——William D. Clark to Scranton, April 3, 1964, *Scranton Papers (MG 208)*, Box 67, Subject File.

113——"Meet the Press," February 16, 1964, *William Scranton Papers*, Box 36, Republican Party 1964-1974, Special Collections Library, Pennsylvania State University, University Park, Pennsylvania. (以下*Scranton PSU*と略記)

114——Robert R. Mullen to Fred Seaton, January 4, 1964, *Seaton Papers,* Post Eisenhower Administration Series, Box 9.

115——An Anonymous Author to Henry Cabot Lodge, Jr., November 13, 1963, *Lodge Papers*, Box 10.

116——Talks with Eisenhower about running for President, November 1963, *Lodge Papers*, Reel 29.

117——Clare Boothe Luce to Goldwater, 1964, *Luce Papers,* Box 221, Correspondence File.

118——Henry Cabot Lodge, Jr., to E. Frederick Morrow, December 23, 1963, *Lodge Papers*, Box 10.

119——An Anonymous Author's Correspondence, January 28, 1964, *Lodge Papers*, Box 11.

120——Lodge to Raymond Bowles, February 3, 1964, *Lodge Papers*, Box 11.

121——“Notes after having Breakfast with Peter O’Donnell,” December 1964, *Steven Shadegg/Barry Goldwater Collection*, Box 3H510, 1964 Presidential Campaign.

122——“Notes after having Breakfast with Peter O’Donnell,” December 1964, *Steven Shadegg/Barry Goldwater Collection*, Box 3H510, 1964 Presidential Campaign.

123——Memorandum on Social Security, Undated, *William Baroody Papers*, Box 11, Goldwater File, Manuscript Division of Library of Congress, Washington, D.C. (以下*Baroody Papers*と略記)

124——Interview with Cliff White by Steven Shadegg, December 1964, *Steven Shadegg/Barry Goldwater Collection*, Box 3H510, 1964 Presidential Campaign.

125——“Excerpts from Senator Cotton’s Speech,” *Cotton Papers*, Box 17, Folder 33.

126——Shadegg to Kleindienst, March 20, 1964, *Goldwater Papers*, Series I: Personal, Box 59 (Correspondence Files).

127——Interview with Cliff White by Steven Shadegg, December 1964, *Steven Shadegg/Barry Goldwater Collection*, Box 3H510, 1964 Presidential Campaign.

128——Nixon to Thruston Morton, September 13, 1963, *Thruston B. Morton Collection*, Senatorial Series, Box 103, Letters from VIP, Nunn Center for Oral History, The University of Kentucky Library, Lexington, Kentucky.

129——Memorandum, March, 12, 1964, *Seaton Papers*, Post Eisenhower Administration Series, Box 9.

130——Memorandum, March, 12, 1964, *Seaton Papers*, Post Eisenhower Administration Series, Box 9.

131——Harold Stassen to Goldwater, March 19, 1964, *Stassen Papers*, Box 108, Campaign Material File.

132——Harold Stassen to Delegates, April 9, 1964, *Stassen Papers*, Box 108, Campaign Material File.

133——Henry Cabot Lodge, Jr., to John D. Lodge, March 7, 1964, *John D. Lodge Papers*, Box 144, Hoover Institution Archives, Stanford, California.

134——Henry C. Lodge, Jr. to George Lodge, April 2, 1964, *Lodge Papers*, Box 11.

135——William F. Knowland to Nixon, Undated, *Kitchel Papers*, Box 4.

136——A Statement of H. C. Lodge. Jr. May14, 1964, *Lodge Papers*, Box 11.

137——Lodge to George Lodge, May 18, 1964, *Lodge Papers*, Box 11.

138——Lodge to George Lodge, Undated, 1964, *Lodge Papers,* Reel 29.

139——Lodge to George Lodge, May 19, 1964, *Lodge Papers*, Box 11.

140——Interview with United States Senator Hugh Doggett Scott, Jr., 1978, *United States Capitol Hill Historical Society Oral History Program*, Manuscript Division of Library of Congress, Washington, D.C., p.35.（以下*United States Capitol Hill Historical Society Oral History Program*と略記）

141——AP, June, 1964, *Seaton Papers*, Post Eisenhower Administration Series, Box 9.

142——Cleveland-Cal 2, June 1964, *Seaton Papers,* Post Eisenhower Administration Series, Box 9.

143——UPI, June 8, 1964, *Seaton Papers*, Post Eisenhower Administration Series, Box 9.

144——Romney to Goldwater, June 17, 1964, *Romney Papers*, Box 45, Barry M. Goldwater File.

145——"Face the Nation," June 7, 1964, *Scranton PSU*, Box 36, Republican Party 1964-1974.

146——"Face the Nation," June 7, 1964, *Scranton PSU,* Box 36, Republican Party 1964-1974.

147——Interview with United States Senator Hugh Doggett Scott, Jr., 1978, *United States Capitol Hill Historical Society Oral History Program*, p.36.

148——Scranton to Goldwater, June12, 1964, *Scranton PSU,* Box 36, Republican Party 1964-1974.

149——"Joint Statement by Senator Clifford Case, Senator Hugh Scott, Congressman Abner Sibal, Congressman Silvio Conte," July 5, 1964, *Rockefeller Papers,* RG 4, Series J.1, Folder 78, Box 8.

150——Richard C. Peet to Scranton, November 23, 1964, *Scranton Papers (MG 208),* Box 67, Subject File.

151——Goldwater to Scranton, June 19, 1964, *Dwight D. Eisenhower: Post-Presidential Papers*, *1963 Principal File*, Box 37, Dwight D. Eisenhower Library, Abilene, Kansas.

152——"The Public Record of Barry Goldwater," *Judd Papers*, Box 210.

153——"An Interview with U.S. Senator Barry Goldwater by Robert Joseph Allen," July 3, 1963, *Kitchel Papers*, Box 4.

154——An email from John W. Dean to Author via Linda Whitaker, February 16, 2008.

155——Goldwater to Shadegg, July 10, 1952, *Steven Shadegg/Barry Goldwater Collection*, Box 3H475, 1952 Senate Campaign File.

156——John Rhodes to Dennison Kitchel, July 16, 1962, *Kitchel Papers*, Box 3.

157——An email from Linda Whitaker to Author, February 16, 2008. このメモの現物の存在は確認されていない。

158——Interview with Senator Goldwater, June 19, 1964, *James C. Hagerty Papers*, Barry Goldwater Correspondence File, Box 110, Dwight D. Eisenhower Library, Abilene, Kansas.

159——Scranton to Earl Bach, June, 1964, *Scranton Papers* (MG 208), Box 67, Subject File.

160——Scranton to Webster B. Todd, June 30, 1964, *Scranton Papers* (MG 208), Box 67, Subject File.

161——Scranton to Kelvin Smith, July 31, 1964, *Scranton Papers* (MG 208), Box 67, Subject File.

162——"Issues and Answers," June 14, 1964, *Scranton PSU,* Box 35, Republican Party 1964-1974.

163——James F. Byrnes to Strom Thurmond, September 16, 1964, *Strom Thurmond Papers*, Box 24, Political Affairs (Party Switch File), Clemson University, Clemson, South Carolina. (以下*Thurmond Papers*と略記)

164——Thurmond to T. Pat Vanderhoof, September 30, 1964, *Thurmond Papers*, Box 24, Political Affairs (Party Switch File).

165——Thurmond to Neil Fraser, October 20, 1964, *Thurmond Papers*, Box 24, Political Affairs (Party Switch File).

166——Thurmond to Brian Kehoe, February 6, 1963, *Thurmond Papers*, Box 28, Subject Correspondence Series (Political Affairs File).

167——G. Wayne Jackson to Thurmond, March 19, 1963, *Thurmond Papers*, Box 28, Subject Correspondence Series (Political Affairs File).

168——Thurmond to G. Wayne Jackson, March 19, 1963, *Thurmond Papers*, Box 28, Subject Correspondence Series (Political Affairs File).

169——Sydney Houston to Thurmond, September 6, 1963, *Thurmond Papers*, Box 28, Subject Correspondence Series (Political Affairs File).

170——Strom Thurmond to Johns Rohlfing, April 22, 1964, *Thurmond Papers*, Box 22, Political Affairs (Campaigns).

171——Thurmond to Right Reverend Walter Mitchell, October 13, 1964, *Thurmond Papers,* Box 24, Political Affairs (Party Switch File).

172——Thurmond to Eddie Hightower, November 7, 1963, *Thurmond Papers*, Box 28, Subject Correspondence Series

(Political Affairs File).

173 ——Thurmond to P. F. Henderson, September 23, 1964, *Thurmond Papers*, Box 22, Political Affairs (Campaigns).

174 ——Thurmond to Kennedy R. Corbett, December 1, 1964, *Thurmond Papers*, Box 22, Political Affairs (Campaigns).

175 ——Thurmond to M. D. Byrd, October 15, 1964, *Thurmond Papers*, Box 24, Political Affairs (Party Switch File).

176 ——Ronald and Nancy Regan to Thurmond, September 18, 1964, *Thurmond Papers*, Box 24, Political Affairs (Party Switch File).

177 ——J. L. Honeycatt to Thurmond, September 17, 1964, *Thurmond Papers*, Box 24, Political Affairs (Party Switch File).

178 ——"An Open Letter to Senator Goldwater from Governor Scranton," July 12, 1964, *Luce Papers*, Box 220, Correspondence File.

179 ——Clare Boothe Luce to Eisenhower, July 13, 1964, *Luce Papers*, Box 220, Correspondence File.

180 ——Interview with Edward J. McCabe by Paul C. Hopper, September 5, 1967, *Eisenhower Administration Project*, p.161.

181 ——H. C. Lodge, Jr. to George Lodge, June 12, 1964, *Lodge Papers*, Box 11.

182 ——Karl A. Lamb's Draft of "Under One Roof: Barry Goldwater's Campaign Staff," Undated, *Goldwater Papers*, Series II: Campaign 1964, Box 120 (General Files).

183 ——Interview with Edward J. McCabe by Paul C. Hopper, September 5, 1967, *Eisenhower Administration Project*, pp.80-81.

184 ——Anonymous Memorandum, Undated, *Steven Shadegg/Barry Goldwater Collection*, Box 3H510, 1964 Presidential Campaign.

185 ——Robert M. Smalley to George Borrell, July 28, 1964, *William E. Miller Papers*, Box 53, Carl A. Kroch Library, Cornell University, Ithaca, New York. (以下*Miller Papers*と略記)

186 ——William E. Miller to Mary M. Coleman, August 17, 1964, *Miller Papers*, Box 55.

187 ——Memorandum for William Baroody, Sr., from Richard A. Ware, January 8, 1970, *Baroody Papers*, Box 11, Goldwater File.

188 ——Walter Judd to William Scranton, July 21, 1964, *Judd Papers*, Box 213.

189——"Meeting in Former President Eisenhower's Sweet, St. Francis Hotel," July 17, 1964, *Goldwater Papers*, Series I: Personal, Box 59 (Correspondence Files).

190——Nixon to Goldwater, Undated, *Kitchel Papers*, Box 3.

191——Goldwater to Nixon, August 3, 1964, *Kitchel Papers*, Box 3.

192——Eisenhower to Goldwater, July 29, 1964, *Dwight D. Eisenhower: Post-Presidential Papers, 1964 Principal File*, Box 37, Dwight D. Eisenhower Library, Abilene, Kansas.

193——"Confidential Proceedings of Closed Session Meetings of Republican Unity Conference," August 12, 1964, *Dean Burch Papers*, Box 10 (1964 Presidential Campaign), Arizona Historical Foundation, Hayden Library, Arizona State University, Tempe, Arizona.以下この会議に関する記述はすべてこの史料からのものである。（以下*Burch Papers*と略記）

194——Statement by Governor Rockefeller, November 5, 1964, *Thomas E. Dewey Papers*, Series 13, Box 32, Folder 13, Rare Books Special Collections Preservation, Rush Rhees Library, University of Rochester, Rochester, New York.

195——Jackie Robinson to Rockefeller, October 7, 1964, *Robinson Papers*, Box 5, Nelson A. Rockefeller File.

196——Eisenhower to Goldwater, July 29, 1964, *Dwight D. Eisenhower: Post-Presidential Papers, 1963 Principal File*, Box 37, Dwight D. Eisenhower Library, Abilene, Kansas.（以下*Dwight D. Eisenhower: Post-Presidential Papers, 1963 Principal File*と略記）

197——Carl D. Mossier to Robert J. Banhof, July 28, 1964, *Summerfield Papers*, Box 64, Politics File.

198——Carl D. Mossier to Montgomery Shepard, July 21, 1964, *Summerfield Papers,* Box 64, Politics File.

199——Scranton to Donald Klopfer, August 31, 1964, *Scranton Papers (MG 208)*, Box 67, Subject File.

200——Charles Bang to Scranton, October 22, 1964, *Scranton Papers (MG 208)*, Box 67, Subject File.

201——Wesley G. Gish, June 23, 1964, *Dwight D. Eisenhower: Post-Presidential Papers, 1963 Principal File*, Box 37.

202——"To Goldwater Supporters," December 2, 1964, *Scranton Papers (MG 208)*, Box 74,.

203——"Proposals by the Republican Governor's Association toward a Party that wins Elections and serves America," December 3, 4, 5, 1964, *Scranton Papers (MG 208),* Box 75.

204——Scranton to Goldwater, December 23, 1964, *Scranton Papers (MG 208)*, Box 75.

205——George Romney to Eisenhower, December 9, 1964, *Romney Papers*, Box 45, General D. D. Eisenhower File.

206——Goldwater's Draft of a Letter, December 26, 1964, *Burch Papers*, Box 31 (1964 Presidential Campaign).

207——Eisenhower to Romney, December 3, 1964, *Romney Papers*, Box 45, General D. D. Eisenhower File.

208——Goldwater to Romney, December 8, 1964, *Seaton Papers*, Post Eisenhower Administration Series, Box 10.

209——Romney to Goldwater, December 21, 1964, *Romney Papers*, Box 45, Barry M. Goldwater File.

210——Romney to Charles F. Conrad, January 3, 1967, *Romney Papers*, Box 45, Barry M. Goldwater File.

211——"Face the Nation: Senator Barry Goldwater," February 26, 1967, *Romney Papers*, Box 45, Barry M. Goldwater File.

212——スクラントンは選挙にこそ二度と立候補しなかったものの、フォード政権で国連大使に任命されるなどしている。

213——ロックフェラーは一九七三年までニューヨーク州知事を務め、七四年にはフォード政権の副大統領に任命された(～七七年)。

終章　共和党保守化の帰結とアメリカ政治への展望

決断力のない君主は、当面の危機を回避しようとするあまり、多くのばあい中立の道を選ぶ。そして、おおかたの君主が滅んでいく。

——マキアヴェリ〔1〕

1　「与党の大統領化」の失敗とその帰結

ニューディール期以降、長らく野党の地位に甘んじてきた共和党は、一九五二年の大統領選挙において何としても政権を奪取しなければならないという焦燥に駆られていた。穏健派によって擁立されたアイゼンハワーという「最も選挙に勝てそうな人物」が、「妥協可能な党派性」とでも呼ぶべき柔軟かつ中道的な政治姿勢を打ち出してこの選挙を勝ち抜こうと試みたことは与党の大統領化の顕著な表れである（第一章）。

アイゼンハワーは大統領に当選後、共和党に中道主義を定着させるための努力を続けた。中道的な政策形成を目指し、その政治理念を体系化しようと試み、党組織の改革にも着手した。これらの共和党改革の取り組みも、まさに与党の大統領化（共和党のアイゼンハワー化）を特徴づけるものである（第二章）。

このように、アイゼンハワー期の大統領＝与党間には、明らかな大統領化の傾向が認められる。内部に穏健派と保守派の非常に強い緊張関係を抱えた共和党のなかで、アイゼンハワーが決定的な対立を回避し、もとより維持することが極めて困難であった中道路線を八年間にわたって継続し、共和党の統一を保った点は一定の評価に値しよう。こうした政治姿勢は諸派閥が対立する当時の共和党の状況を汲めばやむを得ない選択肢であったとも考えられるが、党内の保守派がこれに反発する形で勢力を伸張させ、その後の衝突に至る下地を形成していった現実は否めない。

共和党はアイゼンハワーが敷いた中道主義の維持に失敗した。アイゼンハワーの路線に猛反発する保守派が党内で急速に台頭する事態を招いたことが、今日に至るまで継続する共和党の保守的性格を形成する契機となり、ひいてはアメリカのイデオロギー的分極化の遠因にもなっている。

一九六〇年の大統領選挙に出馬したニクソンが、アイゼンハワーの後継者として中道的路線の継承を試みるも共和党内部の保守派と穏健派の角逐《かくちく》に足を取られて敗北し、アイゼンハワーが敷いてきた中道主義のレールを維持・伸長していく機会を逸したことはこの傾向に拍車をかけた（第三章）。この選挙以降、共和党の穏健派と保守派は党内覇権をめぐって「プリンシプルを巡る戦争」とでも形容するほかない死闘を繰り広げたのである。

一九六四年の共和党予備選挙は、五二年から続く両者の対立のいわば「天王山」であり、共和党穏健派の多くが急進的な保守派であるゴールドウォーターとの闘争に敗れて零落《れいらく》し、党内で影響力を失っていくことになる（第四章）。

かくして、一九六四年を転機として共和党内で穏健派は決定的に退潮、保守派が覇権を握った（Micklethwait and Wooldridge, 2004, 68）。これを皮切りに、八〇年代初頭以降の共和党の急激な保守化につながる道が開かれていった。

一九六八年の大統領選挙に立候補したニクソンはアイゼンハワーの後継者であった一九六〇年とは様変わりしていた。ニクソンは「法と秩序」という選挙スローガンに象徴されるように、黒人に反感を抱く南部の保守的白人へのアピールを狙った保守化戦術を明確に採用することで、保守派からの支持獲得に成功する(吉野、二〇〇九、一二)。このニクソンの変節は、一九六四年の選挙で共和党穏健派が決定的に退潮したことを受けてのものであることはいうまでもない。

一方、この頃の共和党には急速に宗教保守の影響力が浸透しつつあった。宗教保守勢力は元来政治に関わろうとしないか、あるいは民主党を支持する性質を強く持っていた。だが、一九七〇年代後半になると、ポール・ワイリックやリチャード・ビゲリーなどの運動家がジェリー・ファルウェルらキリスト教保守派の指導者と相互に協力し、宗教保守票の掘り起こしと共和党への取り込みを進めていく。

これら宗教保守勢力は人工妊娠中絶の禁止、公立学校における宗教教育、同性結婚の禁止、進化論教育の禁止などの世俗的争点を重視し、南部を中心に共和党の地方組織を瞬く間に席巻していった(Micklethwait and Wooldridge, 2004, 83)。

一九八〇年の共和党大統領候補に指名されたロナルド・レーガンは経済的には小さな政府を支持し、減税、規制緩和、財政均衡などの政策を掲げた。レーガンはさらに人工妊娠中絶反対・男女平等憲法修正案(Equal Rights Amendment)反対など、伝統的価値の重視を掲げて宗教保守からも大きな支持を獲得、大統領に当選を果たす。

この過程で共和党の地盤はかつての北東部から南部へと大きく比重が移り、共和党は経済保守、宗教保守、そして郊外や農村に居住する保守的白人を支持層に据えた保守的政党へと完全な再編を遂げた(Brewer and

Stonecash, 2009, 124)。八〇年代以降の共和党の急激な保守化は、このような出来事の連鎖の帰結として生じたものである。

本書では一九五二年以降、足かけ一二年に及ぶ共和党という事例内部の異なる時点における様々な観察を検討した結果、同時期の共和党内部で「与党の大統領化」が確実に発生したものの定着できず、保守派が党内で台頭し穏健派が凋落したこと、そしてそれが起点となって、共和党が急速な保守化を遂げるに至った因果メカニズムを確認した。

2　通説の妥当性

以下では、これまで明らかにしてきた共和党保守化の因果メカニズムを、序章で紹介した競合仮説による説明と比較検討する。

まず、『ナショナル・レビュー』の創刊と融合主義を共和党保守化の決定的要因とする先行研究1である。オピニオン誌の創刊や融合主義の台頭が共和党の保守化という帰結に補助的な影響を与えた可能性は十分にある。しかし、本書の実証をみれば明らかなように、それが共和党を保守化させる因果メカニズムに直接的・決定的な影響を与えたとは考えられない。第二章や第四章二節でみたように、『ナショナル・レビュー』がアイゼンハワー批判の先鋒であったこと、同誌に参加したラッシャーやバックリーなどの知識人がゴールドウォーターの選挙戦に関わっていたことはいずれも事実である。ところがゴールドウォーターは彼らを嫌って組織的にも遠ざけており、彼らの意見が顧みられることはなかった。彼らの影響力は極めて限定的かつ軽微なものだったのである。

次に、レーガン革命が共和党保守化の決定的転機であるとする先行研究2である。共和党の保守化はアイゼンハワーが登場する一九五二年を起点に一九六四年のゴールドウォーター敗北に至る一二年にわたって生じた出来事の連鎖によって準備されたものである。レーガンが大統領選に勝利する一九八〇年までに、共和党の保守化は既に相当進行した状態であった。レーガン革命は共和党の保守化に拍車をかけたであろうが、その直接的原因ではない。現在に至る共和党の保守的性格が形成されるうえで、一九八〇年代以前、とりわけ本書が指摘する一二年間に、共和党内部に生じた変化が先行条件として果たした役割の重要性を見落としてはならない。

続けてイシュー・エボリューションによって共和党保守化を説明する先行研究3を見てみよう。人種問題に焦点を当てる本論も、やはり先行条件の重要性を見逃していると言わざるを得ない。一九六四年が共和党にとって一大転換点であったことは確かである。しかし、一九三二年以降、長らく少数党の地位に甘んじていた共和党が、六四年に歴史的な戦術転換を行うまで三〇年以上の年月を要したのはそもそもなぜなのか。この間、共和党内部で何が起きていたのか。従来のイシュー・エボリューションによる説明が想定したように、民主党との対抗関係が一九六四年の転換を促した原因だったわけではない。この問いに対する回答は、共和党内部でアイゼンハワーによる与党の大統領化が試みられて失敗に終わり、それが結果的に一九六四年の大転換を促す重要な先行条件となったとする本書の実証を考慮すれば容易に得られよう。

逆方向からも考えてみる。一九五二年の選挙でタフトが大統領に当選していたら(あるいはアイゼンハワーではなく、民主党の大統領候補が当選していたら)、同じように与党の大統領化は起きたであろうか。その場合、一九六四年のイシュー・エボリューションは同じように発生したであろうか。そして、その置けば、一九六四年以前に共和党内部で生じていたアイゼンハワーによる与党の大統領化とその失敗という変化が共和党保守化の因果メカニズムにおいて果たした決定的な役割は明らかである。

最後に、政治的アクティビストが共和党を保守化したと見る先行研究4である。共和党が保守化したのは、保守派と穏健派が政治的に対立する過程において保守派が穏健派に対抗する形で自らのアイデンティティを作り上げていったからである。共和党の保守派が何よりも意識していた「敵」はアイゼンハワーを中核とする自党内部の穏健派であった。与党の大統領化を進めようとするアイゼンハワー穏健派への対抗意識こそ、保守の立場を強調して彼らをより極端な差異化へと駆り立てた原因である。ゴールドウォーターがジョン・バーチ協会のような政治的アクティビストを支持確保のための方途として用いたことは確かであるが、一方では彼らの奇矯な主義主張を忌避しており、慎重に距離を置いて接していた。ゆえに、イデオロギー的に極端で非妥協的な政治的アクティビストが共和党を操縦して保守化に向かわせたという説明が成り立つ余地はない。

3 課題

◆一般化の可能性

最後に、本書が提示する「与党の大統領化に失敗すると政党の分極化が促進される」という主張の一般化が成り立つか、という点について検討したい。これに答えるためには、アイゼンハワー以外の事例を含めた比較を行う必要があるだろう。

議院内閣制ではなく大統領制を採るアメリカにおいても、「疑似的な一党優位制」、すなわち「同一の政党が執政府与党と議会多数党を長期にわたって占め、ある政党が長期間野党にとどまることを余儀なくされる」状態が歴史上何度か存在した（章末の選挙結果表を参照）。

第一の時期は一八六〇年から一八八四年までである。共和党は六回の大統領選挙で連勝しており、連邦議会における多数党もほぼ共和党であった。

第二の時期は一八九六年から一九一二年までで、共和党は連続四回の大統領選挙を制し、連邦議会においても完全に多数党であり続けた。

第三の時期は一九二〇年から一九三二年の時期で、共和党は三回の大統領選挙に勝利し、大恐慌後の一九三二年の選挙で民主党に上下両院の多数を奪われるまで、一貫して多数党の地位を占め続けた。

最後に第四の時期、すなわち一九三二年から一九五二年までである。民主党は五回連続で大統領選挙を制し、連邦議会でも両院でほぼ一貫して多数党の地位にあった。

では、このような特定の政党が長期間政権から遠ざかった後、「勝てる候補者」を擁立して選挙を勝ち抜こうと試み、勝利後に与党を大統領化しようとする一連の傾向は、他の事例においても観察されたのか。また、それが生じていたとすれば、それは成功を収めたのか、それとも失敗に終わったのか。そして、それは政党の分極化にどのような影響を与えたと考えられるだろうか。

ここでは、グローバー・クリーブランド（一八八四年）、ウッドロー・ウィルソン（一九一二年）、フランクリン・ローズヴェルト（一九三二年）を取り上げる。

◆グローバー・クリーブランド

一八六一年にリンカーンがホワイト・ハウス入りして以来、一九三三年にフランクリン・ローズヴェルトが勝利するまでの約七〇年間、クリーブランドとウィルソンを除くと、大統領選挙に勝利した候補者は全て共和党員であった。

一八八四年の大統領選挙を目前に控え、民主党は西部派と東部派、都市部派と農村部派に分かれて、深刻な内部対立を抱えた状態であった(Welch, Jr., 1988, 29)。

ニューヨーク州知事であったクリーブランドはマシーン(利権や猟官を紐帯とする集票組織)政治に対抗し、政治腐敗と戦ったことで全国的知名度を高めていた。

この実績を武器に「変革」を掲げて立候補したクリーブランドは、基本的政策の面で共和党と差がなかった。しかし、「変革」を掲げたことにより、民主党各派のみならず共和党を離れて民主党支持に転じたマグワンプ(Mugwump)と呼ばれる改革派の支持を得ることに成功し、当選を果たした(Welch, Jr., 1988, 30)。民主党にとって、共和党マグワンプからの支持も期待できる「改革派」クリーブランドは、典型的な「勝てる候補」であったといえよう。

当選後、クリーブランドは与党が分権的であるために大統領としての自らのリーダーシップが脆弱な状況にあると考え(Klinghard, 2005, 749)、クリーブランドは大統領就任後、与党を大統領化(民主党のクリーブランド化)しようとする複数の試みに着手していく。

第一に関税などの政策課題設定にイニシアチブを発揮して大統領が政策形成能力を高め、そのアピールを通じて与党に影響力を及ぼすことであり(Klinghard, 2005, 750)、第二に公務員制度改革である。彼は公務員制度改革を通じて、選挙の報償として党の有力者に官職を配分する猟官の慣行を制限することで彼らが持つ政治資源を奪取し、自らのリーダーシップを強化しようと考えたのである(Welch, Jr., 1988, 57-62)。

このように、クリーブランド政権でもアイゼンハワー期同様、「与党の大統領化(民主党のクリーブランド化)」が生じていたと考えられる。しかし、クリーブランドは公約に掲げた関税引き下げなどを実現できずに終わり、政策課題設定能力の強化に失敗する。そのうえ、与党内有力者からの圧力に抗しきれず、彼らに官職を配分する猟官者とならざるを得なかった（Welch, Jr., 1988, 60）。この状況を見たマグワンプはクリーブランドを公約破りと批判するようになった（Welch, Jr., 1988, 57）。

さらに、クリーブランド政権が金本位制を守るために銀の自由鋳造を要求する農民層を無視して銀の買入れ中止を決定、加えて鉄道ストライキを皮切りに全米に広がった労働ストライキ鎮圧の目的で連邦軍を介入させるなどしたため、同政権は農民・労働者の間で不人気となった。

これを受けて、民主党はクリーブランド率いる北東部の主流派と、それに不満を抱く反主流派（ウィリアム・ジェニングス・ブライアン率いる西部農民派）の分裂がいっそう深刻なものとなり、両者が互いに妥協を拒絶したため、党内へゲモニーをめぐる激しい抗争が勃発した（斎藤、1975、138-139）。

◆ウッドロー・ウィルソン

一九一二年の選挙に際しても、民主党は一八八四年以上に深刻な内部対立を抱えており、同年の民主党全国大会では大統領候補指名のための投票が四六回も繰り返された。

ここで対立していたのはウィリアム・ジェニングス・ブライアン（西部農民派の領袖）とチャンプ・クラーク連邦下院議長（北東部主流派の推す候補者）の両名である。

ブライアンは膠着状況を打開すべく、「第三の男」ウッドロー・ウィルソンの支持に回った。ウィルソンは弱冠四六歳で名門プリンストン大学の学長を務め、その後ニュージャージー州の知事に転じて予備選挙制度の先駆的導入など、数々の革新的改革を成し遂げた著名人であった（Clements, 1992, 11-14）。

主として南部の代議員から支持を受けていたウィルソンは民主党内部の革新派とブライアン率いる西部農

民派を取り込み、一方のクラークはタマニー・ホールなどの都市部のマシーン勢力が後ろ盾となった。クラークは既に代議員の過半数の票を得ていたが、当時の党大会の規則では大統領候補に指名されるためには代議員の三分の二の票を獲得する必要があったため、ブライアンらの後援を得たウィルソンが最終的にクラークを退けて大統領候補に指名された(Clements, 1992, 27)。

ウィルソンが民主党の大統領候補に指名されたのは、以上の経緯によるところが大きく、はたして彼が「勝てる候補」として擁立されたものかはやや疑わしい。その証拠に、「ニュー・フリーダム」を掲げて大統領選挙に臨んだウィルソンは、与党共和党が現職のタフトと革新党を結党して共和党を割ったセオドア・ローズヴェルトに分裂したことに助けられ、一般得票は四二%しか獲得できなかったにも関わらず辛うじて当選を果たしている(斎藤、1975、159)。

政治学者でもあったウィルソンはイギリスの議院内閣制を理想とし、アメリカの政党政治をイギリス型の責任政党制に近づけることを目指していた(Milkis, 1999, 75)。この目標を達成するため、ウィルソンは例えば予備選挙制度の導入などを通じてボス政治家から主導権を奪取し、与党に対する大統領のリーダーシップを強化することを計画していた(Milkis, 1993, 28)。しかし、結果的にウィルソン政権では与党を大統領化(民主党のウィルソン化)しようとする試みは、殆ど着手すらされずに終わった(Burns, 1965, 203; Milkis, 1999, 49, 92)。

これは一九一四年に勃発した第一次世界大戦の影響で、大統領・国民双方の国内問題に対する関心・優先順位が著しく低下したためとみることができよう。つまり、ウィルソンによる与党の大統領化の試みは、第一次世界大戦の陰に隠れてしまったのである(Clements, 1992, 29-30)。

この点については二つの対立する反実仮想が提起されている。

第一の提起はジェームズ・マグレガー・バーンズによるもので、もし世界大戦がなければ、ウィルソンは革新派・西部農民派とマシーン勢力との内部対立によって既に「諸勢力のパッチワーク状態」だった与党運営に失敗したと考えられ、民主党は分裂。より深刻な党内亀裂が生じたのではないかという見方である(Burns, 1965, 201-202)。

逆に、デイヴィッド・サラソーンのように、大戦の影響がなければ第一期政権で多くの改革立法を成立させたウィルソンは民主党改革を軌道に乗せたかもしれず、与党の大統領化に成功したのではないかという見方もある(Sarasohn, 1989, 192-238)。

残念ながらどちらが正しいかを確かめる術はない。

◆フランクリン・ローズヴェルト

一九三二年、民主党は「ニューディール」を掲げるフランクリン・ローズヴェルトを大統領候補に指名する。民主党にとって同年の選挙は、一二年ぶりに政権を奪還する好機であった。

フランクリン・ローズヴェルトはウィルソン政権で海軍次官を務め、民主党内では革新派に属し、国際主義的外交政策の支持者として知られた。一九二八年以降ニューヨーク州知事の座にあったローズヴェルトは州知事として恐慌対策を軌道に乗せており、大都市の移民票を基盤とするマシーン票、南部・西部の農村票、さらにはフーバーの施策に批判的であった共和党革新派も取り込めるという点で、典型的な「勝てる候補」であった(久保、2005、176)

実際のところ、ローズヴェルトと共和党の現職大統領ハーバート・フーバーの間に政策的差異は殆ど存在しなかったが、世界大恐慌後の余波に苦しむ国民は、ローズヴェルトの可能性に賭けたのである(西川、2008)。

ニューディール期に与党であった民主党内には、大統領と距離を置く保守派（多くは南部出身）が多数存在しており、与党は内部に事実上の「野党」を抱え込んだ状況に置かれていた（Patterson, 1967）。こうした勢力は、大統領が意図する構造的改革案の実現に協力するどころか、しばしばそれを妨害した。一九三七年の執政府再編プランや連邦最高裁改革案の挫折は、それを象徴するエピソードといえる。

このような「抵抗勢力」を排除すべく、ローズヴェルトは与党の大統領化による民主党の掌握（民主党のローズヴェルト化）を試みる。一九三八年の民主党予備選挙にローズヴェルトは積極的に介入し、自分に批判的な与党候補者を追い落とそうと試みた。

大統領が自党の予備選挙に介入し、自党候補の選挙活動を妨害することは極めて異例である。しかし、この試みは失敗に終わり（Skowronek, 1982, 1-36）、執政府と立法府の完全な連携化とそれに基づく一元的な政策形成、すなわち「民主党のローズヴェルト化」は実現することなく終わった（Hopper, 1966; Milkis, 1993, 75-124; Leuchtenburg, 1995）。

この後、民主党保守派は限定的ながら妥協に応じるようになり、一九三九年の執政府再編プランでは大統領に譲歩した（Milkis, 2002, 45）。また、一九三〇年代末に国際情勢が緊迫化し始めると、ローズヴェルト政権の方も国際主義的外交政策に協力してくれる「味方」を欲するようになったため、党内保守派との妥協・和解へと軌道修正を図っていくことになるのである（久保、2005、198）。

◆一般化に向けて

特定の政党が執政府与党と議会多数党を長期にわたって占め、ある政党が長期間野党にとどまることを余儀なくされた後、「勝てる候補者」を擁立して選挙を勝ち抜こうと試み、勝利後に与党を大統領化しようと

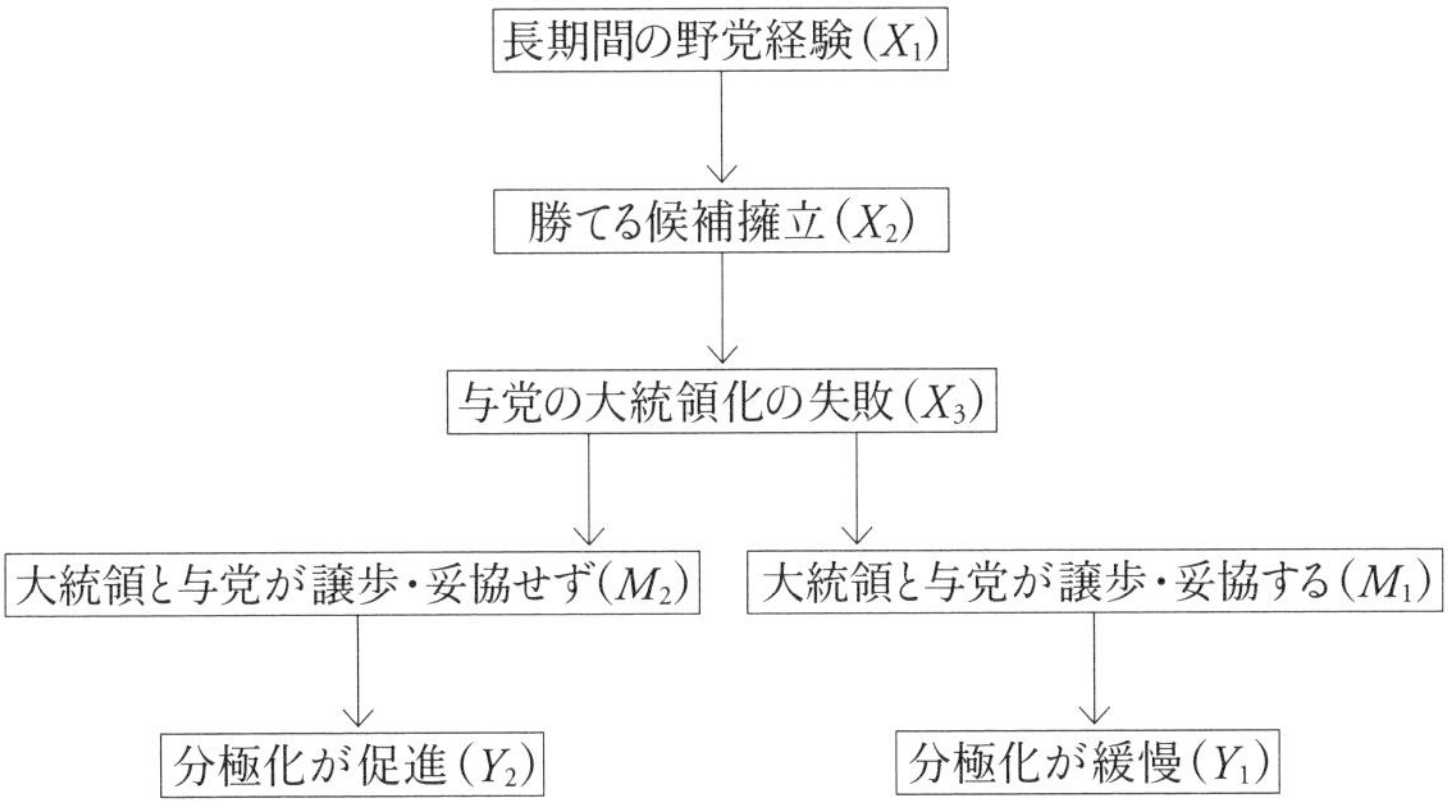

する傾向は、アイゼンハワー以外にもクリーブランドとフランクリン・ローズヴェルトの事例で観察された。与党の大統領化はその全ての事例で失敗に終わっている[2]。

DW-NOMINATEを確認してみると興味深い事実が浮かび上がる。クリーブランドが与党の大統領化に失敗した一八九五年以降、アイゼンハワーの時と同様、やはり民主党に顕著な分極化の傾向が見られる。ところが、フランクリン・ローズヴェルトが与党の大統領化に失敗した後、民主党のイデオロギー的分極化はリンドン・ジョンソン政権の末期(すなわち一九六〇年代後半)まで非常に緩やかにしか進行していないのである(McCarty, Poole, and Rosenthal, 2006, 13; Poole and Rosenthal, 2007; 蒲島・竹中、二〇一二、一〇八; Hare and Poole, 2014, 411-429)。

この差は何に起因するものであろうか。

いささか仮説的ではあるが、与党の大統領化が挫折した後、大統領と与党が妥協的に行動すると分極化の進行は緩慢になり(フランクリン・ローズヴェルトのケース)、両者が妥協を拒否すると急速な分極化が促されるのではないか(クリーブランドとアイゼンハワーのケース)。

いずれにせよ、ここから推測されることは、第一に与党の大統領化(の失敗)が分極化の促進/緩慢の必要条件になっていること。第二に「与党の大統領化の失敗↓政党の分極化が促進される」という単純な因果関係が成り立っているわけではなく、$X_1{}^*X_2{}^*X_3$のように複数の異なる原因の組み合わせ（文脈）があって、Y_1やY_2のような結果が生じるのではないかということである。

つまり、個別の原因が単独で存在するだけでは分極化という結果の十分条件にはならない可能性が高い。今後文脈に配慮した比較研究を進めることで、因果モデルのいっそうの精練が期待できるだろう。

なお、クリストファー・ヘアーとキース・プールは民主党が左傾化の傾向を顕著にし始めたのは、リンドン・ジョンソン政権の末期（一九六〇年代後半）であったと述べている（Hare and Poole, 2014, 415）。共和党の保守化と民主党のリベラル化が発生した時期や程度が食い違っているという事実は、DW-NOMINATEをもとに連邦議会議員のイデオロギー平均値を時系列で検証した場合にも明確である（McCarty, Poole, and Rosenthal, 2006, 13; Poole and Rosenthal, 2007; 蒲島・竹中、二〇一二、一〇八; Hare and Poole, 2014, 411-429）。

仮にこれらの指摘が正しいとすれば、一九六〇年代の後半以降、民主党がリベラル化に向かった因果メカニズムは、本書で議論してきた分極化のメカニズムとは異なる（非対称）ものである可能性がある。この点についても、慎重かつ綿密な検証作業が求められよう。

4 展望

歴史学者ティモシー・サーバーは過去一世紀にわたり、共和党には二つの大きな変化が生じたと指摘している（Thurber, 2013a; Thurber, 2013b）。

第一の変化は地理的変化であり、かつて民主党の金城湯池《きんじょうとうち》であった南部は強固な共和党支持基盤へと移行した。第二の変化は黒人有権者の政党支持パターンの変化であり、南北戦争以後、長らく共和党を支持し続けてきた黒人有権者は、一九六〇年代以後民主党支持に転じ、現在に至るまで民主党の最も強力な支持基盤の一つに数えられている。

こうして共和党が保守化する過程において、アイゼンハワーの信じた「中道的な政治の理想」は次第に時代遅れになり、顧みられることがなくなっていった。

黒人の共和党支持の問題を考えてみる。二〇〇八年と二〇一二年の大統領選挙だけをみても黒人有権者の約九割が民主党に投票しており[3]、共和党は黒人有権者の支持という面で本書が分析の対象とした時代以降、長らく極めて不利な立場に立たされてきた。

この状況に変化の兆しと思しき現象が生じたのは、二〇一〇年の中間選挙である。同年の選挙には四〇人を超える黒人候補が共和党から立候補し、その中からティム・スコットとアレン・ウェストの二人が下院議員に当選を果たした。共和党からの黒人候補の当選は、南部再建期以降で初めての現象といわれる(上坂、二〇一四、一六五)。

続く二〇一二年の連邦議会選挙にも三〇人を超える共和党黒人候補が出馬しており、二〇一〇年に生じた共和党からの黒人立候補者の増加という傾向が継続してみられた(上坂、二〇一四、一六九)。二〇一四年の中間選挙においてもこの傾向は続いた。

同選挙ではユタ州出身のミア・ラブが、史上初めて共和党から黒人女性下院議員となった。貧しいハイチ移民の子としてニューヨーク州ブルックリンで生まれたラブは、大学時代に知り合った白人のモルモン教徒(現在の夫)の影響でカトリックからモルモン教に改宗し、二〇一〇年から四年間サラトガ・スプリングス市長を務めた(上坂、二〇一四、二〇六)。

ラブ以外にも、テキサス州では元ＣＩＡ局員であったウィル・ハードが南部再建期以降初めて黒人として共和党から下院議員に当選を果たした[4]。また、サウス・カロライナ州で辞任したジム・デミント上院議員の空席を巡って争われた選挙では共和党の黒人候補ティム・スコットが民主党の女性黒人候補ジョイス・ディッカーソンを破って当選を果たしたが、黒人候補が同州から上院議員に当選するのも、やはり南部再建期以来一三三年ぶりの出来事であった[5]。

その他にも、二〇一四年の選挙ではフロリダ、ウィスコンシン、アーカンソー、サウス・カロライナの各州で共和党候補者に対する黒人有権者の投票率が一〇％を超え、オハイオでは現職のジョン・ケーシック知事が黒人票の二六％を獲得して再選されるなど、黒人有権者と共和党の「新しい関係(黒人有権者の共和党回帰？)」に注目が集まっている[6]。

「保守に過剰に偏向した政党」、「白人高齢者の政党」など、ありがたくないレッテルに苦しめられてきた共和党は、二〇一四年の選挙によって長らく欲してやまなかった多様性(Diversity)を僅かながらも「取り戻した」といえるだろう。だが共和党にとって、情勢は楽観できるものではない。

共和党が黒人を取り戻す方途はいくつか考え得るが、いずれの方法も保守的な共和党の性格と黒人有権者層との間に深刻なジレンマを引き起こす。人種の問題だけを見ても分かるように、アイゼンハワーの時代から優に半世紀以上が経過した今日に至るも、共和党はどのような政党であるべきか悩んでいる。共和党はこの「ソウル・サーチング」の過程で様々な可能性を探り、彷徨を続けているのである。

民主党に視点を移してみよう。

二〇〇四年の民主党全国党大会で、バラク・オバマは「保守のアメリカもリベラルのアメリカもない、アメリカは一つである」の一節で有名な演説(『ザ・スピーチ』)を行い、一躍次代の大統領候補として注目を集めることとなった。それから四年後、彼は「イデオロギー的分極化の克服とアメリカの統一」という壮大な公約を掲げて大統領選に出馬し、当選を果たす——。

そのオバマも二期にわたる政権を通じて分極化するアメリカ社会を是正することはできなかった。むしろ深刻な分極化の現実を受けて統治スタイルを変化させてしまい、今日「あのオバマですら、分極化に屈してしまった」と慨嘆する論者は少なくない[7]。

現在、分極化の弊害を匡正《きょうせい》し、円滑な統治に必要な妥協をアメリカ民主主義に取り戻すための「処方箋」と称する規範的なアイディアが、多様な論者によって次々と提示されている。

代表的なものだけを取り上げても、党派的ジェリマンダリング(選挙区割り)の防止、フィリバスター(院内規則の範囲内で行われる議事妨害)の制限など議会内ルールの改革、政治資金改革法の制定、メディアによる過剰な偏向報道の規制、開放的予備選挙の導入、経済的格差の是正など枚挙にいとまがない(Task Force on Negotiating Agreement on Politics, 2013, 19-30; Fiorina, 2013, 855)。

共和党保守化の複雑な因果メカニズムを念頭に置けば、おびただしい数にのぼる上記の「政治改革案」なるものは、いずれも分極化の原因を単純化しすぎているように思われる。

本書のタスクを超えているので、ここで詳しく追究することは控えたいが、上記の政治改革案はオバマですら太刀打ちできなかった「妥協なき政治」を克服するための有効な解決策になっているのだろうか。さらにいえば、あまりに単純かつ性急な改革案を実行に移すことで、かえって意図せざる結果が生じて現状が悪化してしまう可能性はないのだろうか。

このような複雑な動きの中、二〇〇九年ごろからアイゼンハワーが再び脚光を浴び始めた。

二〇一〇年、ファリード・ザカリアが『もっとアイゼンハワーのようになれ("Be More Like Ike")』と題する論考を発表して注目を集めた[8]。また、それより約半年ほど前にも、ワシントンDCに本拠を置く共和党系シンクタンクであるリポン・ソサイエティが『〔共和党は〕もっとアイゼンハワーのようになろう("More Like Ike")』というタイトルの論考を掲載している[9]。

リポン・ソサイエティの論考いわく、

アイゼンハワー大統領から今日の共和党員は何を学ぶことができるだろうか……保守主義とはアプローチであり、アジェンダではないという教訓も得られるだろう。アイクにとって、漸進的変化は革命的熱狂に勝るものだった。共和党は権力の源泉に酔い痴れるあまり、壮大なプランを追い求めようとし過ぎる。慎み深く着実に歩みを進め、物事を少しずつ変えていく方がよい……今日の共和党は未来を見据えつつ、アイゼンハワーをもう少し手本にするべきだ。

アイゼンハワーの中道主義が保守派の台頭の前に挫折したことは、本書で見たとおりである。しかし皮肉にもソウル・サーチングを続ける共和党は、過去に一度拒絶したはずのアイゼンハワー路線を再び評価し始めているのである。

アイゼンハワーを再評価しているのは民主党も同じである。

デイヴィッド・イグナチウスやジェームズ・ファローズといった政治ジャーナリストは、オバマ大統領はアイゼンハワーをロール・モデルとしており、強い影響を感じると指摘している[10]。ノーベル賞を受賞した経済学者ポール・クルーグマンも、「ヒラリー・クリントンはアイゼンハワーになれない」と題するコラムをニューヨーク・タイムズに寄稿している[11]。

　これは経済評論家デイヴィッド・ウォーシュがインターネット媒体に発表した「ヒラリー・クリントンは現代のアイゼンハワーか？（"Will Clinton Be Our Eisenhower?"）」というコラムに反駁すべく書かれたものである。

> デイヴィッド・ウォーシュはヒラリー・クリントンが大統領に当選した場合のことを色々と考えているようだ。ウォルシュはヒラリー・クリントンがアイゼンハワーのような大統領になるのでは、と示唆している。これは面白い意見だが、かなり間違った見方ではないだろうか……ヒラリー・クリントンはどのような大統領になるだろうか。彼女が〔政治的対立に〕調和をもたらす存在になるとは考えにくい……ヒラリーはアイゼンハワーのようにはなれないと思う。（傍点筆者）

　以上の議論をみれば分かるように、アイゼンハワーは民主党からさえ、「穏健的・漸進的政治姿勢を持ち、中道的な統治を成功に導いた優れた指導者」と再評価されているのである。
　アイゼンハワーは「〔共和党保守派との〕戦争には負けたが、歴史において勝った」とまで言っては、それは穿《うが》ちすぎであろうか。

註

1――マキアヴェリ、一九九五、一三二。
2――ウィルソンは除くとしても、クリーブランド、フランクリン・ローズヴェルト、アイゼンハワーはいずれも与党の大統領化に失敗している。与党の大統領化に成功を収めた例は皆無といってもよい。与党の大統領化を阻む要因であるが、制度的なコンテクストが大きな制約要因となっているものと考えられる。アメリカの大統領制において、大統領は与党の党首ではなく、与党はきわめて分権的である。このような制度的拘束の下では、大統領がどのようなパーソナリティの持ち主であろうと、トップダウン的な形で政党組織を改編するための方法を駆使しようと、与党を大統領化して集権的改革を行なうことはきわめて困難であると考えられる。

3——William H. Frey, "Minority Turnout Determined the 2012 Election," May 10, 2013. <http://www.brookings.edu/research/papers/2013/05/10-election-2012-minority-voter-turnout-frey>Accessed June 28, 2015.

4——Alex Isenstadt, "GOP Ranks to Get Slightly More Diverse,"*Politico*, November 6, 2014. <http://www.politico.com/story/2014/11/republicans-congress-leadership-112662.html?cmpid=sf#ixzz3IL3J8qcl> Accessed June 28, 2015.

5——Linday Deutsch, "Political Firsts: How History was Made This Midterm Election," *USA Today*, November 5, 2014. <http://www.usatoday.com/story/news/nation-now/2014/11/05/historical-firsts-from-the-election/18523511/> Accessed Jyne 28, 2015.

6——Athena Jones, "GOP Hopes New Class of Black Republicans Signals Trend, Data Suggests Otherwise," *CNN Politics*, January 6, 2015. <http://edition.cnn.com/2014/11/28/politics/gop-hopes-new-class-of-black-republicans-signals-trend-data-suggests-otherwise/> Accessed Jyne 28, 2015.

7——Ron Foulnier, "Dan Pfeiffer's Exit Interview: On Surrendering to Polarization and How Barack Obama Gave Up," *National Journal*, March 9, 2015. <http://www.nationaljournal.com/white-house/dan-pfeiffer-s-exit-interview-on-surrendering-to-polarization-and-how-barack-obama-gave-up-20150309?utm_content=buffer3489b&utm_medium=social&utm_source=facebook.com&utm_campaign=buffer> Accessed March 10, 2015.

8——Fareed Zakaria, "Be More Like Ike," August 16, 2010. <http://fareedzakaria.com/2010/08/16/be-more-like-ike/> Accessed June 28, 2015.

9——Kasey F. Pipes, "More Like Ike," *The Ripon Forum*, Winter 2009 (2009). <http://www.riponsociety.org/article/more-like-ike/> Accessed June 28, 2015.

10——David Ignatius, "Obama Can Be Like Ike," *The Washington Post*, January 9, 2013. <http://www.washingtonpost.com/opinions/david-ignatius-obama-can-be-like-ike/2013/01/09/5c618ea4-59db-11e2-88d0-c4cf65c3ad15_story.html>

Accessed June 28, 2015.; James Fallows, “Obama at West Point: I Like Ike,” *The Atlantic*, May 22, 2010. <http://www.theatlantic.com/politics/archive/2010/05/obama-at-west-point-i-like-ike/57128/> Accessed June 28, 2015.

11 ——Paul Krugman, “Not Like Ike,” *The New York Times*, July 8, 2013. <http://krugman.blogs.nytimes.com/2013/07/08/not-like-ike/?_r=0> Accessed June 28, 2015.

副大統領	主要対立候補
ハンニバル・ハムリン	ジョン・ブレッキンリッジ(南部民主党)
アンドリュー・ジョンソン	ジョージ・マクレラン(民主党)
スカイラー・コーファックス	ホラティオ・セイモア(民主党)
ヘンリー・ウィルソン	ホレス・グリーリー(民主党)
ウィリアム・ウィーラー	サミュエル・ティルデン(民主党)
チェスター・アーサー	ウィンフィールド・ハンコック(民主党)
トマス・ヘンドリクス	ジェイムス・ブレイン(共和党)
レヴィ・モートン	グローバー・クリーブランド(民主党)
アデライ・スティーブンソン	ベンジャミン・ハリソン(共和党)
ギャレット・ホーバート	ウィリアム・ブライアン(民主党)
セオドア・ローズヴェルト	ウィリアム・ブライアン(民主党)
チャールズ・フェアバンクス	アルトン・パーカー(民主党)
ジェイムズ・シャーマン	ウィリアム・ブライアン(民主党)
トマス・マーシャル	ウィリアム・タフト(共和党)
トマス・マーシャル	チャールズ・ヒューズ(共和党)
カルビン・クーリッジ	ジェイムズ・コックス(民主党)

選挙結果表…1

実施年	選挙	大統領当選者	与党／与党議席得失数
1860年	第19回大統領選挙	エイブラハム・リンカーン	共和党
1862年	中間選挙		下院（−21） 上院（−2）
1864年	第20回大統領選挙	エイブラハム・リンカーン	共和党
1866年	中間選挙		下院（+38） 上院（+18）
1868年	第21回大統領選挙	ユリシーズ・グラント	共和党
1870年	中間選挙		下院（−34） 上院（−6）
1872年	第22回大統領選挙	ユリシーズ・グラント	共和党
1874年	中間選挙		下院（−93） 上院（−1）
1876年	第23回大統領選挙	ラザフォード・ヘイズ	共和党
1878年	中間選挙		下院（−4） 上院（−7）
1880年	第24回大統領選挙	ジェイムス・ガーフィールド	共和党
1882年	中間選挙		下院（−29） 上院（+1）
1884年	第25回大統領選挙	グローバー・クリーブランド	民主党
1886年	中間選挙		下院（−16） 上院（+3）
1888年	第26回大統領選挙	ベンジャミン・ハリソン	共和党
1890年	中間選挙		下院（−93） 上院（−4）
1892年	第27回大統領選挙	グローバー・クリーブランド	民主党
1894年	中間選挙		下院（−127） 上院（−4）
1896年	第28回大統領選挙	ウィリアム・マッキンリー	共和党
1898年	中間選挙		下院（−21） 上院（+8）
1900年	第29回大統領選挙	ウィリアム・マッキンリー（任期途中で暗殺）	共和党
1902年	中間選挙		下院（+9） 上院（0）
1904年	第30回大統領選挙	セオドア・ローズヴェルト	共和党
1906年	中間選挙		下院（−26） 上院（+3）
1908年	第31回大統領選挙	ウィリアム・タフト	共和党
1910年	中間選挙		下院（−57） 上院（−3）
1912年	第32回大統領選挙	ウッドロー・ウィルソン	民主党
1914年	中間選挙		下院（−60） 上院（+4）
1916年	第33回大統領選挙	ウッドロー・ウィルソン	民主党
1918年	中間選挙		下院（−22） 上院（−5）
1920年	第34回大統領選挙	ウォレン・ハーディング	共和党

副大統領	主要対立候補
チャールズ・ドーズ	ジョン・W・デイビス（民主党）
チャールズ・カーティス	アル・スミス（民主党）
ジョン・ガーナー	ハーバート・フーバー（共和党）
ジョン・ガーナー	アルフ・ランドン（共和党／中西部保守派）
ヘンリー・ウォレス	ウェンデル・ウィルキー（共和党／東部穏健派）
ハリー・トルーマン	トマス・デューイ（共和党／東部穏健派）
アルバン・バークリー	トマス・デューイ（共和党／東部穏健派）
リチャード・ニクソン	アデライ・スティーブンソン（民主党）
リチャード・ニクソン	アデライ・スティーブンソン（民主党）
リンドン・ジョンソン	リチャード・ニクソン（共和党／穏健派）
ヒューバート・ハンフリー	バリー・ゴールドウォーター（共和党／南部保守派）
スピロ・アグニュー	ヒューバート・ハンフリー（民主党）
ジェラルド・フォード	ジョージ・マクガヴァン（民主党）
ウォルター・モンデール	ジェラルド・フォード（共和党）
ジョージ・H・W・ブッシュ	ジミー・カーター（民主党）

実施年	選挙	大統領当選者	与党／与党議席得失数
1922年	中間選挙		下院(−77) 上院(−7)
1924年	第35代大統領選挙	カルビン・クーリッジ	共和党
1926年	中間選挙		下院(−9) 上院(−7)
1928年	第36回大統領選挙	ハーバート・フーバー	共和党
1930年	中間選挙		下院(−52) 上院(−8)
1932年	第37回大統領選挙	フランクリン・ローズヴェルト	民主党
1934年	中間選挙		下院(+9) 上院(+9)
1936年	第38回大統領選挙	フランクリン・ローズヴェルト	民主党
1938年	中間選挙		下院(−72) 上院(−7)
1940年	第39回大統領選挙	フランクリン・ローズヴェルト	民主党
1942年	中間選挙		下院(−45) 上院(−8)
1944年	第40回大統領選挙	フランクリン・ローズヴェルト(任期途中で病没)	民主党
1946年	中間選挙		下院(−54) 上院(−11)
1948年	第41回大統領選挙	ハリー・トルーマン	民主党
1950年	中間選挙		下院(−28) 上院(−5)
1952年	第42回大統領選挙	ドワイト・アイゼンハワー(穏健派)	共和党
1954年	中間選挙		下院(−18) 上院(−2)
1956年	第43回大統領選挙	ドワイト・アイゼンハワー(穏健派)	共和党
1958年	中間選挙		下院(−48) 上院(−13)
1960年	第44回大統領選挙	ジョン・ケネディ(任期途中で暗殺)	民主党
1962年	中間選挙		下院(−4) 上院(+2)
1964年	第45回大統領選挙	リンドン・ジョンソン	民主党
1966年	中間選挙		下院(−48) 上院(−3)
1968年	第46回大統領選挙	リチャード・ニクソン(保守派)	共和党
1970年	中間選挙		下院(−12) 上院(+1)
1972年	第47回大統領選挙	リチャード・ニクソン(任期途中で辞任)	共和党
1974年	中間選挙		下院(−48) 上院(−4)
1976年	第48回大統領選挙	ジミー・カーター	民主党
1978年	中間選挙		下院(−15) 上院(−3)
1980年	第49回大統領選挙	ロナルド・レーガン	共和党

あとがき

ニューディール期の民主党のリベラル化に関する博論をまとめ、それを前著『ニューディール期民主党の変容——政党組織・集票構造・利益誘導』（慶應義塾大学出版会、二〇〇八年）として公刊した後、「次は共和党の保守化についての研究書を書きたい」と考えるようになった。

これは、「民主党のリベラル化」と「共和党の保守化」を経て、イデオロギー的分極化と果てしない政治的対立に向かうアメリカ政治の姿を独自の視点で描き出したい、二つの著作を通じて、「二〇世紀におけるアメリカの二大思想の対立と、それをめぐる政党政治というパースペクティブから見たアメリカ政治史の通史」を書き上げたい、という目標に基づくものであった。

本書の各章は、以下の初出論文にそれぞれ大幅な加筆を施したものである。

序章　「政治的保守主義の概念化と説明理論の提示——米国共和党の保守化を手がかりに」『選挙研究』第二八巻第一号（二〇一二年）

第一章　「共和党穏健派の思想と動向：1952年の予備選挙を中心として」『法学研究』第八四巻七号（二〇一一年）

第二章　「ドワイト・アイゼンハワー期の共和党運営、1953～1960年」『津田塾大学紀要』第

四六号（二〇一四年）

第三章　「1960年大統領選挙におけるリチャード・ニクソンと公民権：「顕著な争点」による説明の再検証」『年報政治学・2014年Ⅰ号』（二〇一四年）

第四章　「バリー・ゴールドウォーターの思想と立法行動」『津田塾大学紀要』第四七号（二〇一五年）

著者にとって二冊目の単著となる本書では、原因から結果に至る因果メカニズムを追及するため、政治学における定性的研究の方法論をより明示的に意識し、先行研究との差異を強調したつもりである。単なる歴史的事実の発掘に終わらぬよう、二冊目の本では政治学的に意義のあるものを書きたい、政治学になにがしかの貢献を果たしたい、というのがもう一つの本書の目標であった。

それらが達成されたかどうかについては、読者の判断を待つほかないが、本書を書き終えて著者は更なるフラストレーションを感じている。現在、日本の政治学には国際競争の波が押し寄せつつあるように思われる。一冊目の本を書いた時点では、「日本人の学問には日本のやり方がある。アメリカ政治研究も同様である」と考えていたが、それは誤りであった。国際的な学問の潮流をとらえ、日本から国際社会に発信・貢献できるよう努力し、成果を上げねばならない。だが、今のところ著者は国際競争において有意義な貢献ができていない。今後は国際社会に向けた学術の発信を視野に入れ、研鑽を重ねていくつもりである。

学部時代からの指導教授である久保文明先生は今も変わらず著者を導き続けてくださっている。国分良成先生も防衛大学校長という重職にありながら、いつも気にかけてくださっている。さらに、David A. Farber先生はテンプル大学時代の恩師として、増山幹高先生は大学院時代の恩師の一人として、中山俊宏先生は職場での先任者として、著者を常にご指導くださっている。本書の出版に、少しでも先生方のご恩に報いるところがあれば嬉しい。

多忙の中、本書の草稿を読んで貴重なコメントや感想を寄せてくださった釧路公立大学の菅原和行先生、同志社大学の飯田健先生、防衛研究所の岩谷將先生に深く感謝申し上げる。諸先生方から頂戴したアイディアの多くは本書に反映されている。

岩崎正洋先生には、いつも様々なプロジェクトにお誘いいただいている。ほかにも学会やプロジェクトなどで有形無形のお力添えをいただいた、岡山裕先生、待鳥聡史先生、伊藤武先生、石田憲先生、竹中佳彦先生、玉井清先生、清水唯一朗先生、浜中新吾先生、細谷雄一先生に衷心より御礼申し上げる。

もちろん本書を執筆するにあたって、さらに多くの先生方からご助言やご指導をいただいている。紙幅の都合でいちいちお名前を挙げることはできないが、心より感謝申し上げたい。

二〇〇八年七月から二〇一一年三月まで、日本国際問題研究所で実務経験を積む機会を与えていただいたことに深く感謝している。この二年九カ月がなければ、著者は間違いなく今より視野の狭い研究者になっていただろう。お世話になった野上義二理事長、斎木尚子副所長(現・外務省国際法局長)、および同僚であった先生方、職員の皆様に深甚な謝意を表する。

現在の職場である津田塾大学が与えてくれる素晴らしい研究環境にも感謝したい。津田塾大学の教職員、学生の皆さんからはいつも刺激を与えてもらっている。また本書の刊行にあたり、津田塾大学から特別研究費による出版助成を受けたことを記し、そのご支援に心より感謝する次第である。事務手続きの労をお取りくださった春山直登研究支援室長、ありがとうございました。

出版事情の厳しい折、本書の出版を御快諾くださった千倉書房の千倉成示社長、そして編集者として鋭い指摘をくださった神谷竜介さんに深甚なる謝意を表したい。神谷さんのご指摘を得て修正を重ねていなければば、本書は空疎な内容のまま世に出たはずである。

最後に、自分の両親と妻の両親、そして幸せな家庭をともに築いてくれている妻と娘に感謝する。大学での校務や学外での活動と研究活動を何とか両立できたのは、妻・恵子と娘・依里のおかげである。えりちゃん、いつもありがとう。

二〇一五年六月吉日

西川賢

バマ政権はアメリカをどのように変えたのか――支持連合・政策成果・中間選挙』（東信堂、2010年）
――――「連邦議会指導部によるコミュニケーション戦略の発達と2012年連邦議会選挙」吉野孝・前嶋和弘編『オバマ後のアメリカ政治――2012年大統領選挙と分断された政治の行方』（東信堂、2014年）
ジョン・スチュアート・ミル『自由論』斉藤悦則訳（光文社古典新訳文庫、2012年）
宮本孝正「米国の1996年農業法」『レファレンス』平成15年12月号（2003年）
森田果『実証分析入門――データから「因果関係」を読み解く作法』（日本評論社、2014年）
森村進『自由はどこまで可能か――リバタリアニズム入門』（講談社現代親書、2001年）
――――『リバタリアンはこう考える――法哲学論集』（信山社、2013年）
森村進編著『リバタリアニズム読本』（勁草書房、2005年）
吉野孝「背景としての政党対立」吉野孝・前嶋和弘編『2008年アメリカ大統領選挙――オバマの当選は何を意味するのか』（東信堂、2009年）
アイン・ランド『肩をすくめるアトラス』脇坂あゆみ訳（ビジネス社、2004年）
――――『水源』藤森かよこ訳（ビジネス社、2004年）
――――『利己主義という気概――エゴイズムを積極的に肯定する』藤森かよこ訳（ビジネス社、2008年）
――――『われら生きるもの』脇坂あゆみ訳（ビジネス社、2012年）
マリー・ロスバード『自由の倫理学――リバタリアニズムの理論体系』森村進・森村たまき・鳥澤円訳（勁草書房、2003年）
ジョン・ロック『統治二論』加藤節訳（岩波文庫、2010年）
渡辺将人『現代アメリカ選挙の集票過程――アウトリーチ戦略と政治意識の変容』（日本評論社、2008年）

立岩真也『私的所有論』(勁草書房、1997年)
建林正彦・曽我謙悟・待鳥聡史『比較政治制度論』(有斐閣アルマ、2008年)
茶谷展行「アメリカにおける保守主義運動とは何か」吉原欽一編『現代アメリカ政治を見る眼――保守とグラス・ルーツ・ポリティクス』(日本評論社、2005年)
ジョゼフ・ナイ『大統領のリーダーシップ――どの指導者がアメリカの絶対優位をつくったか？』藤井清美訳(東洋経済新報社、2014年)
中岡望『アメリカ保守革命』(中公新書ラクレ、2004年)
中山俊宏「保守主義台頭の力学――運動インフラの構築とそのインパクト」『アメリカン・イデオロギー――保守主義運動と政治的分断』(勁草書房、2013年)
西川賢『ニューディール期民主党の変容――政党組織・集票構造・利益誘導』(慶應義塾大学出版会、2008年)
ロバート・ノージック『アナーキー・国家・ユートピア――国家の正当性とその限界』嶋津格訳(木鐸社、1992年)
野田裕久編『保守主義とは何か』(ナカニシヤ出版、2010年)
フリードリヒ・ハイエク『隷属への道』西山千明訳(春秋社、1992年)
橋本祐子『リバタリアニズムと最小福祉国家――制度的ミニマリズムをめざして』(勁草書房、2008年)
ロバート・ハインライン『月は無慈悲な夜の女王』矢野徹訳(ハヤカワ文庫、2010年)
アレクサンダー・ハミルトン、ジョン・ジェイ、ジェイムズ・マディソン『ザ・フェデラリスト』齋藤眞・武則忠見訳『ザ・フェデラリスト』(福村出版、1998年)
ミルトン・フリードマン『資本主義と自由』村井章子訳(日経BP社、2008年)
――――『選択の自由』西山千明訳(日本経済新聞出版社、2012年)
マキアヴェリ『新訳・君主論』池田廉訳(中公文庫、1995年)
待鳥聡史「イデオロギーと統治の間で」『アステイオン』第69号(2008年)
――――『〈代表〉と〈統治〉のアメリカ政治』(講談社、2009年)
――――「アメリカにおける政権交代と立法的成功」『レヴァイアサン』第47号(2010年)
――――『首相政治の制度分析――現代日本政治の権力基盤形成』(千倉書房、2012年)
――――「アメリカにおける多数党交代と議会内過程」『レヴァイアサン』第53号(2013年)
松岡泰「黒人社会の多元化と脱人種の政治――1990年代以降を中心に」久保文明・松岡泰・西山隆行編著『マイノリティが変えるアメリカ政治――多民族社会の現状と将来』(NTT出版、2012年)
松本俊太「アメリカ連邦議会における二大政党の分極化と大統領の立法活動(一)」『名城法学』第58巻・第4号(2009年)
――――「オバマ政権と連邦議会：100日と200日とその後」吉野孝・前嶋和弘編『オ

White, Theodore H., 1961. *The Making of the President 1960*, Harper Perennial.
White, Theodore H., 1965. *The Making of the President 1964*, Harper Perennial.
Wildavsky, Aaron B., 1965. "The Goldwater Phenomenon: Purist, Politicians, and the Two-Party System." *Review of Politics*, Volume 27, Issue 3.
Wilder Jr., Philip, 1958. *Meade Alcorn and the 1958 Election,* Henry Holt and Company, Inc.
Wilson, James Q., 1962. *The Amateur Democrat: Club Politics in Three Cities*, University of Chicago Press.
Wolf, George D., 1981. *William Warren Scranton: Pennsylvania Statesman*, Pennsylvania State University Press.
Yuill, Kevin L., 2006. *Richard Nixon and the Rise of Affirmative Action: The Pursuit of Racial Equality in an Era of Limits,* Rowman and Littlefield.
Zaller, John R., 1992. *The Nature and Origins of Mass Opinion,* Cambridge University Press.

◆ **邦語文献**（五十音順）

ヨシュア・アングリスト、ヨーン・シュテファン・ピスケ『「ほとんど無害」な計量経済学——応用経済学のための実証分析ガイド』大森義明・小原美紀・田中隆一・野口晴子訳（NTT出版、2013年）
安藤次男『アメリカ自由主義とニューディール——1940年代におけるリベラル派の分裂と再編』（法律文化社、1990年）
飯田健「なぜ経済的保守派は社会的に不寛容なのか——草の根レベルの保守主義の形成における政治的・社会的要因」『選挙研究』第28巻・第1号（2012年）
岡山裕「政党のイデオロギー的二極化がアメリカの政治的代表に持つ意義」比較政治学会2014年度研究大会報告論文。
粕谷祐子『比較政治学』（ミネルヴァ書房、2014年）
蒲島郁夫・竹中佳彦『イデオロギー』（東京大学出版会、2012年）
久保文明他編『北アメリカ・第2版』（自由国民社、2005年）
上坂昇『アメリカの黒人保守思想——反オバマの黒人共和党勢力』（明石書店、2014年）
斉藤淳『自民党長期政権の政治経済学——利益誘導政治の自己矛盾』（勁草書房、2010年）
齋藤眞『アメリカ政治外交史』（東京大学出版会、1975年）
佐藤一進『保守のアポリアを超えて——共和主義の精神とその変奏』（NTT出版、2014年）
ジョバンニ・サルトーリ『現代政党学——政党システム論の分析枠組み』岡沢憲芙・川野秀之訳（早稲田大学出版部、2000年）
渋谷博史『20世紀アメリカ財政史Ⅰ——パクス・アメリカーナと基軸国の税制』（東京大学出版会、2005年）

Thompson, Kenneth W. (ed.), 1984. *The Eisenhower Presidency: Eleven Intimate Perspectives of Dwight D. Eisenhower*, University Press of America.
Thompson, Micheal J. (ed.), 2007. *Confronting the New Conservatism: the Rise of the Right in America*, New York University Press.
Thurber, Timothy, 2013a. "Race, Region, and the Shadow of the New Deal." in Robert Mason and Iwan Morgan (eds.) *Seeking a New Majority: the Republican Party and American Politics, 1960-1980*, Vanderbilt University Press.
Thurber, Timothy, 2013b. *Republicans and Race: The GOP's Frayed Relationship with African Americans, 1945-1974*, The University Press of Kansas.
Tower, John G., 1991. *Consequences: A Personal and Political Memoir,* Little Brown and Company.
Troy, Gil, 2008. *Why Moderates Make the Best Presidents: George Washington to Barack Obama*, The University Press of Kansas.
Vallin, Marlene Boyd, 1998. *Margaret Chase Smith: Model Public Servant*, Greenwood Press.
Van Atta, Dale, 2008. *With Honor: Melvin Laird in War, Peace, and Politics*, The University of Wisconsin Press.
Volle, Jeffrey J., 2010. *The Political Legacies of Barry Goldwater and George McGovern: Shifting Party Paradigms,* Palgrave Macmillan.
Wagner, Steven, 2006. *Eisenhower Republicanism: Pursuing the Middle Way*, Northern Illinois University Press.
Wallace, Patricia Ward, 1995. *Politics of Conscience: A Biography of Margaret Chase Smith*, Praeger.
Ware, Alan, 2006. *The Democratic Party heads North, 1877-1962,* Cambridge University Press.
Warren, Earl, 1977. *The Memoirs of Chief Justice Earl Warren*, Doubleday.『ウォーレン回想録』森田幸夫訳（彩流社、1986年）
Weatherford, M. Stephen, 2002a. "After the Critical Election: Presidential Leadership, Competition, and the Consolidation of the New Deal Realignment." *British Journal of Political Science*, Volume 32, Issue 2.
Weatherford, M. Stephen, 2002b. "Presidential Leadership and Ideological Consistency: Were there 'Two Eisenhowers' in Economic Policy?" *Studies in American Political Development,* Volume 16, Issue 2.
Weinberger, Caspar W., 2001. *In the Arena: A Memoir of the 20th Century*, Regnery Publishing.
Welch, Jr., Richard E., 1988. *The Presidencies of Grover Cleveland*, University Press of Kansas.
White, F. Clifton, 1967. *Suite 3505: The Story of the Draft Goldwater Movement*, Arlington House.
White, F. Clifton, Jerome Tuccille, 1994. *Politics as a Noble Calling: The Memoirs of F. Clifton White*, Jameson Books Inc.

Rowman and Littlefield.
Skocpol, Theda, 1992. *Protecting Soldiers and Mothers: The Political Origins of Social Policy in United States,* Harvard University Press.
Skowronek, Stephen, 1982. *Building a New American State: The Expansion of National Administrative Capacities, 1877-1920,* Cambridge University Press.
Skowronek, Stephen, 1997. *The Politics Presidents Make: Leadership from John Adams to Bill Clinton*, Belknap Press of Harvard University Press.
Smith, Jean Edward, 2012. *Eisenhower in War and Peace*, Random House.
Smith, Margaret Chase, William C. Lewis, Jr., 1972. *Declaration of Conscience*, Doubleday.
Smith, Richard Norton, 1982. *Thomas E. Dewey and His Times*, Simon and Schuster.
Smith, Richard Norton, 2014. *Oh His Own Terms: a Life of Nelson Rockefeller*, Random House.
Stanley, Harold W., Richard G. Niemi, 2008. *Vital Statistics on American Politics, 2007-2008*, CQ Press.
Stassen, Harold, Marshall Houts, 1990. *Eisenhower: Turning the World toward Peace*, Merrill Magnus Publishing Corporation.
Stebenne, David L., 2006. *Modern Republicanism: Arthur Larson and the Eisenhower Years*, Indiana University Press.
Stimson, James A., 2004. *Tide of Consent: How Public Opinion Shapes American Politics,* Cambridge University Press.
Stone, Walter J. 2010. "Activists, Influence, and Representation in American Elections." in L. Sandy Maisel and Jeffrey M. Berry (eds.) *The Oxford Handbook of American Political Parties and Interest Groups,* Oxford University Press.
Stonecash, Jeffrey M., Mark D. Bremer, Mack D. Mariani, 2002. *Diverging Parties: Social Change, Realignment, and Party Polarization,* Westview Press.
Stonecash, Jeffrey M., Everita Silina, 2005. "The 1896 Realignment: A Reassessment." *American Politics Research*, Volume 33, Number 1.
Stonecash, Jeffrey M., 2008. *Reassessing the Incumbency Effect*, Cambridge University Press.
Sundquist, James L., 1983. *Dynamics of the Party System: Alignment and Realignment of Political Parties in the United States,* Brookings Institution.
Task Force on Negotiating Agreement on Politics, 2013. *Negotiating Agreement on Politics: Report of the Task Force on Negotiating Agreement on Politics,* American Political Science Association.
The Republican Committee on Program and Progress, 1960. *Decisions for a Better America,* Doubleday.
The Rockefeller Panel Reports, 1961. *Prospect for America*, Doubleday.
Thomas, G. Scott, 2011. *A New World to be Won: John Kennedy, Richard Nixon, and the Tumultuous Year of 1960*, Praeger.

Samuels, David J., Matthew S. Shugart, 2010. *Presidents, Parties, and Prime Ministers: How the Separation of Powers Affects Party Organization and Behavior*, Cambridge University Press.

Sanbonmatsu, Kira, 2004. *Democrats/Republicans and the Politics of Women's Place,* The University of Michigan Press.

Sarasohn, David, 1989. *The Party of Reform: Democrats in the Progressive Era*, University Press of Missouri.

Scott, Hugh, 1968. *Come to the Party: An Incisive Argument for Moderate Republicanism*, Prentice-Hall Inc.

Schneider, Gregory L., 1999. *Cadres for Conservatism: Young Americans for Freedom and the Rise of the Contemporary Right,* New York University Press.

Schneider, Gregory L., 2009. *The Conservative Century: From Reaction to Revolution*, Rowman and Littlefield.

Schoenwald, Jonathan M., 2001. *A Time for Choosing: the Rise of Modern American Conservatism*, Oxford University Press.

Schulman, Bruce J., Julian Zelizer (ed.), 2008. *Rightward Bound: Making America Conservative in the 1970s*, Harvard University Press.

Schuparra, Kurt, 1998. *Triumph of the Right: The Rise of the California Conservative Movement, 1945-1966*, M. E. Sharpe.

Shadegg, Stephen, 1965. *What Happened to Goldwater? The Inside Story of the 1964 Republican Campaign*, Holt, Rinehart, and Winston.

Shadegg, Stephen, 2011. *Barry Goldwater: Freedom is His Flight Plan*, Wildside Press.

Shefter, Martin, 1994. *Political Parties and the State: The American Historical Experience,* Princeton University Press.

Sherman, Janann, 2000. *No Place for Woman: A Life of Senator Margaret Chase Smith*, Rutgers University Press.

Shermer, Elizabeth Tandy, 2008. "Origins of the Conservative Ascendancy: Barry Goldwater's Early Senate Career and De-legitimization of Organized Labor." *The Journal of American History*, Volume 95, Number 3.

Shermer, Elizabeth Tandy (ed.), 2013. *Barry Goldwater and the Remaking of the American Political Landscape*, The University of Arizona Press.

Sides, John, 2007. "The Consequences of Campaign Agendas." *American Politics Research*, Volume 35, Number 4.

Silbey, Joel H., 2010. "American Political Parties: History, Voters, Critical Elections, and Party Systems." in L. Sandy Maisel, Jeffrey M. Berry (eds.), *The Oxford Handbook of American Political Parties and Interest Groups,* Oxford University Press.

Skinner, Richard M., 2007. "The Partisan Presidency." in John C. Green, Daniel J. Coffey (eds.), *The State of the Parties: the Changing Role of Contemporary American Parties*, Fifth Edition,

to Reagan, Harvard University Press.
Philips-Fein, Kim, 2009. *Invisible Hands: the Businessmen's Crusade against the New Deal*, W. W. Norton.
Philips-Fein, Kim, 2011. "Conservatism: A State of the Field." *The Journal of American History*, Volume 98, Number 3.
Pickett, William B., 2000. *Eisenhower Decides to Run: Presidential Politics and Cold War Strategy*, Ivan R. Dee.
Pierson, Paul, Theda Skocpol (eds.), 2007. *The Transformation of American Politics: Activist Government and the Rise of Conservatism*, Princeton University Press.
Pietrusza, David, 2008. *1960 LBJ vs. JFK vs. Nixon: the Epic Campaign that Forged Three Presidencies*, Union Square Press.
Polsby, Nelson W., Aaron B. Wildavsky, 1968. *Presidential Elections: Strategies of American Electoral Politics*, Charles Scribner's Sons.
Poole, Keith T., Howard Rosenthal, 2007. *Ideology and Congress: A Political-Economic History of Roll Call Voting*, Second Edition, Transaction Publishers.
Rabe, Stephen G., 1993. "Eisenhower Revisionism: A Decade of Scholarship." *Diplomatic History*, Volume 17, Number 1.
Rae, Nicol C., 1989. *The Decline and Fall of the Liberal Republicans from 1952 to the Present*, Oxford University Press.
Reichard, Gary W., 1975. *The Reaffirmation of Republicanism: Eisenhower and Eighty-Third Congress*, The University of Tennessee Press.
Reichard, Gary W., 2004. *Politics as Usual: the Age of Truman and Eisenhower*, Harlan Davidson.
Reinhard, David W., 1983. *The Republican Right since 1945*, The University Press of Kentucky.
Reiter, Howard L., Jeffrey M. Stonecash, 2011. *Counter Realignment: Political Change in the Northeastern United States,* Cambridge University Press.
Rhodes, John, Dean Smith, 1995. *John Rhodes: "I Was There,"* Northwest Publishing Inc.
Riker, William H., 1982. *Liberalism against Populism: A Confrontation between the Theory of Democracy and the Theory of Social Choice,* W. H. Freeman.
Robinson, Jackie, 1972. *I Never Had It Made,* G. P. Putnam.『ジャッキー・ロビンソン自伝——黒人初の大リーガー』宮川毅訳(ベースボール・マガジン社、1974年)
Rockefeller, David, 2002. *Memoirs,* Random House Trade Paperbacks.『ロックフェラー回顧録』楡井浩一訳(新潮社、2007年)
Rorabaugh, W. J., 2009. *The Real Making of President: Kennedy, Nixon, and the 1960 Election,* University Press of Kansas.
Rosenof, Theodore, 2003. *Realignment: The Theory that Changed the Way We Think about American Politics,* Rowman and Littlefield.
Rusher, William A., 1984. *The Rise of the Right*, William Morrow and Company, Inc.

Development." in L. Sandy Maisel and Jeffrey M. Berry (eds.) *The Oxford Handbook of American Political Parties and Interest Groups,* Oxford University Press.

Montgomery, Gayle B., James W. Johnson, 1998. *One Step from the White House: the Rise and Fall of Senator William F. Knowland*, University of California Press.

Morrow, E. Frederick, 1963. *Black Man in the White House: A Diary of the Eisenhower Years by the Administrative Officer for Special Projects, the White House, 1955-1961,* Macfadden Books.

Nardulli, Peter F., 1995. "The Concept of a Critical Realignment, Electoral Behavior, and Political Change." *The American Political Science Review*, Volume 89, Issue 1.

Nash, George H., 2006. *The Conservative Intellectual Movement in America since 1945*, Thirtieth Anniversary Edition, ISI Books.

Newton, Jim, 2011. *Eisenhower: The White House Years*, Doubleday.

Nichols, David A., 2007. *A Matter of Justce: Eisenhower and the Beginning of the Civil Rights Revolution*, Simon and Schuster.

Nixon, Richard M., 1962. *Six Crisis,* Doubleday.

Nixon, Richard M., 1978. *RN: The Memoirs of Richard Nixon,* Grosset and Dunlap.

Nixon, Richard M., 1982. *Leaders: Profiles and Reminiscence of Men Who Have Shaped the Modern World*, Warner Books.『指導者とは』徳岡孝夫訳（文藝春秋、1986年／文春学藝ライブラリー、2013年）

Obermayer, Herman J., 2009. *Rehnquist: A Personal Portrait of the Distinguished Chief Justice of the United States*, Threshold Editions.

O' Reilly, Kenneth, 1995. *Nixon's Piano: Presidents and Radical Politics from Washington to Clinton,* The Free Press.

Panetta, Leon E., Peter Gall, 1971. *Bring Us Together: The Nixon Team and the Civil Rights Retreat,* J. B. Lippincott Company.

Patterson, James T., 1967. *Congressional Conservatism and the New Deal: The Growth of the Conservative Coalition in Congress, 1933-1939,* University of Kentucky Press.

Patterson, James T., 1972. *Mr. Republican: A Biography of Robert Taft*, Houghton Mifflin.

Pauley, Garth E., 2001. *The Modern Presidency and Civil Rights: Rhetoric on Race from Roosevelt to Nixon*, Texas A and M University Press.

Paulson, Arthur, 2007. *Electoral Realignment and the Outlook for American Democracy*, Northeastern University Press.

Perlstein, Rick, 2001. *Before the Storm: Barry Goldwater and the Unmaking of the American Consensus*, Hill and Wang.

Perlstein, Rick, 2008a. *Nixonland: the Rise of a President and the Fracturing of America*, Scribner.

Perlstein, Rick (ed.), 2008b. *Richard Nixon: Speeches, Writings, Documents*, Princeton University Press.

Peterson, Mark A., 1990. *Legislating Together: The White House and Capitol Hill from Eisenhower*

Margalit, Avishai, 2013. *On Compromise and Rotten Compromises*, Princeton University Press.
Mason, Robert, 2004. *Richard Nixon and the Quest for a New Majority,* The University of North Carolina Press.
Mason, Robert, 2012. *The Republican Party and American Politics from Hoover to Reagan,* Cambridge University Press.
Mason, Robert, Iwan Morgan (eds.), 2013. *Seeking a New Majority: the Republican Party and American Politics, 1960-1980*, Vanderbilt University Press.
Matthews, Jeffrey J., 1997. "To Defeat a Maverick: the Goldwater Candidacy Revisited, 1963-1964." *Presidential Studies Quarterly*, Volume 27, Number 4.
Mayhew, David R., 2002. *Electoral Realignments: A Critique of an American Genre,* Yale University Press.
McCarty, Noran, Keith Poole, Howard Rosenthal, 2006. *Polarized America: The Dance of Ideology and Unequal Riches,* The MIT Press.
McCarty, Noran, 2007. "The Policy Effects of Political Polarization." in Paul Pierson and Theda Skocpol (eds.) *The Transformation of American Politics: Activist Government and the Rise of Conservatism,* Princeton University Press.
McClenahan, Jr., William M., William H. Becker, 2011. *Eisenhower and the Cold War Economy*, Johns Hopkins University Press.
McGirr, Linda, 2001. *Suburban Warriors: the Origins of the New American Right,* Princeton University Press.
McNutt, Randy (ed.), 1986. *No Left Turns: A Handbook for Conservatives Based on the Writings of John M. Ashbrook*, The Hamilton Hobby Press.
McWilliams, Wilson Carey, 1989. "The Anti-Federalists, Representation, and Party." *Northwestern University Law Review*, Volume 84, Number 1.
Meffert, Michael F., Helmut Norpoth, Anirudh V. S. Ruhl. 2001. "Realignment and Macropartisanship." *The American Political Science Review*, Volume 95, Number 4.
Micklethwait, John, Adrian Wooldridge, 2004. *The Right Nation: Conservative Power in America*, The Penguin Books.
Middendorf, II., J. William, 2006. *A Glorious Disaster: Barry Goldwater's Presidential Campaign and the Origins of the Conservative Movement*, Basic Books.
Milkis, Sidney M., 1993. *President and the Parties: The Transformation of the American Party System since the New Deal,* Oxford University Press.
Milkis, Sidney M., 1999. *Political Parties and Constitutional Government: Remaking American Democracy*, The Johns Hopkins University Press.
Milkis, Sidney M., Jerome M. Mileur (eds.), 2002. *The New Deal and the Triumph of Liberalism,* University of Massachusetts Press.
Milkis, Sidney M., Jesse H. Rhodes, 2010. "The President, Party Politics, and Constitutional

State University Press.
Ladd, Everett Carl., 1991. "Like Waiting for Godot: The Uselessness of "Realignment" for Understanding Change in Contemporary American Politics." in Byron E. Shafer (ed.), *The End of Realignment? Interpreting American Electoral Eras,* The University of Wisconsin Press.
Larson, Arthur, 1956. *A Republican Looks at His Party,* Harper and Brothers.
Larson, Arthur, 1968. *Eisenhower: the President Nobody Knew*, Charles Scribner's Sons.
Layman, Geoffrey C., 2001. *The Great Divide: Religious and Cultural Conflict in American Party Politics,* Columbia University Press.
Layman, Geoffrey C., Thomas M. Carsey, 2002. "Party Polarization and 'Conflict Extension'" in the American Electorate." *American Journal of Political Science*, Volume 46, Number 4.
Lee, Frances, 2009. *Beyond Ideology: Politics, Principles, and Partisanship in the U.S. Senate*, University of Chicago Press.
Lee, R. Alton, 1990. *Eisenhower and Landrum-Griffin: A Study in Labor-Management Politics,* The University Press of Kentucky.
Leuchtenburg, William E., 1995. *The Supreme Court Reborn: The Constitutional Revolution in the Age of Roosevelt,* Oxford University Press.
Levendusky, Matthew, 2009. *The Partisan Sort: How Liberals Became Democrats and Conservatives Became Republicans,* The University of Chicago Press.
Lichtenstein, Nelson, Elizabeth Tandy Shermer (eds.), 2012. *The Right and Labor in America: Politics, Ideology, and Imagination*, University of Pennsylvania Press.
Lindman, Kara, Donald P. Haider-Markel, 2002. "Issue Evolution, Political Parties, and the Cultural Wars." *Political Research Quarterly*, Volume 55, Number 1.
Lodge, Jr., Henry Cabot, 1973. *The Storm has Many Eyes: A Personal Narrative,* W. W. Norton and Company.
Lodge, Jr., Henry Cabot, 1976. *As It Was: An Inside View of Politics and Power in the '50s and '60s,* W. W. Norton and Company.
Lowi, Theodore J., 1985. *The Personal President: Power Invested Promise Unfulfilled,* Cornell University Press.
Lowi, Theodore J., 1990. "The Roosevelt Revolution and the New American State." in Peter J. Katzenstein, Theodore J. Lowi, Sidney Tarrow (eds.) *Comparative Theory and Political Experience: Mario Einaudi and the Liberal Tradition,* Cornell University Press.
Lynch, Peter E., 1997. *Silvio: Congressman for Everyone, A Biographical Portrait of Silvio O. Conte*, Sunstone Press.
Mann, Robert, 2011. *Daisy Petals and Mushroom Clouds: LBJ, Barry Goldwater, and the Ad that Changed American Politics*, Louisiana State University Press.
Mann, Thomas E., Norman J. Ornstein, 2012. *It's Even Worse than It Looks: How the American Constitutional System Collided with the New Politics of Extremism*, Basic Books.

Jacobs, Lawrence R., Robert Shapiro, 1994. "Issues, Candidate Image, and Priming: The Use of Private Polls in Kennedy's 1960 Presidential Campaign." *The American Political Science Review*, Volume 88, Number 3.

Jenkins, John A., 2012. *The Partisan: the Life of William Rehnquist,* Public Affairs.

Jeong, Gyung-Ho, Gary J. Miller, Camilla Schofield, Itai Sened, 2011. "Cracks in the Opposition: Immigration as a Wedge Issue for the Reagan Coalition." *American Journal of Political Science*, Volume 55, Issue 3.

Johnson, Robert David, 2009. *All the Way with LBJ: the 1964 Presidential Election*, Cambridge University Press.

Jordan, David M., 2011. *FDR, Dewey, and the Election of 1944*, Indiana University Press.

Judis, John B., 1988. *William F. Buckley, Jr.: Patron Saint of the Conservatives*, Simon and Schuster.

Kabaservice, Geoffrey, 2012. *Rule and Ruin: The Downfall of Moderation and the Destruction of the Republican Party, from Eisenhower to the Tea Party*, Oxford University Press.

Kallina, Jr., Edmund F., 2010. *Kennedy V. Nixon: the Presidential Election of 1960*, University Press of Florida.

Karol, David, 2009. *Party Position Change in American Politics: Coalition Management,* Cambridge University Press.

Ketcham, Ralph, 1987. *President above Party,* University of North Carolina Press.

Key, Jr., V. O., 1955. "A Theory of Critical Elections." *The Journal of Politics*, Volume 17, Issue 1.

Key, Jr., V. O., 1959. "Secular Realignment and the Party System." *The Journal of Politics*, Volume 21, Issue 2.

Kimmage, Michael, 2009. *The Conservative Turn: Lionel Trilling, Whittaker Chambers, and the Lessons of Anti-Communism*, Harvard University Press.

Kirby, Alec, David G. Dalin, John F. Rothman, 2013. *Harold E. Stassen: The Life and Perennail Candidacy of the Progressive Republican*, McFarland and Company.

Kirk, Russell, James McClellan, 1967. *The Political Principles of Robert A. Taft*, Fleet Press.

Kleindienst, Richard G., 1985. *Justice: The Memoirs of Attorney General Richard Kleindienst,* Jameson Books.

Klinghard, Daniel P., 2005. "Grover Cleveland, William McKinley, and the Emergence of the President as Party Leader." *Presidential Studies Quarterly*, Volume 35, Number 4.

Klinkner, Philip A., 1994. *The Losing Parties: Out-Party National Committees, 1956-1993*, Yale University Press.

Kotlowski, Dean J., 2001. *Nixon's Civil Rights: Politics, Principle, and Policy,* Harvard University Press.

Kutler, Stanley I., 1995. "Eisenhower, the Judiciary, and Desegregation: Some Reflections." in Günter Bischof and Stephen E. Ambrose (eds.) *Eisenhower: A Century Assessment*, Louisiana

American Journal of Political Science, Volume 45, Number 1.
Gutmann, Amy, Dennis Thompson, 2010. "The Mindset of Political Compromise." *Perspectives on Politics*, Volume 8, Number 4.
Gutmann, Amy, Dennis Thompson, 2012. *The Spirit of Compromise: Why Governing Demands It and Campaigning Undermines It,* Princeton University Press.
Guylay, L. Richard, 1987. "Eisenhower's Two Presidential Campaigns, 1952 and 1956." in Joann P. Krieg (ed.) *Dwight D. Eisenhower: Soldier, President, Statesman*, Greenwood Press.
Hacker, Jacob S., Paul Pierson, 2005. *Off Center: the Republican Revolution and the Erosion of American Democracy,* Yale University Press.
Halberstam, David, 1993. *The Fiftieth*, Villard Books.『ザ・フィフティーズ（上）（下）』金子宣子訳（新潮社、1997年）
Halberstam, David, 2002. *War in a Time of Peace: Bush, Clinton, and the Generals*, Scribner.『静かなる戦争：アメリカの栄光と挫折（上）・（下）』小倉慶郎・三島篤志・田中均・佳元一洋・柴武行訳（PHP研究所、2003年）
Hare, Christopher, Keith T. Poole, 2014. "The Polarization of Contemporary American Politics." *Polity*, Volume 46, Number 3.
Harris, T. George, 1967. *Romney's Way: A Man and an Idea*, Prentice-Hall Inc.
Hedström, Peter, 2008. "Studying Mechanisms to Strengthen Causal Inference in Quantitative Research." in Janet M. Box-Steffensmeier, Henry E. Brady, David Collier (eds.) *The Oxford Handbook of Political Methodology*, Oxford University Press.
Hershey, Marjorie Randon, 2009. *Party Politics in America*, Thirteenth Edition, Longman.
Hess, Karl, 1967. *In a Cause That Will Triumph: The Goldwater Campaign and the Future of Conservatism*, Doubleday.
Hess, Karl, 1999. *Mostly on the Edge: An Autobiography*, Prometheus Books.
Hillygus, D. Sunshine, Todd G. Shields, 2008. *The Persuadable Voter: Wedge Issues in Presidential Campaigns,* Princeton University Press.
Hoff, Joan, 1994. *Nixon Reconsidered,* Basic Books.
Hopper, John Edward, 1966. "The Purge: Franklin D. Roosevelt and the 1938 Democratic Nominations." Unpublished Ph.D. Dissertation, the University of Chicago, Department of History.
Horwitz, Robert B., 2013. *America's Right: Anti-Establishment Conservatism from Goldwater to the Tea Party*, Polity Press.
Hughes, Emmet John, 1963. *The Ordeal of Power: A Political Memoir of the Eisenhower Years,* Atheneum.
Immerman, Richard H., 1990. "Confessions of an Eisenhower Revisionist: An Agonizing Reappraisal." *Diplomatic History*, Volume 14, Number 3.
Iverson, Peter, 1997. *Barry Goldwater: Native Arizonan*, University of Oklahoma Press.

Princeton University Press.
Galvin, Daniel J., 2013. "Presidential Partisanship Reconsidered." *Political Research Quarterly*, Volume 66, Number 1.
Gellman, Irwin F., 1999. *The Contender: Richard Nixon the Congress Years, 1946-1952,* The Free Press.
Genovese, Michael A., 1990. *The Nixon Presidency: Power and Politics in Turbulent Times,* Greenwood Press.
Gerring, John, 2010. "Causal Mechanisms: Yes, But…" *Comparative Political Studies*, Volume 43, Number 11.
Gifford, Laura Jane, 2009. *The Center Cannot Hold: The 1960 Presidential Election and the Rise of Modern Conservatism,* Northern Illinois University Press.
Gifford, Laura Jane, Daniel K. Williams (eds.), 2012. *The Right Side of the Sixties: Reexamining Conservatism's Decade of Transformation*, Palgrave Macmillan.
Gilmour, John, 1995. *Strategic Disagreement: Stalemate in American Politics*, University of Pittsburgh Press.
Glenn, Brian J., Steven M. Teles (eds.), 2009. *Conservatism and American Political Development*, Oxford University Press.
Goertz, Gary, James Mahoney, 2012. *A Tale of Two Cultures: Qualitative and Quantitative Research in the Social Sciences*, Princeton University Press.
Goldberg, Robert A., 1995. *Barry Goldwater,* Yale University Press.
Goldman, Ralph M., 1984. "The American President as Party Leader: A Synoptic History." in Robert Harmel (ed.) *President and their Parties: Leadership or Neglect?* Praeger.
Goldwater, Barry M., 1979. *With No Apologies: The Personal and Political Memoirs of United States Senator Barry M. Goldwater,* William and Morrow.
Goldwater, Barry M., Jack Casserly, 1988. *Goldwater,* Doubleday.
Goldwater, Barry M., 2007. *The Conscience of a Conservative,* BN Publishing.
Gould, Louis L., 2003. *Grand Old Party: A History of the Republicans*, Random House.
Graham, Hugh Davis, 1994. "Richard Nixon and Civil Rights: Explaining an Enigma." *Presidential Studies Quarterly*, Volume 26, Number 1.
Green, Donald P., Bradley Palmquist, Eric Schickler, 2002. *Partisan Hearts and Minds: Political Parties and the Social Identities of Voters,* Yale University Press.
Greene, John Robert, 1985. *The Crusade: The Presidential Election of 1952*, University Press of America.
Greenstein, Fred I., 1982. *The Hidden Hand Presidency: Eisenhower as Leader*, Basic Books.
Griffith, Robert, 1982. "Dwight D. Eisenhower and the Corporate Commonwealth." *The American Historical Review*, Volume 87, Number 1.
Groseclose, Tim, Noran McCarty, 2000. "The Politics of Blame: Bargaining Before Audience."

飛田茂雄訳（みすず書房、1995年）
Edwards, Lee, 1990. *Missionary for Freedom: the Life and Times of Walter Judd*, Paragon House.
Edwards, Lee, 1997. *Goldwater: The Man who made a Revolution*, Regnery Publishing.
Edwards, Lee, 2004. *A Brief History of the American Conservative Movement*, The Heritage Foundation.
Edwards, Lee, 2010. *William F. Buckley Jr.: The Maker of a Movement*, ISI Books.
Ehrlichman, John, 1982. *Witness to Power: The Nixon Years,* Simon and Schuster.
Eisenhower, Dwight D., 1963. *Mandate for Change, 1953-1956: The White House Years,* Doubleday.『アイゼンハワー回顧録1』仲晃、佐々木謙一訳（みすず書房、1965年）
Eisenhower, Dwight D., 1965. *Waging Peace, 1956-1961: The White House Years,* Doubleday.『アイゼンハワー回顧録2』仲晃、佐々木謙一、渡辺靖訳（みすず書房、1968年）
Eisenhower, Dwight D., 1967. *At Ease: Stories I Tell to Friends*, Doubleday.
Eisenhower, David, Julie Nixon Eisenhower, 2010. *Going Home to Glory: A Memoir of Life with Dwight D. Eisenhower, 1961-1969*, Simon and Schuster.
Eldersveld, Samuel J., Hanes Walton, Jr., 2000. *Political Parties in American Society* Second Edition, St. Martin's Press.
Epstein, Leon, 1986. *Political Parties in the American Mold,* The University of Wisconsin Press.
Falleti, Tulia G., 2006. "Theory-Guided Process-Tracing in Comparative Politics: Something Old, Something New." *APSA-CP: Newsletter of the Organized Section in Comparative Politics of the American Political Science Association*, Volume 17, Issue 1.
Farber, David A., 2010. *The Rise and Fall of Modern American Conservatism: A Short History,* Princeton University Press.
Feldman, Glenn (ed.), 2011. *Painting Dixie Red: When, Where, Why, and How the South Became Republican*, University Press of Florida.
Ferrell, Robert H., 1983. *The Diary of James C. Hagerty, Eisenhower in Mid-Course, 1954-1955*, Indiana University Press.
Finegold, Kenneth, Elaine K. Swift, 2001. "What Works? Competitive Strategies of Major Parties Out of Power." *British Journal of Political Science*, Volume 31, Issue 1.
Fiorina, Morris, Samuel Abrams, Jeremy Pope, 2003. "The 2000 US Presidential Election: Can Retrospective Voting Be Saved?" *British Journal of Political Science*, Volume 33, Issue 2.
Fiorina, Morris P., 2013. "America's Polarized Politics: Causes and Solutions." *Perspectives on Politics*, Volume 11, Number 3.
Fitzgerald, Libby Miller, 2004. *Bill Miller: Do You Know Me?* Warwick House Publishers.
Fleming, Alice, 1969. *The Senator from Maine: Margaret Chase Smith*, Thomas Y. Crowell.
Frisk, David B., 2012. *If Not Us, Who? William Rusher, National Review, and the Conservative Movement*, ISI Books.
Galvin, Daniel J., 2010. *Presidential Party Building: Dwight D. Eisenhower to George W. Bush,*

Coleman, John J., 1996. *Party Decline in America: Policy, Politics, and the Fiscal State,* Princeton University Press.
Collier, David, 2011. "Understanding Process Tracing." *PS: Political Science & Politics*, Volume 44, Number 4.
Connery, Robert H., Gerald Benjamin, 1979. *Rockefeller of New York: Executive Power in the Statehouse*, Cornell University Press.
Cotter, Cornelius P., 1983. "Eisenhower as Party Leader." *Political Science Quarterly*, Volume 98, Number 2.
Cotton, Norris, 1978. *In the Senate: Amidst the Conflict and the Turmoil*, Dodd, Mead and Company.
Cowden, Jonathan A., 2001. "Southernization of the Nation and Nationalization of the South: Racial Conservatism, Social Welfare, and White Partisans in the United States, 1956-1992." *British Journal of Political Science*, Volume 31, Issue 2.
Crespino, Joseph, 2012. *Strom Thurmond's America*, Hill and Wang.
Critchlow, Donald T., 2005. *Phyllis Schlafly and Grassroots Conservatism: A Women's Crusade*, Princeton University Press.
Critchlow, Donald T., 2007. *The Conservative Ascendancy: How the GOP Right made Political History,* Harvard University Press.
Critchlow, Donald T., Nancy Maclean (eds.), 2009. *Debating the American Conservative Movement, 1945 to the Present*, Rowman and Littlefield.
Crouse, Eric R., 2010. *An American Stand: Senator Margaret Chase Smith and Communist Menace, 1948-1972*, Lexington Books.
Curtis, Carl T., 1986. *Forty Years against the Tide: Congress and the Welfare State*, Regnery Gateway.
Damms, Richard V., 2002. *The Eisenhower Presidency, 1953-1961*, Longman.
Davidson, Chandler, 1990. *Race and Class in Texas Politics*, Princeton University Press.
Davies, Gareth, 2007. "Richard Nixon and the Desegregation of Southern Schools." *The Journal of Policy History*, Volume 19, Number 4.
Dean, John W., Barry M. Goldwater, Jr., 2008. *Pure Goldwater,* Palgrave Macmillan.
Diamond, Sara, 1995. *Roads to Dominion: Right-Wing Movements and Political Power in the United States,* The Guilford Press.
Donaldson, Gary, 2003. *Liberalism's Last Hurrah: The Presidential Campaign of 1964*, M. E. Sharpe.
Druckman, James N., Lawrence R. Jacobs, Eric Ostermeier, 2004. "Candidate Strategies to Prime Issues and Image." *The Journal of Politics*, Volume 66, Number 4.
Edsall, Thomas B., Mary D. Edsall, 1991. *Chain Reaction: The Impact of Race, Rights, and Taxes on American Politics*, W.W. Norton and Company. 『争うアメリカ――人種・権利・税金』

Rightward Drift on the Republican Party." in Elizabeth Tandy Shermer (ed.) *Barry Goldwater and the Remaking of the American Political Landscape*, The University of Arizona Press.
Bowles, Chester, 1971. *Promise to Keep: My Years in Public Life, 1941-1969*, Harper and Row.
Brady, David W., Joseph Cooper, Patricia A. Hurley, 1979. "The Decline of the Party in the U. S. House of Representatives, 1887-1968." *Legislative Studies Quarterly*, Volume 4, Number 3.
Brady, Henry E., David Collier (eds.), 2010. *Rethinking Social Inquiry: Diverse Tools, Shared Standards,* Second Edition, Rowman and Littlefield.
Brendon, Piers, 1986. *Ike: His Life and Times*, Harper and Row.
Brennan, Mary C., 1995. *Turning Right in the Sixties: the Conservative Capture of the GOP*, The University of North Carolina Press.
Brewer, Mark D., 2009. *Party Images in the American Electorate*, Routledge.
Brewer, Mark D., Jeffrey M. Stonecash, 2009. *Dynamics of American Political Parties*, Cambridge University Press.
Brinkley, Alan, 1999. "The Problem of American Conservatism." *The American Historical Review*, Volume 99, Number 2.
Brownell, Herbert, John P. Burke, 1993. *Advising Ike: the Memoirs of Attorney General*, University of Kansas Press.
Buckley, Jr., William F., 2004. *Miles Gone By: A Literary Autobiography*, Regnery Publishing.
Buckley, Jr., William F., 2008. *Flying High: Remembering Barry Goldwater,* Basic Books.
Burk, Robert Fredrick, 1984. *The Eisenhower Administration and Black Civil Rights, 1953-1961*, The University of Tennessee Press.
Burnham, Walter D., 1970. *Critical Elections and the Mainsprings of American Politics,* Norton.
Burns, James MacGregor, 1965. *Presidential Government: The Crucible of Leadership*, Houghton Mifflin.
Campbell, Andrea Louise, 2007. "Parties, Electoral Participation, and Shifting Voting Blocs." in Paul Pierson and Theda Skocpol (eds.), *The Transformation of American Politics: Activists Government and the Rise of Conservatism,* Princeton University Press.
Carmines, Edward G., James A. Stimson, 1989. *Issue Evolution: Race and the Transformation of American Politics,* Princeton University Press.
Carmines, Edward G., Michael W. Wagner, 2006. "Political Issue and Party Alignments: Assessing the Issue Evolution Perspective." *Annual Review of Political Science*, Volume 9.
Carson, Clayborne (ed.), 1998. *The Autobiography of Martin Luther King, Jr.,* Warner Books. 『マーティン・ルーサー・キング自伝』梶原寿訳（日本基督教団出版局、2002年）
Chernus, Ira, 2002. *General Eisenhower: Ideology and Discourse*, Michigan State University Press.
Clements, Kendrick A., 1992. *The Presidency of Woodrow Wilson*, University Press of Kansas.
Cochrane, Willard Wesley, Mary Ellen Ryan, 1981. *American Farm Policy 1948-1973*, University of Minnesota Press.

Cambridge University Press.
Andrew, iii., John A ., 1997. *The Other Side of the Sixties: Young Americans for Freedom and the Rise of Conservative Politics,* Rutgers University Press.
Ansolabehere, Stephen, Shanto Iyengar, 1994. "Riding the Wave and Claiming Ownership over Issues: The Joint Effects of Advertising and News Coverage in Campaigns." *The Public Opinion Quarterly*, Volume 58, Number 3.
Baer, Kenneth, 2000. *Reinventing Democrats: The Politics of Liberalism from Regan to Clinton,* University Press of Kansas.
Bailey, Christopher J., 1988. *The Republican Party in the US Senate 1974-1984: Party Change and Institutional Development,* Manchester University Press.
Beach, Derek, Rasmus Brun Pedersen, 2013. *Process-Tracing Methods: Foundations and Guidelines,* The University of Michigan Press.
Bennett, Andrew, Colin Elman, 2006. "Complex Causal Relations and Case Study Methods: The Example of Path Dependence." *Political Analysis*, Volume 14, Number 3.
Bennett, Andrew, 2010. "Process Tracing and Causal Inference." in Henry Brady and David Collier (eds.) *Rethinking Social Inquiry: Diverse Tools, Shared Standards*, Second Edition, Rowman and Littlefield.
Benson, Ezra Taft, 1962. *Cross Fire: the Eight Years with Eisenhower*, Doubleday.
Bibby, John F., Robert J. Huckshorn, 1978. "The Republican Party in American Politics." in Jeff Fishel (ed.) *Parties and Elections in an Anti-Party Age: American Politics and the Crisis of Confidence,* Indiana University Press.
Bixby, Roland, 1988. *Standing Tall: the Life Story of New Hampshire's Senator Norris Cotton*, Lakeside Press.
Bjerre-Poulsen, Niels, 2002. *Right Face: Organizing the American Conservative Movement, 1945-1965*, Museum Tusculanum Press.
Black, Earl, Merle Black, 2002. *The Rise of Southern Republicans,* The Belknap Press.
Bogus, Carl T., 2011. *Buckley: William F. Buckley Jr. and the Rise of American Conservatism*, Bloomsbury Press.
Bork, Robert H., 1996. *Slouching towards Gomorrah: Modern Liberalism and American Decline*, Harper Perennial.
Bork, Robert H., 2008. *A Time to Speak: Selected Writings and Arguments*, ISI Books.
Bowen, Michael, 2011a. *The Roots of Modern Conservatism: Dewey, Taft, and the Battle for the Soul of the Republican Party*, The University of North Carolina Press.
Bowen, Michael, 2011b. "The First Southern Strategy: The Taft and the Dewey/Eisenhower Factions in the GOP." in Glenn Feldman (ed.) *Painting Dixie Red: When, Where, Why, and How the South Became Republican*, University Press of Florida.
Bowen, Michael, 2013. "Getting to Goldwater: Robert A. Taft, William F. Knowland, and the

2：二次文献

◆ 英語文献（アルファベット順）

Abramowitz, Alan I., 1994. "Issue Evolution Reconsidered: Racial Attitudes and Partisanship in the US Electorate." *American Journal of Political Science*, Volume 38, Number 1.

Abramowitz, Alan I., Kyle L. Saunders, 1998. "Ideological Realignment in the U.S. Electorate." *The Journal of Politics*, Volume 60, Number 3.

Abramowitz, Alan I., 2010. *The Disappearing Center: Engaged Citizens, Polarization, and American Democracy*, Yale University Press.

Adams, Greg D., 1997. "Abortion: Evidence of an Issue Evolution." *American Journal of Political Science*, Volume 41, Number 3.

Adams, Sherman, 1961. *First Hand Report: the Story of the Eisenhower Administration*, Harper and Collins.

Aistrup, Joseph A., 1996. *The Southern Strategy Revisited: Republican Top-Down Advancement in the South,* The University Press of Kentucky.

Aitken, Jonathan, 1993. *Nixon: A Life,* Regnery Publishing.

Aldrich, John H., 1995. *Why Parties? The Origin and Transformation of Political Parties in America,* The Chicago University Press.

Aldrich, John H., 1999. "Political Parties in a Critical Era." *American Politics Research*, Volume 27, Number 1.

Alexander, Charles C., 1975. *Holding the Line: the Eisenhower Era, 1952-1961*, Indiana University Press.

Allitt, Patrick, 2009. *The Conservatives: Ideas and Personalities throughout American History*, Yale University Press.

Ambrose, Stephen E., Richard H. Immerman, 1983a. *Milton S. Eisenhower: Educational Statesman*, The Johns Hopkins University Press.

Ambrose, Stephen E., 1983b. *Eisenhower, Volume 1: Soldier, General of the Army, President-Elect, 1890-1952*, Simon and Schuster.

Ambrose, Stephen E., 1984. *Eisenhower, Volume 2: The President*, Simon and Schuster.

Ambrose, Stephen E., 1989. *Nixon: Volume II, the Triumph of a Politician, 1962-1972,* Simon and Schuster.

Ambrose, Stephen E., 1990. *Eisenhower: Soldier and President*, Simon and Schuster.

Amenta, Edwin, 1998. *Bold Relief: Institutional Politics and the Origin of Modern American Social Policy,* Princeton University Press.

Amenta, Edwin, 2003. "What We Know about the Development of Social Policy: Comparative and Historical Research in Comparative and Historical Perspective." in James Mahoney and Dietrich Rueschemeyer (eds.) *Comparative Historical Analysis in the Social Sciences,*

Rauner Special Collections Library, Dartmouth College, Hanover, New Hampshire.
Hugh Meade Alcorn Papers.
Sherman Adams Papers.
Richard Nixon Presidential Library and Museum, Yorba Linda, California.
Campaign 1958.
Campaign 1960 (PPS 57; PPS 77).
Vice Presidential Papers (PPS 320.105).
Seeley G. Mudd Manuscript Library, Princeton University, New Jersey.
John Foster Dulles Oral History Project.
Special Collections Library, Pennsylvania State University, University Park, Pennsylvania.
William Scranton Papers.
The Rockefeller Archive Center, Sleepy Hollow, New York.
Nelson A. Rockefeller Papers.
The Urban Archives, Temple University, Pennsylvania.
Americans for Democratic Action, Southeastern Pennsylvania Chapter Papers.
Tulane University Law School, New Orleans, Louisiana.
John Minor Wisdom Papers.
Wisconsin Historical Society, Madison, Wisconsin.
Wayne J. Hood Papers.
Wright State University, Department of Special Collections and Archives, Dayton, Ohio.
Katharine Kennedy Brown Papers.

◆ マイクロフィルム

Papers of Republican Party Part 1: Meetings of the Republican National Committee 1911-1980.

◆ 辞典、資料集、オンライン・データ・アーカイブ等

Burnes, Brian, 2008. *The Ike Files: Mementos of the Man and His Era from the Eisenhower Presidential Library and Museum*, Kansas City Star Books.

Kaufman, Burton I., Diane Kaufman, 2009. *Historical Dictionary of the Eisenhower Era*, the Scarecrow Press.

Lee, R. Alton, 1991. *Dwight D. Eisenhower: A Bibliography of His Times and Presidency*, Scholarly Resources Inc.

Mayer, Michael S. (ed.), 2010. *The Eisenhower Years*, Facts on File.

The American Presidency Project. < http://www.presidency.ucsb.edu/>

Ziparo, Jessica, Louis Galambos, 2011. *An Annotated Bibliography of Selected Publications, 1991-2010, on Dwight D. Eisenhower*, Eisenhower Institute.

Manuscripts and Archives, Yale University Library, New Haven, Connecticut.
William F. Buckley, Jr. Papers.
Manuscript Division of Library of Congress, Washington, D.C.
Clare Boothe Luce Papers.
Earl Warren Papers.
Gifford Pinchot Papers.
Jackie Robinson Papers.
NAACP Papers.
Oral History Collection of the Association of Former Members of Congress.
Robert A. Taft Papers.
United States Capitol Historical Society Oral History Program.
William Baroody Papers.
William E. Borah Papers.
William A. Rusher Papers.
Massachusetts Historical Society, Boston, Massachusetts.
Henry Cabot Lodge, Jr., Papers.
Milne Special Collections, University of New Hampshire, Durham, New Hampshire.
Norris Cotton Congressional Papers.
Minnesota Historical Society, Saint Paul, Minnesota.
Harold Stassen Papers.
Oral History Collection.
Walter H. Judd Papers.
New York Public Library, New York, New York.
Charles E. Goodell Papers.
Nunn Center for Oral History, The University of Kentucky Library, Lexington, Kentucky.
The Thruston B. Morton Oral History Project.
Thruston B. Morton Collection.
Ohio Historical Society, Columbus, Ohio.
Ray C. Bliss Papers.
Oral History Research Office, Columbia University, New York.
Eisenhower Administration Project.
Robert A. Taft Project.
Pennsylvania State Archives, Harrisburg, Pennsylvania.
William Scranton Papers (MG 208).
Rare Books Special Collections Preservation, Rush Rhees Library, University of Rochester, Rochester, New York.
Thomas E. Dewey Papers.

Oregon.
J. Coleman Andrews Papers.
Dwight D. Eisenhower Library, Abilene, Kansas.
Arthur E. Summerfield Papers.
Bernard Shanley Diaries.
Dwight D. Eisenhower: Papers as the President of the United States.
Ann Whitman Diary Series.
Dwight D. Eisenhower: Post-Presidential Papers, 1963 Principal File.
Dwight D. Eisenhower: Post-Presidential Papers, 1964 Principal File.
E. Frederick Morrow Records.
Eisenhower Library Oral History Project.
Fred Seaton Papers.
Frederick H. Mueller Papers.
Gerald D. Morgan Records.
James C. Hagerty Papers.
James P. Mitchell Papers.
Oral History Collections.
Records of Office of Council of Economic Advisors.
Report to the President on Pending Legislation by the White House Record Office.
Republican National Committee , Office of the Chairman Records.
White House Office, Office of the Press Secretary to the President.
White House Office, Staff Research Group Records (Albert P. Toner and Christopher H.Russell).
Eagle Forum Archives, St. Louis, Missouri.
Phyllis Schlafly Papers.
George C. Marshall Research Foundation, Lexington, Virginia.
Lucius D. Clay Papers.
Hoover Institution Archives, Stanford, California.
Denison Kitchel Papers.
John D. Lodge Papers.
Marvin Liebman Papers.
Raymond Moley Papers.
Walter H. Judd Papers.
Indiana State University, Indianapolis, Indiana.
Donald Bruce Papers.
Kansas State Historical Society, Topeka, Kansas.
A. F. Schoeppel Senatorial Papers.
Frank Carlson Papers.

主要参考文献一覧

1：一次史料一覧

◆原史料

Archives of Appalachia, East Tennessee State Library, Johnson City, Tennessee.
B. Carroll Reece Papers.
Arizona Historical Foundation, Hayden Library, Arizona State University, Tempe, Arizona.
Barry M. Goldwater Papers.
Dean Burch Papers.
Harry Rosenzweig, Sr. Papers.
Ashbrook Center of Public Affairs, Ashland College, Ashland, Ohio.
F. Clifton White Papers.
John Ashbrook Papers.
Roger A. Moore Papers.
Bancroft Library, University of California, Berkley, Berkley, California.
William F. Knowland Papers.
Bentley Historical Library, University of Michigan, Ann Arbor, Michigan.
George Romney Papers.
Melvin R. Laird Papers.
Vandenberg Family Papers.
Briscoe Center for American History, The University of Texas Austin, Austin, Texas.
Steven Shadegg/Barry Goldwater Collection.
California State Archives, Sacramento, California.
Earl Warren Papers.
Carl A. Kroch Library, Cornell University, Ithaca, New York.
F. Clifton White Papers.
William E. Miller Papers.
Chicago History Museum, Chicago, Illinois.
Charles H. Percy Papers.
Clarence E. Manion Papers.
Clemson University, Clemson, South Carolina.
Strom Thurmond Papers.
Division of Special Collections and University Archives, University of Oregon, Eugene,

ワ行

ン

マ行

ヤ行

ラ行

タ行

ナ行

ハ行

サ行

主要人名索引

ラ行

ワ行

ナ行

ハ行

マ行

ヤ行

サ行

タ行

主要事項索引

[著者略歴]

西川賢（にしかわ・まさる）

津田塾大学学芸学部国際関係学科准教授。博士（法学）
一九九九年慶應義塾大学法学部政治学科卒業、二〇〇七年同大学院法学研究科博士課程修了。専門は政治学、アメリカ政治史。日本国際問題研究所研究員などを経て、二〇一一年より現職。主著に『ニューディール期民主党の変容――政党組織・集票構造・利益誘導』（慶應義塾大学出版会）がある。

分極化するアメリカとその起源
――共和党中道路線の盛衰

二〇一五年一一月二〇日　初版第一刷発行

著者　西川賢
発行者　千倉成示
発行所　株式会社 千倉書房
〒一〇四－〇〇三一　東京都中央区京橋二－四－一二
電話　〇三－三二七三－三九三一（代表）
http://www.chikura.co.jp/

印刷・製本　精文堂印刷株式会社
造本装丁　米谷豪

ISBN 978-4-8051-1073-7 C3031

叢書
21世紀の国際環境と日本

004
人口・資源・領土
春名展生 著
人口の増加と植民地の獲得を背景に日本の［国際政治学］が歩んだ、近代科学としての壮大、かつ痛切な道のりを描く。
❖A5判／本体 四二〇〇円＋税／978-4-8051-1066-9

005
「経済大国」日本の外交
白鳥潤一郎 著
戦後国際社会への復帰を進める日本を襲った石油危機。岐路に立つ資源小国が選択した先進国間協調という外交戦略の実像。
❖A5判／本体 四五〇〇円＋税／978-4-8051-1067-6

表示価格は二〇一五年一一月現在

千倉書房

増補新装版 インテリジェンスの20世紀

中西輝政＋小谷賢 編著

13人の専門家が描きだす情報史から見た国際政治の実相。戦間期・大戦中、冷戦期の裏面史が21世紀日本の指針を示す。

❖Ａ５判／本体 三八〇〇円＋税／978-4-8051-0982-3

サイバーセキュリティと国際政治

土屋大洋 著

サイバー空間でも米中の角逐が激化する時代、日本の採るべき政策とは。英米の事例から新時代の国際安全保障像を探る。

❖四六判／本体 二五〇〇円＋税／978-4-8051-1056-0

日本は衰退するのか

五百旗頭真 著

悲観してはならないが楽観も許されない。国内外で厳しい舵取りを迫られる日本に、歴史という揺るぎない指針を示す。歴史家の真髄をあらわす渾身の時評集。

❖四六判／本体 二四〇〇円＋税／978-4-8051-1049-2

千倉書房

表示価格は二〇一五年一一月現在